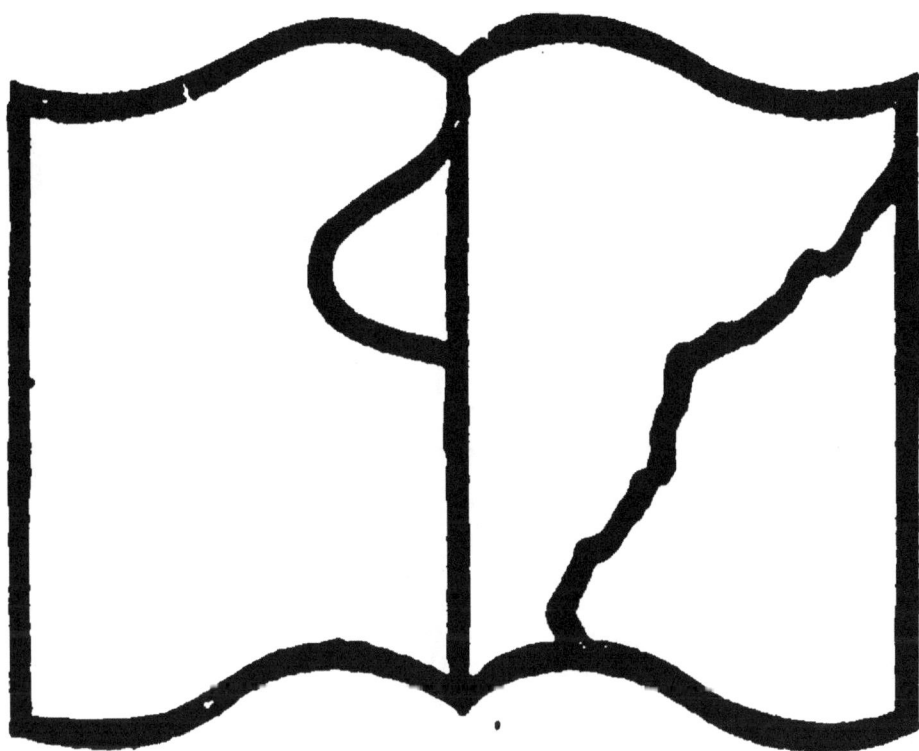

FÉDÉRATION FRANÇAISE DES TRAVAILLEURS DU LIVRE

RUE DE SAVOIE, N° 20, À PARIS.

# LES ASSOCIATIONS

## PROFESSIONNELLES OUVRIÈRES

### TYPOGRAPHIQUES

PARIS — LYON — MARSEILLE — BORDEAUX

FÉDÉRATION NATIONALE

FÉDÉRATION INTERNATIONALE

PARIS

IMPRIMERIE NATIONALE

MDCCCC

# LES ASSOCIATIONS

## PROFESSIONNELLES OUVRIÈRES

### TYPOGRAPHIQUES

FÉDÉRATION FRANÇAISE DES TRAVAILLEURS DU LIVRE

RUE DE SAVOIE, N° 20, À PARIS

# LES ASSOCIATIONS

# PROFESSIONNELLES OUVRIÈRES

## TYPOGRAPHIQUES

PARIS – LYON – MARSEILLE – BORDEAUX

FÉDÉRATION NATIONALE

FÉDÉRATION INTERNATIONALE

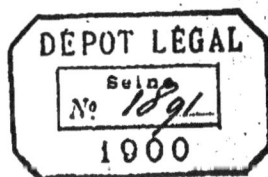

PARIS

IMPRIMERIE NATIONALE

MDCCCC

# LES ASSOCIATIONS

## PROFESSIONNELLES OUVRIÈRES

### TYPOGRAPHIQUES

———◦———

## INTRODUCTION

Aujourd'hui se réalise un projet que nous avions depuis longtemps conçu sans avoir jamais trouvé le loisir nécessaire pour le mettre à exécution. Combien de fois, au cours de nos luttes quotidiennes, notre esprit s'est reporté sur le passé pour puiser courage et persévérance dans l'exemple que nous avaient laissé nos aînés! Nous comprenions qu'il y avait un double intérêt à faire connaître l'histoire de nos luttes corporatives: c'était à la fois rendre justice à la mémoire de ceux qui avaient tracé le sillon au prix des plus nobles sacrifices et indiquer à la génération actuelle où est son devoir, quelles obligations s'imposent à nos contemporains pour conserver et améliorer le patrimoine moral, intellectuel et professionnel légué par les générations antérieures.

Dans le but d'amasser les matériaux nécessaires, nous nous adressions à tous nos vieux confrères: Joseph Mairet, Victor Bosson, Maugeret, etc., à ceux qui avaient pris part aux affaires corporatives et politiques depuis les débuts de l'organisation typographique; il était utile d'obtenir d'eux les documents ou les renseignements qu'ils pourraient nous fournir. C'est sur nos instances que notre cher et estimé confrère Joseph Mairet a rédigé vingt-deux cahiers sur l'histoire typographique, entremêlée de curieux et intéressants récits visant la politique de cette époque. Pour rester dans la vérité, nous devons dire que les notes de notre si respectable ami, aujourd'hui octogénaire, ont pu être consultées avec fruit par les enquêteurs de l'Office du travail qui ont collaboré à l'ouvrage précieux et d'un si profond intérêt, les *Associations professionnelles ouvrières*, auquel nous empruntons les monographies syndicales et fédératives qui suivent.

Un labeur considérable et consciencieux a été accompli pour arriver à la précision et à la vérité historiques.

Il nous plaît de rendre hommage à l'Office du travail, à ceux qui ont dirigé cette étude si documentée, à ceux qui y ont travaillé comme enquêteurs. Ils ont réalisé une œuvre éducative, remplie de nombreuses et intéressantes observations sur les origines des organisations ouvrières, les causes de leur prospérité et de leur décadence. Cette histoire de nos associations professionnelles typographiques est constituée par un ensemble de faits scrupuleusement réunis et bien coordonnés. Nous ne pouvions faire moins que de mettre ce petit ouvrage à la disposition de nos camarades à l'occasion de l'Exposition universelle, de soumettre ce récit à l'appréciation des membres du jury de la section d'économie sociale. Ils y apprécieront les différents aspects de l'initiative féconde, de l'activité inlassable dépensées par les travailleurs du livre depuis trois quarts de siècle en vue d'améliorer leurs conditions sociales.

Il nous reste à exprimer nos bien sincères remerciements à M. Millerand, le sympathique ministre du commerce, qui nous a permis, en en respectant rigoureusement le texte, d'employer la composition qui a servi à l'impression du volume officiel. C'est grâce à cette obligeante autorisation que nous pouvons aujourd'hui, sans trop de frais, mettre sous les yeux de nos camarades un livre utile et que liront avec intérêt tous ceux qui, par la connaissance du passé, sont décidés à agir dans le présent pour améliorer l'avenir.

LE COMITÉ CENTRAL.

## TYPOGRAPHES DE PARIS.

| DATE de FONDATION. | DÉNOMINATION DES SOCIÉTÉS. | DISSOLUTION ou TRANSFORMATION. |
|---|---|---|
| 1801 et suivantes.... | Sociétés de secours mutuels.......................... | .................... |
| 1835............. | Imprimerie Lacrampe (ouvriers associés)............ | 1850. |
| 1839............. | Société typographique de Paris (résistance)........... | 1860. |
| 1840............. | Imprimerie François et Cⁱᵉ (ouvriers associés)......... | 1843. |
| 1844............. | L'Industrie fraternelle (coopérative)................ | 1848. |
| 1848............. | Lesoye et Cⁱᵉ (coopérative)....................... | 1851. |
| 1848............. | Prévos et Cⁱᵉ (coopérative)..................... | 1871. |
| 1848........,..... | Remquet et Cⁱᵉ (coopérative)..................... | 1858. |
| 1849............. | Imprimerie générale (coopérative)................ | 1850. |
| 1850............. | Comptoir typographique (coopérative)............... | 1852. |
| 1851............. | Association libre du tarif (résistance)................ | 1860. |
| 1857, novembre..... | Assurance mutuelle contre le chômage................ | 1859, décembre. |
| 1860, 8 mai....... | Société typographique parisienne (secours mutuels)..... | .................... |
| 1866, 18 mars..... | Imprimerie nouvelle (coopérative)................... | .................... |
| 1867, 27 février.... | Association générale typographique (coopérative)..... | 1874, novembre. |
| 1867, 13 avril..... | Société de secours mutuels des typographes de Paris.... | 1897, 29 avril. |
| 1867, 8 août...... | Chambre syndicale des ouvriers compositeurs typographes | 1886, 21 novembre. |
| 1880, 30 septembre . | Chambre syndicale et société de secours mutuels des typographes de Paris...................... | 1885. |
| 1881, 1ᵉʳ janvier.... | Société des typographes du Journal officiel (coopérative).. | .................... |
| 1881, 18 décembre... | La Coopération typographique................... | 1885. |
| 1883, 14 février.... | Cercle typographique d'études sociales................ | 1894. |
| 1883, 23 mars...... | L'Union typographique...................... | 1886, 21 décembre. |
| 1886, 2 octobre .... | L'Alliance typographique...................... | Idem. |
| 1886, 21 novembre.. | Chambre syndicale typographique parisienne........... | .................... |
| 1886, 21 décembre.. | Société typographique parisienne (chambre syndicale).... | 1894, 30 juin. |
| 1896............. | L'Émancipation typographique.................... | .................... |
| 1896, 1ᵉʳ avril..... | Imprimerie économique (coopérative)................ | .................... |

**Premières sociétés de secours mutuels.** — Dès le premier quart de ce siècle, on relève l'existence de nombreuses sociétés de secours mutuels dans le personnel des imprimeries parisiennes. De temps immémorial, les ouvriers de chaque atelier avaient formé, sous le nom de *chapelle* (mot encore usité chez les typographes anglais), une société de secours. M. Paul Dupont le rappelait, en 1854, en ces termes (1) :

Le droit de prélever, sur tous les ouvrages imprimés dans l'atelier, 3 et sou-

---

(1) *Histoire de l'Imprimerie*, page 436.

vent 5 exemplaires, dits de *chapelle*, est aujourd'hui disparu. La vente de ces exemplaires formait un fonds destiné à secourir les ouvriers malades ou infirmes. Des droits de *tablier*, de *première banque* (1) et de *chevet*, aujourd'hui presque entièrement disparus, étaient perçus au profit de la caisse de *chapelle*. Une partie de cette somme servait à célébrer chaque année la fête de Saint-Jean-Porte-Latine.

On ne trouvera donc rien d'extraordinaire à ce que le rapport de la *Société philanthropique* (2) pour l'année 1822, constatant l'existence de 160 sociétés de secours mutuels à Paris, dont 142 professionnelles, en cite plus de 30 spéciales aux ouvriers de l'imprimerie. Les typographes formaient la majorité dans chacune de ces sociétés; pour satisfaire aux règlements administratifs qui s'opposaient à la constitution d'associations strictement professionnelles, on y admettait quelques imprimeurs, brocheurs, relieurs ou même des ouvriers d'autres professions.

Nous empruntons au rapport de la *Société philanthropique* la situation des principales sociétés de typographes.

*Société des amis de l'humanité*, fondée en 1789, réorganisée en 1801: 117 membres; capital, 17,654 francs. Servait, en 1822, 8 francs de rente par mois à 14 pensionnaires.

*Société de bienfaisance réciproq* ce (25 septembre 1805): 80 membres; 32,000 francs en caisse. Dissoute en 184..

*Société amicale de secours* (20 octobre 1805): 100 membres; capital, 19,365 francs.

*Société de soulagement réciproque* (novembre 1805): 60 membres; 600 francs de rente et 1,000 francs en caisse. Dissoute en 1840.

*Société d'union et de prévoyance* (12 novembre 1807): 100 membres; capital, 12,481 francs. Existe encore.

*Société officieuse* (1er janvier 1808): 100 membres; capital 12,562 fr.

*Association de bienfaisance mutuelle* (janvier 1809): 78 membres. Dissoute en 1840.

*Société d'union et de bienfaisance mutuelle* (17 septembre 1809): 85 membres.

*Société des amis de la philanthropie* (12 septembre 1813): 80 membres.

*Société des 120* (26 décembre 1813): 75 membres. Dissoute en 1840.

---

(1) Première paye.
(2) Société fondée en 1780.

*Société typo-bibliographique* (1er maṛs 1815): 100 membres; capital, 9,156 francs. Existe encore.

*Société de l'Union parfaite et de secours.mutuels* (21 octobre 1813): 56 membres. Existe encore.

*Société de prévoyance typographo-philanthropique* (19 janvier 1817): 80 membres. Existe encore.

*Société typographique de secours* (12 octobre 1817): 100 membres.

*Société de l'Union philanthropo-typographique* (24 juillet 1818): 97 membres. Existe encore.

*Société sympathique d'humanité* (16 mai 1819): 80 membres; capital, 2,920 francs. Existe encore.

*Société philanthropique de la Parfaite-Union* (19 octobre 1819): 77 membres; capital, 3,194 francs.

*Société typographique d'espérance et de soulagement* (2 octobre 1820): 29 membres.

*Société philotypographique* (1er janvier 1821): 31 membres.

*Société de la vraie humanité* (5 février 1821): 78 membres; capital, 2,034 francs. Existe encore.

*Société de secours et de prévoyance réciproque* (28 mai 1821): 61 membres.

*Société du miroir des vertus* (1er octobre 1821): 64 membres.

*Société de la prévoyance philanthropique* (21 septembre 1822): 62 membres. Dissoute en 1839.

*Association typographique de secours mutuels pour la vieillesse et l'infirmité* (1er janvier 1823): 72 membres. Existe encore.

*Deuxième société des amis de l'humanité* (24 avril 1824): 96 membres.

*Société de Saint-Charles* (29 juin 1825): 57 membres.

Soit, en y ajoutant les autres sociétés plus faibles, 2,617 adhérents des sociétés de secours mutuels dans les imprimeries de Paris en 1825. Nous ne suivrons pas l'histoire de ces sociétés, ce serait celle de la prospérité, de la décadence, de la disparition, ou parfois de la fusion des établissements où travaillaient les ouvriers qui en faisaient partie. Aucun lien n'existait et ne pouvait exister légalement entre ces diverses sociétés, et ce n'est pas là qu'il faut chercher le point de départ d'une association professionnelle accueillant tous les ouvriers du même métier. Tout au plus peut-on dire qu'elles ont facilité son avènement par des habitudes de versement régulier des cotisations et par la nomination de collecteurs d'atelier.

Le premier essai de constitution d'une société pour la défense des salaires se produisit en 1833. Une réunion corporative adopta un projet de tarif qui fut envoyé, le 3 décembre, aux maîtres imprimeurs; mais les membres du bureau de cette réunion furent arrêtés comme coupables du délit de coalition, et la tentative n'eut pas d'autre suite. Les quelques cotisations déjà versées par les adhérents leur furent remboursées.

**Imprimerie Lacrampe** (ouvriers associés). — Vers la même époque, quelques ouvriers typographes et imprimeurs rachetèrent la maison de leur patron, M. Éverat, et l'exploitèrent pendant plusieurs années sous le nom d'*Imprimerie Lacrampe* (1). Les travaux qu'ils exécutèrent avec une admirable perfection furent considérables, et ils obtinrent, à l'Exposition de 1839, une médaille d'argent pour leurs impressions en couleurs (2); la même récompense leur fut accordée en 1844, mais, tout occupés de leur ouvrage, ils ne s'assurèrent pas assez de la solvabilité de leurs clients; les billets qu'on leur souscrivit ne furent point payés et la Société, accablée sous le poids de ses engagements, fit faillite en 1850.

L'établissement fut racheté par l'un d'eux, M. Poitevin, qui exerçait la fonction de prote; cette imprimerie existe toujours rue de Damiette, 2, après avoir changé plusieurs fois de propriétaire (Éthiou-Pérou, puis Hemmerlé).

Le journal *l'Atelier*, rédigé par des ouvriers et qui commença à paraître en 1840, se refusa toujours à reconnaître la Société Lacrampe pour une association ouvrière; c'était, disait-il, une société de patrons ou au moins d'ouvriers cherchant à devenir patrons et poursuivant ainsi un but tout personnel.

Les apôtres de la coopération ne considéraient alors comme association véritablement ouvrière que celle dont le capital, impersonnel, serait inaliénable et transmis intégralement à la génération suivante.

**Association François et Cie.** — En 1840, 10 autres ouvriers se réunirent pour exploiter une imprimerie sous la raison sociale *François et Cie*; on les appelait, dans le commerce, la Société des Dix. Ils ne purent se

---

(1) Hubert-Valleroux, *Les associations coopératives en France et à l'étranger.* — Paris, Guillaumin, 1884.

(2) Paul Dupont, *Histoire de l'Imprimerie.*

maintenir au delà de trois ans, après lesquels ils furent obligés de vendre leur matériel et de liquider. Le capital social, fruit d'économies amassées péniblement pendant qu'ils étaient simples ouvriers, fut entièrement perdu (1).

**Société typographique de Paris.** — L'année 1839 avait vu s'organiser à Paris une exposition industrielle; l'imprimerie s'y était fait largement représenter et, à la suite de cette exposition, la *Chambre des maîtres imprimeurs* avait été créée.

Les ouvriers typographes pensèrent alors à user aussi de la faculté qui était laissée à leurs patrons et fondèrent la *Société typographique* de Paris; 150 membres payant une cotisation de 1 franc par mois, composèrent l'effectif du début. M. Leneveux, qui fut conseiller municipal de Paris 30 ans plus tard, en fut le premier président (2).

Malgré le nombre relativement petit des maîtres imprimeurs à Paris, qui, de 425 auquel il s'était élevé après la suppression des corporations en 1791, avait été réduit à 60 par un décret du 5 février 1810, puis porté à 80 par un autre décret du 11 février 1811, les détenteurs de brevets d'imprimeur se livraient entre eux à une concurrence sans limites, dont les ouvriers subissaient le contre-coup.

Le défaut d'unité dans le prix du travail, aux pièces ou à la journée, était la source de contestations continuelles. Ainsi le prix du mille de lettres du corps 8 (le plus couramment employé) était de 60 centimes dans telle imprimerie, de 50 centimes dans telle autre; dans certaines maisons, on comptait par 1,000 m au lieu des n; dans d'autres, on travaillait à tant le *paquet*. Le travail de nuit et du dimanche, l'emploi des *italiques*, la mauvaise copie, ne donnaient lieu à aucune rétribution supplémentaire.

Un autre inconvénient grave consistait dans l'irrégularité de la paye. On citait une maison où il fallait laisser six semaines d'arriéré; on ne touchait son premier *bordereau* que six semaines après sa présentation; aussi l'ouvrier devait-il, au moment de chaque embauchage, s'informer avec soin du mode de payement en usage dans la maison.

Dès 1818, l'Imprimerie royale avait établi un tarif pour son usage

(1) Paul Dupont, *Histoire de l'Imprimerie*.

(2) Trois des fondateurs existaient encore en 1898 : Bovey, Maugeret et Joseph Mairet. C'est surtout grâce à un volumineux historique manuscrit de ce dernier que nous avons pu fixer les principales phases de l'association dans la typographie.

particulier; les typographes parisiens savaient que leurs confrères de Londres possédaient un tarif établi en 1785 et remanié en 1801; ils désiraient donc, eux aussi, établir un tarif uniforme de main-d'œuvre. Ce désir, nous l'avons dit, s'était déjà fait jour en 1833; puis, en 1838, ils avaient adressé à la Chambre des députés une pétition dans laquelle, après avoir exposé l'avilissement de leurs salaires et déclaré qu'ils étaient « mus par des sentiments d'ordre autant que par de justes inquiétudes pour l'avenir, ils demandaient qu'il fût formé un Comité d'enquête, composé de maîtres et d'ouvriers, afin d'instituer en commun une meilleure organisation de l'industrie ».

L'adoption d'un tarif fut donc la première préoccupation des 13 fondateurs de la Société typographique de 1839, mais ils remirent la date de sa présentation à une époque où ils se sentiraient assez nombreux et assez forts pour que le succès ne fût pas douteux. Pendant les premières années, l'action de la Société ne se manifesta que par le maintien des prix tels qu'ils existaient dans chaque maison.

Pour échapper à la loi sur les coalitions, le fonctionnement de la Société resta secret. Il n'y eut pas de siège social. Cependant, un estaminet, situé rue de la Harpe, 75, fut spécialement adopté pour les réunions du Comité et pour les recettes des adhérents habitant la rive gauche, pendant que ceux de la rive droite faisaient leurs versements dans un établissement de la rue de la Vieille-Monnaie. Les assemblées trimestrielles qui réunissaient 300 à 500 sociétaires, se faisaient le dimanche, hors barrières.

Le 1er mars 1842, la Chambre des maîtres imprimeurs, soucieuse elle aussi d'établir une certaine unité dans les prix, remit à son bureau le soin de rédiger un projet de tarif pour les divers travaux de composition et de tirage. Les membres du bureau, s'entourant des renseignements fournis au moyen d'un questionnaire rempli par leurs confrères, eurent bientôt fait leur travail et le firent autographier.

Une copie de ce travail tomba par hasard entre les mains des ouvriers qui s'étonnèrent qu'un tel tarif eût été établi sans leur participation; des membres de la Société typographique se rendirent auprès de quelques maîtres imprimeurs pour les engager à provoquer au sein de leur Chambre la nomination d'une commission mixte, composée de maîtres et d'ouvriers, afin d'élaborer un tarif en commun. En même temps les ouvriers typographes, dans une brochure intitulée : *Moyens de concilier les intérêts des maîtres et ceux des ouvriers*, insistèrent surtout sur le surcroît d'autorité que ne pourrait manquer de gagner un tarif rédigé par les deux parties et firent valoir que son application en serait facilitée d'autant.

**Tarif de 1843.** — La Chambre des maîtres imprimeurs, saisie de la question dans le courant de mai 1842, agréa la proposition des ouvriers dans sa séance du 14 juillet suivant. Elle nomma 7 de ses membres, et 2 suppléants, pour faire partie de la commission mixte, et décida que le tarif arrêté par cette commission serait définitif, sans qu'il fût besoin de le soumettre à l'adoption d'une autre assemblée.

L'élection des commissaires ouvriers ne put se faire que le 18 janvier 1843, par une réunion composée d'un délégué de chaque maison. La commission tint sa première réunion le 22 janvier. Aussitôt nommés, les délégués ouvriers avaient adressé aux ouvriers de chaque imprimerie un questionnaire destiné à être rempli conformément à la décision de la majorité, avec faculté pour la minorité d'y joindre ses observations. Les réponses données furent tellement différentes les unes des autres qu'elles ne paraissaient pas, dans bien des cas, s'appliquer à un même travail. Les travaux de la commission mixte furent, par ce fait, assez longs, et ce ne fut que le 10 juillet 1843 que le tarif fut définitivement arrêté. Sa mise en vigueur fut fixée au 15 septembre suivant.

L'accord final doit être attribué à l'esprit de conciliation dont firent preuve les délégués ouvriers qui n'insistèrent pas pour l'adoption générale des prix payés par les meilleures maisons. L'uniformité du tarif leur sembla le premier but à atteindre. Il y eut donc des patrons qui bénéficièrent des nouvelles conditions du travail; mais, d'une manière générale, les conflits individuels, si nombreux auparavant, furent désormais évités. Voici les principaux articles de ce tarif :

Prix du mille d'*n* des corps les plus employés (8 au 12 ) :
Manuscrit, 55 centimes; réimpression, 50 centimes.
Corrections payées à raison de 50 centimes l'heure.
*Journée de conscience*, 10 heures de travail effectif; prix établi de gré à gré. (Cependant, dans l'esprit des commissaires, le prix des heures de corrections, 50 centimes, impliquait et consacrait celui des heures de travail à la journée.)
*Gratifications* (1) : 25 centimes par heure pour le travail de nuit, du di-

---

(1) Le mot *gratification*, au lieu de *majoration de salaire*, est toujours usité dans le

manche et des fêtes légales; 1 franc par nuit pour le travail des journaux paraissant le matin, et 1 fr. 50 pour la journée du dimanche et des fêtes employée au travail des journaux de jour.

Il fut stipulé qu'une revision du tarif se ferait dans cinq ans par une commission constituée d'après le mode adopté en 1842.

La préparation et l'adoption de ce tarif servirent de préservatif à la typographie parisienne contre l'agitation gréviste qui troubla si fort quantité de professions à cette époque et amena tant de condamnations correctionnelles.

Les délégués ouvriers avaient soumis à la commission plusieurs vœux qu'il est intéressant de reproduire :

1° Qu'il soit formé une *Commission mixte permanente* pour veiller à l'exécution du tarif, statuer sur tous les cas omis ou non prévus, servir d'arbitre pour la fixation des prix à établir de gré à gré, et pour toutes les contestations relatives au travail;

2° Qu'il soit pris des mesures pour limiter le nombre des apprentis selon l'importance et les besoins de chaque atelier, et régler la durée de l'apprentissage;

3° Que les mises en pages soient, autant que possible, réparties plus également entre les compositeurs de chaque maison.

La commission n'avait accepté que le premier de ces vœux, sous la forme suivante :

La Conférence mixte, avant de se séparer, exprime le vœu qu'il soit formé une Commission dite *d'exécution*. Cette Commission connaîtrait de toutes contestations qui pourraient s'élever à l'occasion, soit des dispositions contenues dans le tarif, soit de tous les cas non prévus qui se rattacheraient aux principes dudit tarif.

Cette Commission d'exécution ne fut jamais constituée, mais les membres de la Conférence mixte y suppléèrent, tant que les décès et les départs n'eurent pas diminué leur nombre. Les ouvriers qui avaient un différend à faire régler le soumettaient d'abord au Comité de la Société typographique qui, après l'avoir examiné et reconnu la plainte fondée, le portait devant la Conférence mixte. De 1843 à 1846, 30 différends

—————————————

langage typographique. Il est une preuve de plus des tendances conciliatrices des membres de la Commission de 1843. Ce mot implique l'idée de générosité de la part du patron, mais ce n'en est pas moins une gratification *obligatoire*.

furent ainsi réglés et la solution fut favorable aux ouvriers dans 22 cas; la décision prise fut toujours acceptée sans appel par les deux parties.

**Projet de caisse générale de secours.** — La Conférence mixte fut saisie, dès 1843, d'une demande de création d'une caisse générale unique de secours en cas de maladie, caisse à organiser avec le concours des maîtres imprimeurs.

L'établissement de cette caisse centrale devait avoir pour but de remédier au fonctionnement défectueux des sociétés de secours spéciales aux ouvriers de chaque maison, sociétés qui n'avaient aucun lien entre elles, de sorte qu'un ouvrier qui tombait malade quelques jours après sa sortie d'un atelier à la caisse duquel il pouvait avoir contribué depuis plusieurs années, était privé de secours, car fût-il rentré immédiatement dans une autre maison possédant une société de secours mutuels, il devait subir un certain temps de noviciat avant d'avoir droit aux secours.

Un projet fut élaboré par une sous-commission, puis soumis à la Commission mixte le 26 avril 1845. On y fixait à 2 p. o/o la retenue à opérer sur les salaires, soit une moyenne de 2 francs par mois. Cette retenue aurait été faite par le patron lui-même, c'est là surtout ce qui déplut aux ouvriers qui craignirent de voir les patrons prendre une part prépondérante dans la direction et le projet ne fut pas mis à exécution.

La **Société typographique** fut, en 1844, victime d'un vol qui aurait pu la faire tomber si le succès obtenu l'année précédente n'avait pas resserré fortement les liens qui unissaient les sociétaires. Un nommé Dubois, secrétaire de la Conférence mixte, président de la Société typographique et l'un de ses 13 fondateurs, était détenteur de la caisse, quelques milliers de francs: il cessa soudain de paraître aux réunions et quelques membres étant allés le relancer au saut du lit, il refusa de rendre des comptes et menaça même de faire arrêter ses collègues. Il ne pouvait être question de le poursuivre, la Société n'ayant pas d'existence légale. Les ouvriers typographes se contentèrent de dire que, puisqu'il y avait eu 13 fondateurs, il ne pouvait manquer de se trouver un Judas parmi eux; le fonctionnement de la Société n'en fut pas autrement troublé.

Le nombre de ses membres s'éleva à 1,200 en 1845, soit la moitié des typographes de Paris.

Quoique reconnue des patrons par le fait de l'entente mutuelle dans l'élaboration et la signature du tarif, la Société typographique ne parut jamais en nom dans les banquets qui réunirent, chaque année, les maîtres imprimeurs et leurs ouvriers pour commémorer l'accord de

1843. Le Comité de la Société s'effaça toujours derrière la Commission mixte qui organisait ces fêtes, soi-disant au nom de toute la typographie parisienne, quoiqu'on n'appelât à y participer que le personnel des maisons où le tarif était respecté et encore seulement les ouvriers appartenant à la Société.

Ce fut dans l'un de ces banquets que le typographe poète-catholique Supernant compara, dans une chanson, les sociétaires aux chevaliers combattant pour la foi contre les infidèles, les faux-frères et les sarrasins, et ce mot de sarrasins, répété à chaque couplet, finit par passer dans le langage des ouvriers typographes pour désigner ceux d'entre eux qui violaient les règles du tarif.

Ces banquets annuels se succédèrent sans interruption de 1843 à 1851, malgré les obstacles apportés par l'autorité, qui exigeait que les discours et les toasts ne continssent aucune allusion à l'organisation du travail, proscrivant même le simple mot de *tarif* (en 1845), comme compromettant le grand principe de la liberté du travail. Ces tracasseries, connues de tous les travailleurs parisiens, finirent par attirer les sympathies de tous à la typographie et par lui assigner le rôle de tête de colonne des corporations ouvrières, rôle qu'elle sut soutenir en ouvrant sa caisse à toutes celles qui s'adressèrent à elle pour les aider à s'organiser à son exemple et à défendre leurs salaires.

Dès sa fondation, en 1839, la Société typographique avait institué une *caisse spéciale* pour venir en aide aux autres métiers par des prêts non productifs d'intérêts. Les premiers qui en bénéficièrent furent les ouvriers en papiers peints et les fondeurs en caractères; ces derniers épuisèrent même les deux caisses de la Société. Sur son initiative, en 1845, un comité central, composé de deux délégués de diverses sociétés professionnelles, fut formé pour favoriser les revendications ouvrières quant au salaire et il fonctionna pendant plusieurs années.

**L'Industrie fraternelle.** — La Société typographique donna son appui à la fin de 1844, à la fondation d'une association coopérative de typographes et d'imprimeurs qui prit le titre de *l'Industrie fraternelle* et dont le gérant fut le président de la Société typographique, M. Parmentier. Son siège était rue de la Sorbonne, n° 1.

Pour tourner la grosse difficulté du brevet d'imprimeur à acquérir, l'association s'annonça seulement comme maison d'édition, cette industrie étant libre. Elle eut, tout de suite, à lutter contre le groupe du journal *l'Atelier,* qui voulait lui imposer la publication de brochures trop empreintes d'idées religieuses et qui, sur le refus qui lui fut opposé, abandonna la cause des coopérateurs.

L'introduction, dans les statuts, d'un article imposé par les ouvriers imprimeurs, interdisant l'emploi des machines et des clichés pour tous les ouvrages à publier, fut aussi très préjudiciable à l'entreprise, la mettant dans une situation d'infériorité vis-à-vis des autres imprimeries au sujet de la main-d'œuvre.

Trois ouvrages furent édités sans succès. Le quatrième, l'*Organisation du travail*, par Louis Blanc (qui fit abandon de ses droits), eut seul une vente considérable et sauva l'association, qui était près de faire faillite. Elle liquida en 1848.

De l'aveu d'un des associés (M. J. Mairet), l'entreprise devait fatalement échouer, liée comme elle l'était par le routinier entêtement des ouvriers imprimeurs, puis délaissée du groupe des *ateliéristes*, dont les adhérents étaient assez nombreux dans la typographie. Enfin, les associés n'avaient pas suffisamment l'expérience des affaires.

Des dissentiments se produisaient fréquemment dans la *Société typographique*. « La source de ces dissentiments », dit M. J. Mairet, « venait surtout de la répulsion que le grand nombre éprouvait pour les doctrines des membres du Cercle du journal *l'Atelier*. C'étaient de bons et braves sociétaires, intelligents et dévoués, dont plusieurs avaient contribué à fonder la société, mais leur organisation presque mystérieuse (1), leurs allures un peu sournoises, leur tendance au prosélytisme — ils eussent volontiers dit comme saint Paul : Malheur à moi si je n'évangélise pas ! — en cherchant à attirer la Société dans leur secte néo-chrétienne, causaient une scission permanente dans la famille typographique et produisaient les manières de voir les plus opposées dans des questions purement corporatives. »

**Hostilité contre les conseils de prud'hommes.** — Au moment où les typographes avaient créé leur Commission mixte permanente, il n'existait pas encore de conseils de prud'hommes à Paris. Le projet de création était à l'étude depuis plusieurs années, mais le premier conseil, celui des Métaux, ne fut institué que le 29 décembre 1844; les autres devaient suivre de près. Dès que le projet eut été annoncé, il rencontra l'opposition la plus vive de la part des ouvriers typographes, satisfaits du fonc-

---

(1) La *Société typographique* était bien elle-même une société secrète, mais le secret n'existait que vis-à-vis des pouvoirs publics.

tionnement de leur Commission mixte, dans laquelle des hommes du métier, d'une compétence indiscutable, étaient appelés à trancher tous les différends relatifs au travail; c'est une organisation semblable qu'ils auraient voulu voir établir dans tous les métiers. Bien que les conseils de prud'hommes fussent divisés en catégories distinctes de justiciables appartenant à des professions similaires, chacune de ces catégories n'en renfermait pas moins un grand nombre de métiers séparés, et les typographes voyaient très bien que, dans la majorité des cas, ils ne seraient pas jugés par des hommes de métier. De plus, la loi exigeait que le nombre des conseillers patrons fût toujours supérieur à celui des conseillers ouvriers.

Dès 1841, le typographe Boyer avait publié une brochure sur *Les Conseils des prud'hommes au point de vue de l'intérêt des ouvriers et de l'égalité du droit*. Il y rappelait la juridiction la plus ancienne qui paraisse avoir été établie sous cette dénomination, celle des prud'hommes-pêcheurs de Marseille, dont les quatre membres, élus chaque année par les pêcheurs et choisis parmi eux, devenaient, après avoir prêté serment, juges souverains pour tout ce qui concernait la pêche. Il citait ensuite, comme un exemple à imiter, ce qui se passait alors deux fois par semaine aux portes de Paris, au marché aux bestiaux de Sceaux.

Il y a là — disait-il — deux intérêts en présence, celui des bouchers et celui des marchands de bestiaux; un conseil est nommé pour juger les différends qui peuvent survenir; il se compose de 3 bouchers, de 3 marchands de bestiaux et de l'inspecteur du marché, qui est de droit président.

Qu'avons-nous besoin de tant chercher? Voilà le principe : ce qui se fait pour le commerce, peut et doit se faire également pour le travail.

Il y aurait autant de conseils de prud'hommes qu'on aurait jugé convenable d'en établir, composés d'autant d'ouvriers que de maîtres..... Et le Gouvernement nommera le président comme médiateur.

Peut-être serait-il plus juste, pour ne pas sortir du principe électif, de réunir les maîtres et les ouvriers en assemblée générale et les laisser choisir eux-mêmes leur président.....?

On devra aussi organiser un conseil général ou central composé également de maîtres et d'ouvriers pour juger en dernier ressort des affaires qui n'auraient pu être terminées par les conseils de prud'hommes du métier.

Ces idées, préconisées par le journal *l'Atelier*, étaient appuyées par plusieurs des grands journaux de l'époque : la *Presse*, le *Constitutionnel*, le *Temps*, le *Courrier français*, le *Siècle*, le *Commerce*, etc. Le Gouvernement s'en tint à son projet primitif et, le 9 juin 1847, il créa à Paris trois nouveaux conseils de prud'hommes : celui des Tissus, celui des Produits chimiques et celui des industries diverses, dont une catégorie était réservée aux diverses Industries du papier et de l'imprimerie.

Cette attitude des typographes contribua à faire interdire, par le préfet de police, le banquet annuel, malgré les démarches des maîtres-imprimeurs. Un de ceux-ci ayant offert sa propriété pour y tenir le banquet, l'entrée en fut interdite par la police, à laquelle on avait adjoint un bataillon d'infanterie et un escadron de hussards, chargés de disperser les convives. Les typographes sociétaires tinrent rancune pendant longtemps au conseil des prud'hommes; ce ne fut qu'en 1860 qu'ils y firent entrer un des leurs.

**Revision du tarif.** — La Commission mixte, chargée de la revision du tarif de 1843, se réunit le 10 mars 1848, ajourna le commencement de ses opérations au 1er juillet, puis prorogea l'application du tarif jusqu'en 1850.

La revision adoptée le 30 décembre 1850 n'apporta que des changements insignifiants au tarif (1). La principale de ses dispositions consiste dans l'incorporation au tarif même du règlement concernant la *Commission arbitrale permanente :*

. . . . . . . . . . . . . . . . . . . . . . . . . . . . . . . . . . . . . . . . . . . . . . . . . . .

ART. 46. — Le présent tarif aura cours à dater du 15 mars 1851, jusqu'à ce qu'il ait été procédé à sa revision.

ART. 47. — 1° Une commission arbitrale permanente, composée en nombre égal de patrons et d'ouvriers, connaîtra de toutes les contestations qui pourraient lui être soumises à l'occasion soit des dispositions contenues dans le tarif, soit de tous les cas non prévus se rattachant à ses principes. Elle entrera en fonctions aussitôt la mise à exécution du présent tarif;

2° La commission arbitrale se composera de 12 membres (6 patrons et 6 ouvriers); elle votera en commun, mais à nombre égal d'ouvriers et de patrons;

---

(1) De juin à décembre 1850, la Conférence mixte s'était réunie 30 fois; 27 séances avaient été consacrées à la revision du tarif, et 3 à résoudre différentes questions soumises à son arbitrage.

La *gratification* des heures de nuit (25 centimes) fut accordée à partir de 8 heures du soir jusqu'à 8 heures du matin, si le travail de nuit se prolongeait jusqu'à cette dernière heure. L'ouvrier commandé pour un travail extraordinaire et obligé d'attendre soit après la copie, soit après la *distribution*, sans pouvoir s'occuper à d'autres travaux, fut payé 50 centimes l'heure, *indépendamment de la gratification.*

2.

3° Cette commission sera renouvelée chaque année par moitié. — Les membres sortants ne pourront être réélus qu'après un an révolu. — Les élections se feront du 15 février au 10 mars.

ART. 48. — 1° Le présent tarif pourra être revisé cinq ans après sa mise à exécution, si la commission arbitrale dont il est parlé ci-dessus est d'accord sur la nécessité de la revision;

2° La décision pour la revision ne sera définitive qu'après deux votes affirmatifs faits à un mois d'intervalle et à la majorité absolue de tous les membres réunis de la commission votant par sections;

3° Cette revision sera faite par une conférence mixte composée de 14 membres titulaires et de 4 suppléants (9 patrons et 9 ouvriers).

ART. 49. — 1° Les commissaires-patrons sont nommés en assemblée générale des imprimeurs de Paris. — Le procès-verbal de cette élection sera produit par le doyen d'âge lors de la vérification des pouvoirs;

2° La nomination des commissaires-ouvriers se fera de la manière suivante et par les soins des membres ouvriers faisant partie de la commission arbitrale : — Dans chaque imprimerie, les compositeurs désigneront un candidat parmi eux toutes les fois que leur nombre ne dépassera pas 15; de 16 à 30, ils en désigneront 2; de 31 à 45, 3 et ainsi de suite. — Ces nominations se feront à la majorité absolue des suffrages. — Une liste générale, formée de tous les noms des candidats, sera envoyée dans les différentes imprimeries de Paris. — Chaque ouvrier choisira neuf noms sur cette liste. — Dépouillement fait de ces votes, en présence des candidats élus dans chaque imprimerie, lesquels constitueront un bureau, les neuf candidats qui auront réuni le plus de voix seront proclamés commissaires-ouvriers de la conférence mixte pour la revision du tarif. — Les procès-verbaux de ces doubles élections, contresignés par le président et le secrétaire du bureau, seront remis au doyen d'âge des commissaires-ouvriers, qui devra se mettre en rapport avec le doyen d'âge des commissaires-patrons et déposer les procès-verbaux lors de la vérification des pouvoirs;

3° Chaque année, le même mode de nomination sera suivi pour la formation de la commission arbitrale permanente.

ART. 50. — Tout règlement particulier portant décision ou interprétation relative au tarif est nul et non avenu.

ARTICLE TRANSITOIRE. — Jusqu'à l'époque de l'entrée en fonctions de la commission arbitrale, la conférence mixte continuera à connaître de toutes les contestations qui pourraient lui être soumises par les patrons et les ouvriers.

Pour être adoptée par cette commission, toute modification ou adjonction au tarif devait réunir les voix de la majorité des membres patrons et de la majorité des membres ouvriers.

Les intéressés à obtenir l'avis de la commission arbitrale devaient signer et remettre au président une formule d'adhésion par laquelle ils déclaraient s'en rapporter, sans restriction ni réserve, à la décision à intervenir. — Les parties étaient entendues, puis le débat étant épuisé, elles se retiraient, et les membres de la commission délibéraient. La décision prise et formulée, les parties étaient rappelées et, séance tenante, le président leur en donnait connaissance. Expédition leur était ultérieurement envoyée.

Cette commission arbitrale, qui rendit de grands services à la profession, fonctionna régulièrement jusqu'au 12 juin 1854, date à laquelle la Chambre des maîtres-imprimeurs, trouvant (à tort) qu'elle faisait double emploi avec le Conseil des prud'hommes, refusa de procéder au remplacement des membres sortants.

Pourtant, sur la demande même de quelques patrons qui eurent quelques petits différends avec leurs ouvriers, les membres en fonctions continuèrent d'exercer leur mandat, quoique périmé. Cela dura ainsi jusqu'en 1858. Un nouveau refus de la Chambre patronale de procéder à l'élection pour le remplacement des membres manquants fit disparaître définitivement la commission arbitrale.

**Association Desoye et Cie.** — La typographie parisienne participa, pour une large part, au mouvement coopératif de 1848.

Ce fut d'abord l'imprimerie René, rue de Seine, 32, qui fut achetée par un groupe d'ouvriers et devint la *Société Desoye et Cie;* elle reçut du Gouvernement un prêt de 05,000 francs qui ne fut pas remboursé.

A la suite d'opérations malheureuses, les huit associés qui la composaient se retirèrent successivement, et la maison devint, en 1851, la propriété du gérant, titulaire du brevet.

**Association Prêves et Cie.** — En 1848 également, un groupe de typographes avait obtenu l'exécution du journal *l'Écho agricole.* Ils avaient acquis le matériel nécessaire à la composition et la maison Boullay (Dubuisson plus tard) en faisait l'impression.

Ce groupe parvint à obtenir du Gouvernement un prêt de 18,000 francs, ce qui lui permit d'acheter des presses et de se procurer un brevet. M. Dentu, éditeur, lui céda son brevet d'imprimeur moyennant 8,000 francs. L'association se constitua sous la raison sociale *Prêves et Cie.* Son siège fut successivement rue Sartine, 8; rue Coquillière, 22; rue du Bouloi, 19; et enfin, en 1849, rue Jean-Jacques Rousseau, 15 (Voitelain, directeur.)

Le nombre des associés, de 8 qu'il était au début, était descendu à 5 en 1855; il n'était plus que de 3 en 1871.

Les 18,000 francs prêtés par le Gouvernement avaient été remboursés en 1863, avec les intérêts. Chaque associé avait reçu, au moment de son départ, sa part de l'avoir social.

En 1871, les dettes de l'association se montaient à 40,000 francs; les derniers associés trouvèrent 7 typographes en mesure de réaliser cette somme; ils leur cédèrent l'établissement et purent ainsi s'acquitter envers tous leurs créanciers.

La nouvelle association eut pour raison sociale *Barthier et Cie*. Elle bénéficia de l'expropriation nécessitée par la construction du nouvel Hôtel des Postes et reçut, de ce chef, une indemnité de 170,000 francs. Elle devint bientôt la maison Barthier, tout court.

**Association Remquet et Cie.** — Une troisième association coopérative fut formée par 15 compositeurs et imprimeurs de la maison Renouard, rue Garancière, n° 5, qui obtinrent du Gouvernement un prêt de 80,000 francs. Ils achetèrent, pour 90,000 francs, l'établissement où ils travaillaient, et leur raison sociale fut *Remquet et Ci*. M. Remquet fut l'un des commissaires-patrons pour la revision du tarif en 1850.

L'association Remquet liquida en 1858; elle remboursa les 80,000 francs prêtés, et les 15 membres qui, pendant dix ans, avaient abandonné un quart de leurs salaires et n'avaient pas touché aux bénéfices, eurent à se partager la somme de 155,000 francs. Le nombre des auxiliaires avait été de 30 en moyenne.

La maison fut reprise par quelques-uns des associés et devint bientôt la propriété de l'un d'eux, M. Goupy, rue de Rennes, 71.

**Imprimerie générale.** — On ne peut parler que pour mémoire d'une autre association ouvrière typographique qui fonctionna, de 1849 à 1850, sous le titre d'*Imprimerie générale* et dont le nom seul a survécu.

Il en est de même d'un projet d'association générale des quatre professions principales des travailleurs du livre, compositeurs, imprimeurs, relieurs et fondeurs en caractères, établi en janvier 1849, projet connu seulement par une protestation adressée au journal *le Peuple* contre les agissements de la police, qui avait empêché une réunion organisée par les initiateurs, le 28 janvier 1849, place Cambrai, 2.

La **Société typographique** comptait près de 1,500 adhérents au commencement de 1848. Elle revisa ses statuts le 2 septembre 1849, soit dix ans après sa fondation. Le préambule proclame « la solidarité la plus complète possible entre toutes les corporations ouvrières ». Le but des vœux et des efforts constants de la Société est : « le maintien des prix de main-d'œuvre; les secours mutuels en cas de maladie et de chômage; la propagation de l'esprit d'association générale ».

Le comité ne devait accorder de secours, en dehors des cas de *mise-bas*, que tout à fait exceptionnellement, dans des cas de maladie prolongée ou de besoins urgents.

L'inscription des secours en cas de maladie n'entrait donc, dans le préambule du règlement, que pour la forme et pour sauver les apparences. La Société restait essentiellement une société de *résistance*.

Des avances de fonds étaient accordées aux sociétaires autorisés à poursuivre leurs patrons.

La cotisation restait fixée à 1 franc par mois, avec faculté au Comité de l'élever jusqu'à 2 francs en cas de besoin. Les sociétaires en simple chômage étaient seulement dispensés de payer leurs cotisations.

En cas de *mise-bas* autorisée, l'indemnité était de 2 francs par jour non férié, jusqu'à concurrence d'une somme de 120 francs; elle était ensuite réduite à 1 franc par jour jusqu'à ce que le sociétaire fût embauché. Il était considéré comme tel lorsqu'il avait travaillé douze jours consécutifs dans une même maison.

**Comptoir typographique.** — La Société typographique acquérait de plus en plus d'importance; et elle inspira une confiance telle, que des écrivains voulurent charger son Comité de l'impression de leurs ouvrages. La Société adopta cette idée, y voyant le moyen d'employer à ces travaux les sociétaires grévistes auxquels elle serait ainsi dispensée de verser l'indemnité réglementaire. Le taux du salaire fixé par le tarif serait maintenu, sans sacrifices de la part de la Société, au contraire.

Le règlement de l'Atelier social, adopté en assemblée générale, le 1er octobre 1849, stipulait :

1° Qu'il n'était ouvert que pour les typographes en *mise-bas* ou inoccupés;

2° Que la direction en était confiée par le comité à un metteur en pages;

3° Que la feuille de présence des compositeurs en *mise-bas* serait toujours consultée en premier pour prendre des travailleurs;

4° Que dans le cas où il n'y aurait que des sociétaires en chômage simple dans l'Atelier social, des compositeurs en *mise-bas* survenant, les premiers devaient être suspendus pour faire place aux nouveaux arrivants;

5° Que l'Atelier social n'était considéré que comme un asile provisoire de travail, et que si des demandes de compositeurs étaient faites par d'autres imprimeries, les premiers entrés devaient y être envoyés;

6° Enfin, qu'au bout d'un mois de travail dans l'atelier, on devait être remplacé par un inoccupé.

La *Voix du Peuple*, du 5 novembre 1849, inséra la note suivante :

Le Comité typographique de Paris fait appel aux travailleurs de la pensée, à tous ceux qui sont réellement pénétrés du besoin de réaliser l'émancipation ouvrière.

Il cherche à détruire le chômage; il veut pratiquer l'*assistance par le travail*.

Il prie les écrivains qui ont à publier quelques écrits de s'adresser de préférence à lui. Il n'a qu'un seul but : procurer du travail aux bras inoccupés.

La centralisation de ce service se fait chez le citoyen Mignot, rue de la Harpe, 75.

L'adoption du règlement de l'Atelier social entraînait nécessairement la création d'un centre d'opérations, et l'assemblée générale du 7 juillet 1850 institua un *Comptoir typographique* qui allait permettre à la Société d'avoir enfin un local exclusivement à son usage : centre pour réunions et bureau de placement pour les chômeurs et les ouvriers en *misebas*. Ce Comptoir devait être tenu par un gérant, sociétaire marié ou vivant avec sa mère. Les fonctions du gérant comprenaient la surveillance de l'Atelier social, la recherche de nouveaux clients, la transmission des décisions du Comité. Le bail du local était passé en son nom. Ses appointements étaient de 1,500 francs par an, plus le logement. Il ne pouvait être destitué que par un vote de l'assemblée générale.

Le *Comptoir typographique* s'installa rue du Paon, 2, qui porta, plus tard, le nom de *rue Larrey*.

Son premier gérant fut M. Saumont, l'un des fondateurs de la Société typographique de Nantes, en 1833.

L'assemblée générale du 4 août 1850, qui l'avait élu, avait aussi adopté la création d'une *Caisse centrale d'assurance contre la maladie*, dont nous allons parler tout à l'heure, et l'installation d'une bibliothèque à l'usage des sociétaires.

Une société, en nom collectif pour les membres du Comité et en commandite pour tous les autres associés, fut constituée par la Société typographique et en son nom. Elle avait pour objet l'exploitation de toutes les branches d'industrie et de commerce ayant rapport à la typographie. La durée en fut fixée à 99 années, à partir du 24 août 1850. La signature sociale appartint à trois membres du Comité dont les noms composaient la raison sociale, qui fut au début : *Bosson, Fiévet, Leroy et C*. Le premier était le président de la Société typographique.

En 1851, on adjoignit au Comptoir un dépôt de librairie et de vente de livraisons. Mais toutes ces opérations commerciales ne déguisaient pas suffisamment la société de résistance qu'elles étaient destinées à abriter et, peu après le coup d'État de décembre 1851, le Comptoir typographique dut fermer boutique.

**Caisse centrale d'assurance contre la maladie.** — La création de la caisse d'assurance, votée le 4 août 1850, avait pour but de supprimer les caisses spéciales à chaque atelier qui servaient des secours indifféremment aux sociétaires et aux sarrasins; ce devait être un moyen de forcer l'adhésion de ces derniers à la Société. Voici comment fonctionnait la *Caisse centrale :*

Une indemnité de 1 fr. 50 par jour (fêtes et dimanches compris) était accordée à tout sociétaire dont la maladie durait plus de cinq jours. Lorsque le Comité recevait une déclaration de maladie, s'il n'avait pas en caisse les fonds nécessaires pour payer l'indemnité, il adressait à tous les ateliers une lettre-circulaire sans désigner le nom de la personne malade. Au reçu de cette lettre, tous les sociétaires devaient remettre o fr. 10 au receveur de l'atelier. Si le produit d'une première lettre excédait la somme nécessaire suivant la durée de la maladie, l'excédent restait en caisse et servait pour un autre cas. Si, au contraire, la maladie se prolongeait, le Comité renouvelait l'envoi des lettres-circulaires autant de fois qu'il était nécessaire. Il n'y avait pas capitalisation.

**Association libre du tarif.** — La « Mère » et la « Fille ». — Mais la Caisse centrale ne fut pas plutôt décidée que surgit la question de savoir si l'adhésion serait facultative ou obligatoire pour tous les sociétaires. Un grand nombre de membres prétendirent qu'ils appartenaient déjà à d'autres sociétés de secours mutuels et que seul le versement destiné à la Société de résistance devait être obligatoire. Proudhon, pris pour arbitre, donna tort aux récalcitrants, et un vote général dans les ateliers donna la majorité aux partisans de l'obligation du versement aux deux caisses. La minorité, très importante, ne voulut pas se soumettre; elle se retira en 1851, forma une nouvelle Société sous le nom d'*Association libre du tarif* et choisit pour président M. Parmentier, un ancien président de la Société typographique.

On désigna alors la société primitive par le sobriquet de *la Mère* et le groupe dissident par celui de *la Fille*.

Cette scission dura neuf années, pendant lesquelles les rivalités des deux groupes, oublieux des intérêts généraux de la profession, furent plus d'une fois sur le point d'annihiler tous les résultats obtenus antérieurement. C'était à qui s'emparerait d'un atelier pour en exclure ses adversaires : plus de stabilité dans les emplois, et cela, non par la faute des patrons, mais par celle des deux associations qui avaient continué à vivre sous la forme de sociétés secrètes, ce que l'usage des receveurs d'atelier permet dans la typographie plus facilement que dans les ateliers à personnel instable. A la fin, les meilleurs esprits des deux groupes comprirent que la prolongation d'une telle lutte ne nuisait pas seulement à la stabilité dans le travail, mais allait mettre en péril la sécurité des salaires, et, vers la fin de 1859, les Comités de *la Mère* et de *la Fille* nommèrent une commission mixte pour élaborer un projet de fusion.

**Assurance mutuelle contre le chômage et Caisse de prêts.** — De novembre 1857 à fin décembre 1859 fonctionna parmi les compositeurs typographes une Société de crédit mutuel sous le titre d'*Assurance mutuelle contre le chômage*. Elle comptait 398 membres en février 1858; la cotisation était de 3 fr. 50 par mois. La caisse recevait aussi les *épargnes* de ses membres et leur en servait un intérêt. Voici en quoi consistaient les opérations : le capital produit par les cotisations et les versements d'épargne servait à faire aux associés des prêts sur lesquels on percevait un intérêt de 5 p. o/o par mois. Les bénéfices réalisés alimentaient un service de secours aux vieillards.

Le montant des cotisations et le produit des intérêts des prêts devaient être répartis de la manière suivante : 70 p. o/o aux chômeurs; 10 p. o/o aux pensions de retraite; 8 p. o/o en secours aux vieillards, infirmes et nécessiteux; 7 p. o/o en secours aux veuves et orphelins; et 5 p. o/o en secours d'adoption des orphelins.

L'association s'était fait autoriser, mais n'avait mentionné dans les statuts que l'intérêt de 5 p. o/o, sans indiquer si c'était au mois ou à l'année. Ayant dû poursuivre un emprunteur qui refusait de rembourser une somme de 90 francs, l'instruction mit au jour le taux usuraire des prêts consentis par l'association, qui, menacée de dissolution, dut modifier ses pratiques. Cet incident amena bientôt la désagrégation de cette Société.

Pendant la période de 1852 à 1860, la **Société typographique** avait continué son service de secours aux malades; à côté du Comité, qui ne s'occupait que de la *résistance*, fonctionnait une commission spéciale

dite *des malades* et ce fut ce qui permit de poursuivre un receveur d'atelier qui avait détourné des fonds. En vain, le coupable soutint-il que
l'argent qu'il avait *oublié* de remettre était destiné à soutenir une *mise-
bas*, les juges, après avoir entendu un membre du Comité, condamnè-
rent le voleur pour détournement de fonds appartenant à une Société
de secours mutuels.

**Société typographique parisienne de secours mutuels.** — La
commission mixte, nommée par les Comités des deux sociétés rivales
pour préparer leur fusion, élabora un projet de société de secours
mutuels qui fut accepté en assemblée générale le 8 avril 1860 et reçut
l'approbation ministérielle le 8 mai suivant, sous le titre de *Société
typographique parisienne.*

Les nouveaux statuts ne laissaient subsister de l'ancienne organisation (au moins en apparence) que le placement des chômeurs :

.......................................................

ART. 2. — ..... Faciliter par tous les moyens dont elle peut disposer le
placement des sociétaires qui manquent de travail.

.......................................................

ART. 57. — Le Bureau s'occupe et charge les sociétaires de faciliter le placement des membres de la Société se trouvant sans travail.

La nouvelle Société, qui réunit 1,500 adhérents sur près de 3,000
typographes travaillant à Paris, s'installa rue de Savoie, 15.

**Commission des primes.** — Sous le titre de *Commission des primes,*
une partie des membres du Comité assurait le fonctionnement de la
*résistance*, s'occupant spécialement de l'application du tarif et des questions de salaire. Une *Assemblée des primes*, composée des membres de
la commission et des receveurs d'atelier, veillait à la défense des intérêts professionnels.

Les dépenses de la résistance figuraient sur les livres sous la rubrique :
**Dépenses diverses.** Les frais de délégation figuraient sur les comptes-
rendus comme allocations aux frais de fêtes.

Les primes existaient réellement : l'idée en avait été empruntée à
l'*Association libre du tarif*, qui l'avait introduite dans son règlement et
qui, quand son capital dépassait 12,000 francs, faisait un tirage de
6 primes de 50 francs chaque année; le dernier tirage avait eu lieu le
10 janvier 1860. C'était un appât matériel dans le but d'exciter les
sociétaires à remplir exactement leurs obligations.

Les nouveaux statuts (art. 19, 20, 21 et 22) spécifiaient que, tous les trois mois, il serait procédé entre tous les sociétaires ayant cotisé pendant un an au moins, au tirage au sort de deux primes, l'une de 100 fr. et l'autre de 50. N'avaient pas droit aux primes : les sociétaires qui n'étaient pas au pair de leurs versements, ceux qui refusaient de remplir des fonctions administratives, les membres du bureau qui avaient manqué à un quart des réunions pendant le trimestre et ceux des élus qui n'assistaient pas à l'assemblée générale.

L'abaissement de l'encaisse, en 1870, fit suspendre momentanément le service des primes. Repris en mai 1874, il continua régulièrement jusqu'en 1878, par le tirage de deux primes de 25 francs tous les mois; suspendu de nouveau à l'occasion d'une grève, il fut repris en 1881 jusqu'en décembre 1886, le tirage des primes de 25 francs n'ayant plus lieu que tous les trois mois.

Les *secours aux malades* avaient été fixés à 1 fr. 50 par jour pendant trois mois; ils étaient ensuite de 2 francs par jour jusqu'à la fin de l'année. La cotisation était de 0 fr. 50 par semaine.

La *pension*, basée sur le décuple de la cotisation annuelle, soit 260 francs, devait être servie au sociétaire incapable de travailler, âgé de 60 ans et ayant dix ans de sociétariat.

Des *prêts d'honneur*, de 50 francs au maximum, étaient consentis aux sociétaires dans les cas de maladie prolongée, de malheurs de famille ou de détresse momentanée. Les emprunteurs devaient payer un intérêt de 5 p. 0/0, affecté au secours des veuves, orphelins, infirmes et incurables.

Ce service de prêts ayant amené de nombreuses pertes, faute de remboursement, fut supprimé au bout de quelques années.

**Alliance des sociétés de secours mutuels** *de l'imprimerie française.* — **Agrégation typographique.** — En 1861, le président de la Société typographique parisienne, M. Gauthier, forma le projet de doter les typographes de tous les chefs-lieux de département et des autres villes de quelque importance, d'une société de secours mutuels, puis d'unir tous ces groupes pour faciliter l'échange de leurs membres suivant la nécessité des déplacements; enfin d'allouer des secours de route à tous les typographes munis d'un livret ou d'une feuille de route de *l'agrégation.*

Autorisé par une assemblée générale de la Société typographique parisienne à agir en son nom, M. Gauthier entreprit seul cette œuvre difficile. Le plan comprenait l'*Alliance des sociétés de secours mutuels de*

483 villes, réparties en 15 régions. Il était trop vaste pour aboutir; quelques sociétés furent fondées, il est vrai, mais le résultat le plus clair fut d'habituer les sociétés des départements à correspondre avec celle de Paris. On vit Toulouse, Tours, Rouen, Besançon, Dijon, Lille, Amiens, Corbeil, Alger, Marseille, Reims, Bordeaux, Nancy, etc., demander à Paris des modèles de statuts et des conseils; et ces relations ont toujours été continuées par la suite.

**Revision du tarif.** — Depuis 1860, la cherté des vivres et surtout l'élévation du taux des loyers à Paris faisaient penser à la nécessité d'une augmentation des salaires dans la typographie. Cette agitation donna lieu à la publication de plusieurs brochures par les patrons et par les ouvriers.

Elle prit de telles proportions que M. de Persigny, ministre de l'Intérieur, écrivit à M. Plon, président de la Chambre des maîtres-imprimeurs, en janvier 1861, l'invitant à étudier la question du salaire des ouvriers. Le directeur de l'Imprimerie impériale, M. Petetin, prit l'initiative d'un relèvement des prix dans cet établissement; les caractères usuels furent augmentés de 6 à 7 p. o/o et des travaux spéciaux furent payés jusqu'à 31 p. o/o de plus que le tarif en cours.

Le 17 mai 1861, une pétition signée les 14, 15 et 16 mai et couverte de 2,682 signatures sur 3,056 typographes, demandant la revision du tarif, fut présentée aux patrons. Ce ne fut que le 5 décembre que le président de la Chambre des maîtres-imprimeurs fit parvenir sa réponse, invitant les ouvriers à se réunir pour élire leurs délégués à la commission mixte. 2,953 ouvriers prirent part au vote; le premier élu, M. Baraguet, obtint 2,404 voix.

La Commission tint sa première séance le 9 janvier 1862.

Entre la première et la deuxième séance, M. Le Clère, imprimeur, rue Cassette, et délégué suppléant de la Chambre patronale, introduisit dans ses ateliers des femmes compositrices à un salaire inférieur au tarif. Le 21 janvier, il congédiait 6 ouvriers, ce qui motiva, le lendemain, le départ de tous les compositeurs, sauf 2. Sur la plainte du patron, plusieurs d'entre eux furent arrêtés comme coupables du délit de coalition.

En présence de ces faits, les délégués ouvriers signalèrent à l'Administration les menées de plusieurs imprimeurs qui, dans le but de provoquer un abaissement des salaires, avaient installé un matériel d'imprimerie dans certaines communautés religieuses pour y dresser les jeunes filles au travail de la composition. Ils signalèrent également l'intervention d'un prêtre de Montrouge qui était allé dans les familles pour recruter des apprenties compositrices destinées aux ateliers de M. Le Clère, imprimeur de l'archevêché.

Les travaux de la Commission mixte commençaient donc sous les plus fâcheux auspices; et, au cours des séances, les ouvriers virent repousser successivement presque toutes leurs propositions. Les patrons se bornèrent à offrir une augmentation de o fr. o5 sur le prix du mille pour les ouvrages *futurs*, et o fr. o5 sur le prix des heures de corrections. Or, comme 1,500 ouvriers devaient travailler encore longtemps sur des ouvrages en cours, l'augmentation, au lieu de 10 p. o/o qu'elle annonçait, se trouvait réduite à 5 p. o/o.

Le 20 mars, les négociations furent rompues par les patrons.

**Grève Dupont. — Procès.** — Le 22 mars, des femmes furent introduites dans la succursale de Clichy de l'imprimerie Dupont, avec un tarif réduit de 30 p. o/o. Des pourparlers entamés par les ouvriers avec leur patron, pendant les trois jours suivants, ne purent faire changer la situation.

Quelques patrons ayant affirmé que leur personnel se déclarait satisfait de l'offre de o fr. o5 d'augmentation par mille, les délégués ouvriers provoquèrent un vote dans les ateliers, le 25 mars : 2,250 voix sur 2,730 votants déclarèrent l'augmentation insuffisante.

Dans la nuit du 25 au 26, cinq compositeurs de l'imprimerie Dupont furent arrêtés par la police, sans que cette arrestation eût été motivée par le moindre désordre, sans que le travail eût été abandonné. Aussitôt 117 ouvriers sur 120 quittèrent les ateliers.

Les jours suivants, de nouvelles arrestations furent faites; le chiffre s'en éleva à 30. Le président de la Société typographique, M. Gauthier, que la préfecture de police avait voulu rendre responsable de ce qui pourrait arriver à la maison Dupont et à qui on avait dit : « Arrangez-vous comme vous voudrez; si vous ne conjurez pas l'agitation qui peut se produire, on fera disparaître la Société typographique, et l'on broiera les hommes qui sont à sa tête », — fut, lui aussi, incarcéré à Mazas.

7 arrestations furent maintenues, dont celle du président de la Société, d'un membre de la Commission mixte, Moulinet, qui travaillait chez Dupont depuis vingt-huit ans, et un autre, Parrot, qui y travaillait depuis dix ans. Ils furent traduits en police correctionnelle le 1ᵉʳ mai, pour délit de coalition.

L'affaire ayant été remise au 8 mai, à la demande du défenseur, le tribunal refusa la mise en liberté sous caution des prévenus, qui avaient déjà subi cinq semaines de prévention.

Le 9 mai, après deux jours de débats, Gauthier, Moulinet et Parrot furent acquittés, les quatre autres condamnés à 10 jours de prison et 16 francs d'amende. D'eux d'entre eux interjetèrent appel; le 4 juin, la Cour confirma l'arrêt des premiers juges. Au cours des débats, comme on avait avancé que la demande d'augmentation était peu justifiée surtout dans une imprimerie comme la maison Dupont où la participation aux bénéfices était appliquée au personnel depuis le mois de mars 1848, les accusés ripostèrent en disant qu'en effet les ouvriers ayant trois ans de présence avaient une part dans les bénéfices et que le maximum accordé jusqu'alors par année s'était élevé à la somme de 22 francs.

61 ouvriers ne furent pas repris dans la maison Dupont.

La *revision du tarif* n'avait pas été oubliée pendant le procès, et une pétition couverte de 2,400 signatures fut adressée à l'Empereur, le 30 mai 1862, pour réclamer le règlement d'administration publique promis par le décret du 5 février 1810 sur l'organisation de l'imprimerie.

A défaut de la liberté de l'imprimerie, — disaient les pétitionnaires, — du moins nous désirerions jouir des garanties que Napoléon Ier avait fait espérer en faveur des ouvriers privés de la possibilité de s'établir.

Nous pensons que le règlement en question devrait stipuler : 1° que les ouvriers typographes sont autorisés à avoir leur chambre syndicale comme les patrons la leur; 2° que le tarif, périodiquement fixé par une conférence composée mi-partie de patrons et mi-partie d'ouvriers élus par le suffrage universel de leurs pairs, est obligatoire pour tous, patrons et ouvriers, sans exception; 3° que le nombre d'apprentis nécessaires sera successivement déterminé par une commission arbitrale mixte, etc.

Le Ministre du Commerce répondit qu'il était impossible de satisfaire au vœu exprimé.

Le 18 juin, la Chambre des maîtres-imprimeurs, ayant à statuer sur une nouvelle proposition des ouvriers consistant à augmenter de 0 fr. 10 le mille pour les ouvrages nouveaux, les travaux en cours devant être achevés au tarif de 1850, passa à l'ordre du jour.

Enfin, le 26 juin, dans une circulaire où ils rendaient compte de leur mandat et qu'ils terminaient par ces mots : « Nous ne pouvons plus rien pour vous et nous vous conseillons d'accepter ce que vous avez refusé le 25 mars », — les délégués ouvriers à la Commission mixte proposaient à leurs mandants d'accepter les offres faites par la Commission patronale et de présenter le tarif ainsi modifié à la signature individuelle du patron, dans chaque maison, en en fixant la date d'application au 14 juillet.

**Grève. — Deuxième procès.** — Le 19 juillet, les ouvriers à la journée, *en conscience* comme disent les typographes, dont le salaire, devant être débattu de gré à gré, n'était pas fixé par le tarif, réclamèrent une augmentation équivalente à celle qui était accordée au travail aux pièces, soit o fr. 55 l'heure au lieu de o fr. 5o.

12 imprimeries sur 83 refusèrent, et 215 compositeurs cessèrent le travail. Il n'y eut plus, dès lors, que des *sarrasins* qui travaillèrent dans ces imprimeries. On arrêta aussitôt les délégués ouvriers, signataires de la circulaire du 26 juin et onze autres compositeurs coupables d'avoir présenté le nouveau tarif à la signature de leurs patrons.

Ils furent mis en liberté provisoire le 3o août, par ordre de l'Empereur, et comparurent devant la 6e chambre correctionnelle les 26, 27 et 29 septembre 1862. Malgré une remarquable plaidoirie de Mᵉ Berryer, ils furent tous condamnés à 16 francs d'amende et 9 à 1 mois de prison, 2 à 15 jours, et 9 à 10 jours. Le jugement fut confirmé en appel le 15 novembre; mais, le 23 du même mois, l'Empereur gracia tous les condamnés.

Le retentissement causé par les deux procès des typographes a contribué, pour une grande part, à la modification de la loi sur les coalitions, votée le 25 mai 1864.

**Délégation à l'Exposition de Londres.** — M. Gauthier, le président de la Société typographique, fut l'un des signataires de la pétition pour l'envoi, aux frais de l'État, d'une délégation ouvrière à l'Exposition universelle de Londres en 1862, et il fut l'un des membres de la Commission d'organisation de cette délégation.

Les quatre typographes qui furent envoyés à Londres en revinrent enthousiasmés et envieux des libertés anglaises : « Comment n'envierions-nous pas le sort des typographes anglais! » dirent-ils dans leur rapport. « Dans l'atelier, les ouvriers sont chez eux; ils discutent en pleine liberté, non seulement leur salaire, mais encore les conditions de toute nature qui s'y rattachent. Si quelque innovation vient blesser les sentiments, la dignité ou les intérêts du personnel, la *chapelle* s'assemble dans l'atelier même, discute avec calme et sans contrainte le cas en litige et prend une décision qui est communiquée au chef de l'établissement.

« Un trait caractéristique, c'est que, pendant le délibéré des ouvriers, le patron s'abstient soigneusement de pénétrer dans son propre atelier[1]. »

L'introduction des femmes dans les ateliers de composition typographique, motif d'une grève dont tout le monde parlait encore, devait inévitablement être traitée dans le rapport des délégués :

On a reproché aux ouvriers typographes de repousser tyranniquement les femmes de leurs ateliers, et, au nom de la justice et de l'humanité, on les a sommés d'ouvrir leurs rangs aux travailleurs féminins.

Toutes ces déclamations reposent, qu'on nous permette de le dire, sur l'intérêt individuel ou sur l'ignorance où l'on est de la véritable situation des femmes dans l'imprimerie. Si nous luttons contre leur introduction parmi nous, ce n'est pas, avons-nous besoin de le dire? — un sexe que nous combattons, c'est un instrument d'abaissement de salaire, c'est un travailleur à prix réduit. Nous luttons contre la femme comme nous luttons contre tous les compositeurs à bas prix, quels que soient leur sexe et leur âge. Qu'on reconnaisse à un chef d'industrie le droit de rechercher des bras au plus bas prix possible, soit; mais que l'on veuille enlever à ceux qui se voient menacés et atteints dans leur salaire la faculté de s'opposer à de telles innovations, voilà ce que nous n'avons pu encore comprendre.

N'oublions pas de rappeler que l'introduction des femmes a eu lieu dans deux ou trois imprimeries au moment même où se discutait la demande d'augmentation des ouvriers compositeurs; cela suffit amplement à démontrer le but que l'on cherchait à atteindre.

Le rapport se terminait par les demandes suivantes :

Abolition de la loi sur les coalitions;

Le droit de réunion et de discussion en ce qui concerne les salaires et les autres conditions du travail.

L'association encouragée, aidée et subventionnée au besoin par l'État.

**Association générale typographique.** — Les discussions relatives au tarif étant une fois terminées, les typographes ne pouvaient manquer de participer, des premiers, au mouvement coopératif qui commença à se dessiner, à partir de 1863, dans quantité de professions parisiennes. Deux associations coopératives de typographes préparèrent leur constitution en même temps : l'*Association générale typographique* et l'*Imprimerie nouvelle.*

Parlons d'abord de la première. Après un certain nombre d'assem-

---

[1] *Rapports des délégués des ouvriers parisiens à l'Exposition de Londres en 1863,* p. 383 et suiv. Paris, Lacroix, 1864.

blées préparatoires tenues en 1865 et 1866, les statuts de l'Association générale typographique furent adoptés le 27 février 1867. Le
capital était fixé à 70,000 francs, divisé en 1,400 actions de 50 francs,
acquises par des versements de 25 centimes par semaine.

Il serait prélevé sur les bénéfices, 15 p. o/o pour la formation d'une
caisse de retraites; 5 p. o/o pour l'organisation et l'entretien d'une
caisse solidaire de crédit mutuel *gratuit* entre toutes les associations ayant
pour but le bien-être général; 50 p. o/o pour l'agrandissement de l'atelier social et l'achat d'autres imprimeries. Chacune des branches de l'imprimerie (compositeurs, imprimeurs, clicheurs, fondeurs, correcteurs),
devait toujours être représentée dans le conseil d'administration.

Son siège fut établi rue des Grands-Augustins, 22.

En juillet 1869, elle comptait 420 souscripteurs, dont les versements
atteignaient 20,039 francs. Elle obtint gratuitement du Ministre de l'intérieur un brevet d'imprimeur et ouvrit son atelier en février 1870, rue
du Faubourg-Saint-Denis, 22, sous la raison sociale *Berthélemy et Ci*.

Elle eut à soutenir, en 1871, un procès du Gouvernement pour la
publication de documents politiques; puis, le payement de travaux exécutés par elle pour le compte des mairies de Paris pendant le siège et la
Commune, lui fut refusé; elle éprouva, de ce chef, une perte sèche de
40,000 francs. Le capital restreint avec lequel elle avait abordé les affaires, la modicité des versements des actionnaires, l'exagération des
mémoires présentés aux clients amenant des contestations et des procès
toujours perdus par elle, toutes ces causes réunies l'acculèrent à la faillite en novembre 1874.

Les associés perdirent tout le capital souscrit et les ouvriers employés
par elle (25 à 30), un arriéré considérable de leurs salaires.

Le gérant, M. Merlot, en fut pour une somme de 25,000 francs
qu'il avait empruntée pour aider l'association dans des moments difficiles.

**Imprimerie nouvelle.** — Passons à la deuxième association. Une fois
les statuts préparés par le groupe initiateur, une assemblée générale de
typographes appelés à participer à la fondation de l'*Imprimerie nouvelle*
eut lieu le 25 octobre 1865. La souscription des actions (100 francs)
fut ouverte le 12 mars 1866; les adhérents devaient verser 75 centimes
par semaine la première année, 50 centimes la seconde (1).

Au 12 novembre 1869, époque où fut passé l'acte de société, l'avoir

(1) *Histoire d'une association ouvrière. L'Imprimerie nouvelle, 1870-1878.*

s'élevait à 30,666 francs. Dans cet acte, le capital social ne fut porté qu'à 50,000 francs; on l'éleva à 100,000 francs en février 1873.

Grâce à l'intervention de Gambetta, le Ministre de l'intérieur accorda au mois de février 1870, à l'*Imprimerie nouvelle*, la même faveur qu'à l'*Association générale typographique*, c'est-à-dire le brevet d'imprimeur, dont le prix minimum était alors de 18,000 francs. L'atelier social fut ouvert le 10 mai 1870, rue des Jeûneurs, 14.

Passons en revue quelques articles des statuts :

. . . . . . . . . . . . . . . . . . . . . . . . . . . . . . . . . . . . . . . . . . . . . . . . . . . . . . . . . . . . . .

ART. 8. — Nul ne pourra être admis à souscrire s'il n'est ouvrier compositeur, correcteur, conducteur de machines typographiques ou imprimeur, et s'il ne fait partie, depuis trois mois au moins, de la société corporative de la spécialité à laquelle il appartient.

Nul n'est admis à souscrire plus de six actions. (Nombre porté à 10 plus tard.) Chaque actionnaire n'a qu'une voix. (Art. 45.)

Les fondateurs motivaient l'article 8 ci-dessus par les considérations suivantes :

L'exclusion de tout ouvrier n'appartenant pas à la chambre syndicale de son groupe peut, il est vrai, paraître une mesure rigoureuse; il n'y a là, cependant, qu'une garantie très légitime contre les embarras qui pourraient être suscités par des ouvriers se tenant à l'écart de leurs confrères et dont la conduite, par conséquent, laisse supposer qu'en entrant dans l'association ils n'y verraient qu'une affaire de mercantilisme et non un jalon posé pour arriver à la solution de la question sociale.

. . . . . . . . . . . . . . . . . . . . . . . . . . . . . . . . . . . . . . . . . . . . . . . . . . . . . . . . . . . . . .

ART. 53. — L'entrée dans l'atelier social aura lieu par voie de tirage au sort.

. . . . . . . . . . . . . . . . . . . . . . . . . . . . . . . . . . . . . . . . . . . . . . . . . . . . . . . . . . . . . .

ART. 57. — Toutes les difficultés sur les prix de main-d'œuvre seront soumises à l'arbitrage de la Société de secours mutuels typographique parisienne. Ses décisions seront sans appel.

ART. 58. — 3o p. o/o des bénéfices seront affectés à la formation d'un fonds de réserve qui ne pourra dépasser le capital.

ART. 59. — Le restant des bénéfices, l'intérêt payé (5 p. o/o aux actions), sera consacré à l'agrandissement de l'atelier social ou à l'achat d'autres imprimeries.

ART. 60. — Néanmoins, quand le fonds de réserve sera complet et que *tous les associés seront occupés dans les ateliers*, l'assemblée générale pourra autoriser la distribution de dividendes. Cette distribution aura lieu par tête et sans tenir compte des actions.

Le succès couronna l'entreprise. Dans les douze premières années, l'association fit près de 2 millions d'affaires et réalisa 217,000 francs de bénéfices, après avoir acheté un matériel de 240,000 francs. Deux émissions de 25,000 francs d'obligations à 45 francs, remboursables à 50 francs par voie de tirage et rapportant 2 fr. 50 d'intérêt annuel, furent rapidement couvertes en 1875 et en 1877. Au 31 décembre 1877, le nombre d'ouvriers employés était de 65, celui des actionnaires, de 614. Aussi, l'association se croyait-elle autorisée à dire : « Le jour où ils le voudront sérieusement, les 5,000 typographes de Paris pourront acquérir soixante ou quatre-vingts maisons, et changer leur position de salariés en ouvriers associés, travaillant chez eux et pour eux. »

Laissons un moment l'*Imprimerie nouvelle* pour revenir à la Société typographique.

**Chambre syndicale.** — Le nombre des membres de la Société typographique, de 1,600 qu'il était au mois d'avril 1862, était monté un moment à 2,500 en 1866, puis redescendu à 2,008, par suite de radiations pour défaut de payement; il atteignit 2,131 au 1er juillet 1867.

Le deuxième président de la Société, M. Baraguet, qui avait aussi succédé à M. Gauthier comme membre du conseil des prud'hommes, était un homme d'une activité prodigieuse et les typographes le conservèrent à leur tête, dans les deux fonctions ci-dessus nommées, ainsi que dans celle de délégué permanent de la Société (fonction créée en 1867), jusqu'à sa mort en 1876.

La tolérance que le Gouvernement impérial commença à accorder aux chambres syndicales ouvrières, dès 1867, engagea les typographes à ne plus déguiser leur action de défense professionnelle derrière leur Société de secours mutuels et, tout en conservant celle-ci, ils adoptèrent, le 8 août 1867, sous le titre d'*appendice au règlement*, les statuts d'une chambre syndicale, ce mot étant pris dans son sens primitif — réunion des syndics :

ART. 1er. — Il est créé une chambre syndicale des ouvriers typographes.

ART. 2. — Le Comité de la société typographique parisienne est chargé de cette nouvelle fonction.

ART. 3. — La chambre syndicale tiendra séance tous les mardis, à 8 heures et demie précises du soir, pour délibérer et donner son avis sur les diverses questions relatives au travail de composition typographique.

ART. 4. — Les avis et délibérations de la chambre seront toujours basés sur les prescriptions du tarif des prix de main-d'œuvre généralement en usage à

Paris et, à leur défaut, pour les cas dits de gré à gré, sur les usages et traditions du métier.

Art. 5. — Toutes les délibérations de la chambre syndicale seront portées à la connaissance de la chambre des maîtres-imprimeurs, avec invitation de faire savoir si elle adopte ou repousse les conclusions.

Art. 6. — Tout sociétaire qui a provoqué une délibération doit, dès le lendemain, la communiquer à son patron, et, si celui-ci se refuse à l'accepter, lui proposer l'arbitrage d'une commission composée mi-partie de patrons, mi-partie d'ouvriers.

Art. 7. — Si le patron refuse cette juridiction amiable, le sociétaire doit en informer la chambre qui fera porter, par les intéressés, la cause devant le conseil des prud'hommes.

Les sociétaires seront tenus de se conformer à l'avis de la chambre syndicale; celui qui s'y refuse est considéré comme démissionnaire.

Art. 8. — Une caisse de prévoyance est fondée pour venir en aide aux sociétaires privés de leur travail par suite de la non-adoption d'un avis de la chambre syndicale, et pour subvenir aux frais nécessités par les poursuites à exercer devant le conseil des prud'hommes, ou les avances à faire aux intéressés.

Art. 9. — Les ressources de cette caisse se composeront d'un prélèvement des deux cinquièmes de la recette et des sommes provenant de la rentrée des anciennes créances.

A cet effet et pour faciliter la comptabilité, la cotisation sera portée à 2 fr. 50 par mois à partir du 1<sup>er</sup> octobre 1867.

Art. 10. — Si les fonds restés disponibles pour le service des malades et des pensions devenaient insuffisants, le prélèvement ci-dessus mentionné serait suspendu et, au besoin, les sommes nécessaires prises dans la caisse de prévoyance.

**Travail en commandite.** — Nous avons dit combien l'idée coopérative avait rencontré de chauds partisans chez les typographes.

En dehors de l'exploitation d'imprimeries par des ouvriers associés, une autre forme de la coopération, ne concernant que la main-d'œuvre, avait commencé à être appliquée pour le travail de *composition* des journaux quotidiens, sous le nom de *commandite* (1).

Ce système de travail n'est pas autre chose qu'un *marchandage collectif,* dans lequel les bénéfices ordinaires du marchandeur, ici c'est le *metteur en pages,* au lieu d'aller à un homme seul, vont à tous les hommes d'une équipe.

---

(1) C'est en 1853, à l'imprimerie Dubuisson, que fut créée la première *commandite.*

Les équipes en *commandite* peuvent varier à leur gré leur organisation intérieure : les deux modes les plus usités sont la *commandite égalitaire* et la *commandite au prorata*.

Dans la première, qui paraît être le plus en faveur chez les typographes partisans de la démocratisation de l'atelier, les ouvriers, astreints à un minimum de production déterminé, se partagent le prix convenu pour la confection du journal (prix établi à forfait), en touchant chacun exactement la même somme par heure passée au travail, qu'ils aient ou n'aient pas dépassé le minimum obligatoire de production.

Dans la *commandite au prorata*, chaque ouvrier travaille aux pièces, est rémunéré d'après la tâche accomplie, et le bénéfice collectif de l'équipe, — résultant du prix affecté à la mise en pages et de la conservation de textes utilisés plusieurs fois et dont la composition est chaque fois comptée comme si elle avait été renouvelée, — est réparti entre tous les collaborateurs proportionnellement à la somme de travail fournie par chacun d'eux.

Quelques ouvriers, dont les aptitudes, pour cause d'infirmités ou en raison de l'âge, sont amoindries, préfèrent la *commandite au prorata* à la *commandite égalitaire*, car dans celle-ci ils craignent d'être évincés et considérés comme des producteurs inférieurs.

Les tenants de la *commandite au prorata* disent encore que « celui qui est très habile et qui souvent pourrait lever 2,000 ou 2,500 lettres à l'heure n'a pas intérêt, dans la commandite égalitaire, à donner toutes ses forces, puisqu'il ne doit pas toucher plus que celui qui a fait sa *pige* tout juste. Avec le *prorata*, au contraire, il donnera toute son énergie ». (*Typographie* du 1er juin 1892.)

Les ouvriers typographes s'efforcent depuis longtemps de convaincre les maîtres-imprimeurs qu'ils ont tout avantage à faire faire leur travail en *commandite*. Avec ce mode de travail comme avec le *marchandage*, le patron n'a plus à intervenir dans la distribution du travail, ni à exercer de surveillance pendant son exécution, ni à s'occuper des différences de capacité entre les ouvriers, ni à vérifier les *bordereaux* de paye de chacun d'eux ; il n'a plus qu'à choisir l'ouvrier chargé du recrutement du personnel de l'équipe et qu'à contrôler le travail au moment de sa livraison.

Les associés ont, de leur côté, tout intérêt à être soigneux et ponctuels pour conserver la commande. Mais, ce qui les attire le plus dans la *commandite*, c'est la demi-indépendance qu'elle leur assure ; les rapports entre eux et le patron sont réduits au strict minimum ; celui qui veut

s'absenter n'a plus de permissions à demander, plus de rebuffades à es-
suyer; il se fait remplacer pour le temps qu'il veut et tout est dit.

L'organisation rationnelle de l'apprentissage n'a pas encore été prévue
dans le travail en *commandite*, et c'est là un des côtés faibles du système;
il est de règle cependant que les *commandites* de journaux quotidiens ne
peuvent avoir d'apprentis à leur disposition, ce genre de travail ne permettant pas une étude complète du métier.

**Revision du tarif.** — Au commencement de 1867, la commission ouvrière qui avait pris part à la rédaction du tarif en 1862 fit procéder à
l'élection d'une nouvelle commission qui assumerait la tâche de faire modifier les prix de main-d'œuvre reconnus insuffisants. Dans les vœux ex-
primés, la généralisation du travail en *commandite* (il s'agissait de la
*commandite égalitaire*) sembla indiquée par la majorité; mais le désaccord se produisit au sein même de la commission sur cette question, et,
pour éviter une scission, on convint de s'en rapporter à une assemblée
générale à laquelle seraient convoqués tous les typographes, syndiqués
ou non syndiqués. La réunion eut lieu le 4 octobre 1867; elle donna une
faible majorité en faveur des *commandites*. Mais ce mode de consultation,
contraire aux usages jusqu'alors suivis dans la typographie, fut fortement
critiqué, ce qui engagea la commission à provoquer un nouveau vote,
dans les ateliers. Il donna les résultats suivants : votants, 1,681; pour
la *commandite*, 674; contre, 1,007.

Malgré ce résultat négatif, la commission n'en prit pas moins l'introduction du travail en *commandite* pour base de la revision du tarif et
présenta son projet à la commission patronale le 17 octobre 1867.

La conférence mixte s'ouvrit le 4 janvier 1868; le 18, après avoir consulté leurs mandants, les délégués-patrons repoussèrent la *commandite* en
tant que devant être incorporée au tarif, et les négociations furent rompues.
Les membres de la commission ouvrière donnèrent leur démission et le
comité de la Société typographique fit procéder à de nouvelles élections
en février, par les sociétaires seuls. La commission sortie de ces élections
renonça à la *commandite obligatoire* et se borna à introduire dans le projet de tarif des dispositions qui devaient faciliter l'adoption de ce système
en autorisant un rabais sur le prix des travaux qui seraient exécutés par
les équipes commanditaires, rabais pouvant aller jusqu'à 10 p. o/o pour
les journaux quotidiens.

Les pourparlers furent repris avec les patrons et aboutirent à une augmentation moyenne de 50 centimes par jour.

Le travail à la journée fut fixé à 6 francs pour dix heures; les heures de corrections furent payées 60 centimes. Les articles relatifs aux *gratifications* furent modifiés comme suit :

Les heures du dimanche et des fêtes et les heures de nuit, après la onzième heure de travail de jour jusqu'à minuit, furent majorées de 0 fr. 25; après minuit, les heures furent payées 35 centimes en plus jusqu'à l'heure habituelle du commencement de la journée.

Le salaire des jeunes gens pendant la première année qui suit la fin de leur apprentissage et celui des vieillards seraient débattus de gré à gré.

La date d'application du nouveau tarif fut fixée au 30 novembre 1868.

En vue d'une résistance de la part des patrons, la Chambre syndicale avait annoncé l'émission de 20,000 obligations à 5 francs, remboursables par voie de tirage au sort; mais il n'y eut pas lieu de réaliser cet emprunt. Un petit nombre de maisons seulement résistèrent pendant huit jours. Trois membres de la commission ouvrière perdirent pourtant leur travail. L'heureuse terminaison de cette crise amena plusieurs centaines d'adhérents nouveaux à la Société typographique parisienne.

**Caisse des cinq centimes.** — C'est ici le moment de parler de cette *caisse de prévoyance,* dite *des cinq centimes,* parce que la cotisation était de 5 centimes par semaine, qui était destinée à l'action extra-corporative : faire des prêts aux ouvriers des autres professions en grève. Cette idée, déjà réalisée par les typographes dans les premières années d'existence de leur société (de 1839 à 1850), fut reprise par eux en 1866 et adoptée ensuite par dix-neuf autres sociétés ouvrières de Paris, le plus souvent à la suite de prêts faits pendant une grève. Chaque société gérait sa caisse particulière, mais se faisait représenter par un délégué à un comité central qui avait à apprécier les demandes; ce comité fut, à partir de 1869, l'organe d'une *caisse fédérative de prévoyance,* toujours des *cinq centimes.*

L'adhésion à la caisse des cinq centimes était facultative pour les membres de chaque société; sur 2,000 syndiqués typographes, la moitié environ versaient à la caisse spéciale de leur profession dont l'avoir, au mois d'avril 1868, était de 4,058 fr. 45; un an plus tard, il était de 7,750 fr. 50, dont 4,348 francs prêtés à une vingtaine d'autres sociétés.

Indépendamment de la petite caisse spéciale, la Société typographique parisienne fit des avances considérables aux grévistes d'autres métiers ou à ceux qui, comme les mégissiers, voulurent créer des associations coopératives. Au mois de janvier 1872, le total des sommes non remboursées s'élevait à 47,200 francs, qu'il fallut considérer comme perdus, les sociétés débitrices ayant disparu, sauf celle des typographes de Genève. Les mégissiers de Paris devaient 28,000 francs; les tisseurs en canevas, 3,300; les brossiers, 2,500; les tailleurs, 1,800; les doreurs sur bois, 1,100; les teinturiers en peaux, 1,000; le syndicat des cuirs et peaux, 500; les tourneurs en poterie, 400; les tisseurs, 300; les ouvriers en bâtiment, de Genève, 2,800; les typographes de Genève, 2,000; les fileurs d'Elbeuf, 1,000; les menuisiers de Marseille, 1,000; les bronziers de Lyon, 500.

**Nouvelle revision du tarif.** — En 1871, après la guerre, la caisse de la Société typographique était à peu près vide; mais, grâce à l'impulsion énergique de son président M. Baraguet, la reconstitution fut rapide. La caisse spéciale de résistance, créée en 1867, ne fut pas rétablie; les fonds destinés à la défense professionnelle et ceux de la mutualité ne formèrent qu'une seule et même caisse, comme cela s'était fait avant 1867; seulement, escomptant la liberté qu'on attendait du nouveau régime politique en faveur des associations professionnelles, la Société typographique ne cacha plus les dépenses qu'elle faisait pour le maintien du tarif et elle les inscrivit, sous leur titre réel, dans ses comptes rendus mensuels.

Plusieurs années se passèrent dans le recueillement et la préparation à une nouvelle revision du tarif, qui fut étudiée par une commission spéciale et présentée à la Chambre des maîtres-imprimeurs en 1876.

Le système de la *commandite obligatoire*, inséré dans le tarif, fut, comme en 1868, la première pierre d'achoppement. Le 20 décembre 1876, dans la seconde entrevue avec la Chambre patronale, la commission ouvrière reçut communication de l'ordre du jour suivant adopté par l'assemblée générale des maîtres-imprimeurs :

L'assemblée, considérant que la *commandite* est une réglementation du travail de l'atelier et non une question de tarif;

Qu'en devenant obligatoire, elle porte atteinte à la liberté du travail et à l'autorité légitime du patron;

Qu'en outre, à raison de son organisation, elle a pour conséquence assurée la décadence de l'art typographique;

Repousse le principe de la *commandite obligatoire*.

La commission ouvrière rendit compte de son mandat le 15 janvier 1877; une consultation générale des électeurs parut nécessaire et le Comité syndical fit procéder, le 10 février, à un vote dans les ateliers sur adoption du principe de la *commandite obligatoire*. Sur 2,158 votants,

910 se prononcèrent pour et 1,190 contre. La commission de revision résigna alors ses fonctions et fut remplacée, le 1er mai suivant, par des partisans de la *commandite facultative*.

La première entrevue avec les patrons n'eut lieu que le 5 décembre; le 13 février 1878, les patrons remirent aux ouvriers un contre-projet et la discussion commença le 27 du même mois. Une augmentation de 10 centimes par mille pour la réimpression et de 8 centimes pour le manuscrit fut adoptée.

Le 6 mars, les délégués ouvriers abandonnèrent la demande de suppression du travail en *conscience* pour la mise en pages qui figurait dans leur projet, et la discussion porta dès lors sur la fixation du prix de l'heure; les ouvriers demandaient 70 centimes, soit 10 centimes d'augmentation, les patrons n'offraient que 65 centimes; ils finirent par déclarer que c'était un ultimatum et les négociations furent rompues.

Un nouveau vote eut lieu dans les ateliers; sur 2,217 votants, 2,064 suffrages donnèrent raison aux délégués. Le Comité décida que, dans chaque maison, les ouvriers présenteraient leur tarif à l'acceptation des patrons, à partir du 21 mars.

**Grève de 1878.** — Quatre jours après, 21 imprimeurs signaient une déclaration (qui fut communiquée aux ouvriers), d'après laquelle le tarif de la Chambre patronale serait appliqué à partir du 1er avril; 15 autres imprimeurs prirent l'engagement de n'accepter chez eux aucun ouvrier compositeur sortant des imprimeries qui repoussaient le tarif de la commission ouvrière. Enfin, 33 éditeurs engagèrent les imprimeurs à persister dans leur résistance, promettant de se prêter à toutes les mesures transitoires qu'exigeraient les circonstances et de ne donner aucun travail nouveau aux imprimeries qui accepteraient le tarif ouvrier.

La grève, commencée le 21 mars, dura jusqu'au 10 juin, soit 88 jours. Une tentative de conciliation, faite *in extremis* le 3 juin, avait été repoussée par les patrons le 5.

Les ressources de la Société typographique étaient épuisées; les imprimeries qui n'avaient pas accepté le tarif ouvrier furent mises à l'index; elles n'étaient pas les plus nombreuses, mais c'étaient celles qui employaient le plus d'ouvriers. L'index, dans ce cas, ne pouvait que signifier rupture des relations avec le syndicat, car les grévistes furent autorisés à se placer où ils pourraient.

Le Comité aurait pourtant désiré ne pas prolonger une situation fausse résultant de l'application simultanée de deux tarifs différents; l'adoption du tarif patronal, consacrant une amélioration des anciennes conditions du travail (65 centimes l'heure au lieu de 60), aurait permis de rétablir la paix et d'attendre une revision nouvelle. Il invita donc les sociétaires à se prononcer, par un vote qui eut lieu dans les ateliers. Il y avait alors 3,000 inscrits; 2,023 seulement prirent part au vote; 920 se prononcèrent pour le tarif ouvrier, 841 pour le tarif patronal, 244 déposèrent des bulletins blancs. La consultation ne donnait donc pas de résultat, et les choses restèrent dans l'indécision.

Vingt ans plus tard, au 1er janvier 1898, les relations n'ont pas encore été reprises entre les deux Chambres syndicales (patronale et ouvrière), de l'imprimerie typographique de Paris.

La grève de 1878 coûta, à la Société typographique, la somme de 244,169 fr. 60, dont 236,722 fr. 50 d'indemnités aux grévistes et 7,447 fr. 10 en frais généraux et de permanence (1).

En même temps, son service de secours aux malades exigeait, de mars à fin juin, la somme de 19,716 fr. 20.

Ses ressources, pendant cette période, s'élevèrent à 274,842 fr. 95, se décomposant comme suit :

| | |
|---|---:|
| Argent liquide au 1er mars....................... | 10,180f 35c |
| Produit de la vente des titres en portefeuille.......... | 91,583 35 |
| Cotisations mensuelles des sociétaires................ | 28,968 60 |
| Impôt de 10 p. o/o et de 5 p. o/o sur les salaires....... | 75,084 20 |
| Dons et prêts, de France et de l'étranger............. | 61,376 45 |
| Une émission d'obligations...................... | 6,750 00 |
| TOTAL ÉGAL....................... | 274,842 95 |

L'impôt de 10 p. o/o sur les salaires avait été perçu pendant neuf semaines, à partir du 1er avril, et celui de 5 p. o/o pendant quatre semaines, jusqu'au 30 juin.

Il restait disponible, à cette dernière date, 10,957 fr. 15.

La cotisation mensuelle fut portée de 2 fr. 50 à 4 francs à partir du 1er juillet jusqu'à la fin de l'année et abaissée à 3 francs du 1er janvier 1879 au 1er mars 1881, date à laquelle les emprunts faits pendant la grève furent entièrement remboursés.

Le fonds de retraite, inaliénable, n'avait pu être utilisé pour la grève ; les versements habituels avaient été effectués et, de 45,000 francs au 1er janvier 1878, il était passé à 54,000 francs au 1er janvier 1881.

---

(1) Relevé sur une quittance d'octobre 1878.

Le 28 octobre 1879, une assemblée générale adopta une revision des statuts portant principalement sur les pensions de retraite. Au lieu de 260 francs à 60 ans après dix années de présence dans la société (période évidemment trop courte), la pension fut fixée à 180 francs après quinze années de sociétariat pour les sociétaires incapables de travailler ou ne pouvant gagner au moins 20 francs par semaine. La pension du sociétaire invalide fut augmentée de 8 francs pour chaque année de sociétariat au-dessus de 15; de sorte qu'elle pouvait atteindre un maximum de 300 francs au bout de 30 ans de présence.

Un sociétaire malade ne put recevoir plus de 780 francs de secours dans le cours de trois années; son droit aux secours était alors suspendu pendant une année.

L'allocation de 4 francs par jour aux membres qui auraient perdu leur travail pour avoir voulu maintenir les prescriptions du tarif était inscrite à l'article 20 des statuts de la société (de secours mutuels). '

Tout compositeur exerçant sa profession à Paris depuis plus de trois mois ne put être admis qu'en payant une affiliation de 5 francs. « Ce droit d'admission sera de 10 francs pour celui qui travaillerait à Paris depuis plus d'un an, et augmentera de cinq francs par chaque cinq années. Nul ne pourra être admis de la société après 50 ans révolus. »

**Commission de contrôle.** — Nous croyons nécessaire de signaler ici le mode d'administration de la Société typographique, à cette époque : 1° un comité de 15 membres élus *tous les six mois* (en janvier et juillet) et rééligibles; le comité nomme un *délégué permanent* aux appointements de 65 francs par semaine, chargé de la correspondance et du placement; le président, conformément au décret du 27 octobre 1870 sur les sociétés de secours mutuels, est élu pour cinq ans par les sociétaires; 2° à côté du comité exécutif, et on pourrait presque dire au-dessus, une *commission consultative et de contrôle,* composée de 50 membres élus *annuellement;* elle connaît de toutes les difficultés ayant trait aux intérêts de la société; elle vérifie si, dans ses décisions, le comité a respecté dans la lettre et dans l'esprit le Règlement et le Tarif; elle *affirme, modifie* ou *annule* toutes ses décisions, le comité, dans le cas de blâme, ayant pourtant le droit de convoquer une assemblée générale; 3° une *commission de vérification,* composée de 5 membres, prise dans le sein de la commission de contrôle et nommée par elle; 4° deux assemblées générales, fin juin et fin décembre : « Aucune proposition ne peut être faite à l'assemblée sans avoir été préalablement communiquée au bureau le 10 du mois avant l'assemblée générale, afin qu'elle soit inscrite à l'ordre du jour; toute proposition non portée à l'ordre du jour ne pourra qu'être prise en considération et, dans ce cas, la discussion en sera renvoyée à la plus prochaine assemblée (art. 77); 5° le vote dans les ateliers sur les questions importantes et pour l'élection des divers fonctionnaires : « Nul ne pourra se porter candidat aux élections des différentes commissions ou de la chambre syndicale, s'il n'a au moins cinq années de sociétariat, un passé irréprochable et s'il n'est au pair de ses cotisations (art. 82). »

Nous avons donc là réellement un gouvernement parlementaire au petit pied; un président élu pour cinq ans, un *sénat* élu pour un an; une *chambre* dont les pouvoirs ne durent que six mois, et enfin le *referendum* démocratique. Nous aurons aussi les conflits entre les deux chambres.

**Société de secours mutuels de l'Imprimerie typographique.** — Après la grève de 1878, un certain nombre de patrons, pour combattre l'influence de la Société typographique parisienne, fondèrent une autre société de secours mutuels, qui fut autorisée le 20 septembre 1880. L'obligation d'en faire partie fut imposée à tout le personnel de la *composition* (hommes et femmes), des imprimeries adhérentes; peuvent également être admis tous les employés et les ouvriers autres que les compositeurs et compositrices. La cotisation, de 2 francs par mois, est retenue, sur la première paye du mois, par le patron qui fait lui-même les versements à la caisse; le secours aux malades est de 2 francs par jour pendant six mois. Une caisse de retraites est uniquement alimentée par les patrons qui se sont réservé, d'ailleurs, six places sur douze dans le bureau de la société et le poste de président ou de trésorier.

Au 1ᵉʳ janvier 1898, elle comptait 259 membres participants, dont 63 femmes et 66 membres honoraires; son capital était de 6,975 fr. 19. Ses adhérents ont été trois fois plus nombreux; leur nombre est allé en diminuant à mesure que les patrons n'ont plus tenu la main à l'adhésion obligatoire. La société comprend maintenant surtout les ouvriers qui travaillent dans les ateliers de son président.

*Congrès ouvriers.* — La typographie parisienne, représentée aux congrès ouvriers de Paris 1876 et Lyon 1878, n'avait pas envoyé de délégué à celui de Marseille en 1879; mais, en 1880, ayant adhéré à l'*Union des chambres syndicales ouvrières* qui venait de se former, trois de ses membres assistèrent au congrès du Havre et se prononcèrent pour la coopération contre le collectivisme révolutionnaire. La scission produite au Havre entre ces deux fractions du parti ouvrier et qui alla en s'accentuant les années suivantes motiva l'abstention du syndicat typographique aux congrès organisés par l'une et l'autre fraction, jusqu'en 1887.

**Société des typographes** du *Journal officiel*. — Sur la fin de 1880, alors que le traité avec l'imprimeur du *Journal officiel* était sur le point d'expirer, le Ministre de l'intérieur, pour des raisons d'économie et pour encourager les associations ouvrières, voulut confier directement la confection du journal à des ouvriers, mais il ne croyait pas pouvoir traiter avec une association qui aurait des marchés avec des tiers : il voulait une association qui s'occupât exclusivement du *Journal officiel*.

Le Syndicat typographique n'ayant alors d'existence légale que comme société de secours mutuels, une assemblée décida, le 23 novembre 1880, que 28 de ses membres seraient nominalement substitués au syndicat et que le capital de garantie nécessaire leur serait avancé. Une société anonyme, au capital de 5,600 francs, fut fondée; chacun des 28 actionnaires souscrivit 4 actions de 50 francs. De par l'article 7 des statuts, les actionnaires ne pouvaient être pris que parmi les membres de la Chambre syndicale, et un autre article stipulait que 5 p. o/o des bénéfices seraient versés dans la caisse de retraites de la Société typographique parisienne.

Cette association coopérative, qui n'est qu'une association de main-d'œuvre, puisque l'État fournit le local et le matériel, emploie 80 à 190 auxiliaires, suivant les nécessités du service, l'association étant chargée de l'expédition et de la distribution du journal; les auxiliaires typographes ont une part dans les bénéfices, part fixée par l'assemblée générale annuelle.

**Société des typographes de Paris**. — Dans le courant de 1880, des démarches avaient été faites par la Société typographique auprès des principaux rédacteurs des journaux *la République française* et *la Petite République française*, fondés par Gambetta, pour que le personnel des compositeurs fût pris entièrement dans le syndicat. Les ouvriers qui y étaient alors occupés appartenaient, en partie, à une *Société de secours mutuels* dite des *typographes de Paris*, approuvée le 13 avril 1867 (siège, rue Boutebrie, 2) et composée à ses débuts d'anciens membres de la Société typographique radiés pour défaut de payement ou pour violation du tarif. Cependant, à l'imprimerie des journaux susdits, ils étaient payés au tarif le plus élevé; aussi, désireux de ne pas perdre leurs places, ils modifièrent, le 30 septembre et le 14 novembre 1880, le titre de leur société, qui devint *Chambre syndicale* et *Société de secours mutuels des typographes* *de Paris* et donnèrent leur adhésion à l'*Union des chambres syndicales ouvrières de France*. De là, embarras de l'administration de la *République française* pour se prononcer entre les deux syndicats et finalement maintien du *statu quo;* 10 ouvriers, membres de la *Société typographique,* quittèrent alors l'atelier. Payant d'audace, le syndicat de la rue Boutebric lança le projet d'un banquet offert à Gambetta par les typographes. La vieille société de la rue de Savoie protesta contre l'usurpation de titre et d'influence tentée par le nouveau syndicat, et, en présence des polémiques entre les deux groupes, Gambetta déclina l'invitation.

Le 16 février 1881, l'*Union des chambres syndicales ouvrières* vota l'exclusion du syndicat de la rue Boutebric et décida qu'il ne pouvait y avoir deux chambres syndicales de la même profession dans la même ville. Le syndicat de la rue de Savoie comptait, au 1er janvier 1881, 2,200 sociétaires, tandis que l'autre ne put jamais réunir plus de 80 membres. Ce dernier donna toutefois naissance à une association coopérative.

**La Coopération typographique de Paris.** — Fondée le 18 décembre 1881, cette association avait son siège rue Saint-Lazare, 28. Son directeur, prote à la *Petite République française,* déposant devant la Commission d'enquête sur les associations ouvrières (1), le 19 mai 1883, y raconta les démêlés dont nous venons de parler et ajouta : « C'est plutôt pour nous affranchir des exigences d'un syndicat que de celles du patronat que nous avons formé une association. »

Le capital souscrit était de 10,000 francs (200 actions de 50 francs), sur lesquels 7,000 francs étaient versés; le nombre des souscripteurs, de 70 au début, était descendu à 25. L'association avait commencé à travailler en novembre 1882, mais elle ne s'occupait encore que de la *composition;* l'*impression* se faisait avec les presses du journal *la République française.* Deux ans plus tard, cette association s'est désagrégée et dissoute.

En 1885, la Chambre syndicale de la rue de Savoie ayant proclamé une amnistie générale, le syndicat de la rue Boutebric disparut également; cependant, la *Société de secours mutuels des typographes de Paris* conserva quelques membres désireux de profiter du fonds de retraites constitué par elle et elle comptait encore, au 1er janvier 1896, 5 membres participants. Elle a été dissoute le 29 avril 1897.

**Fédération des ouvriers typographes.** — La Société typographique

---

(1) *Enquête de la Commission extra-parlementaire des associations ouvrières,* t. I, p. 307. (Imp. nat., 1883.)

était, au 1er janvier 1881, à peu près remise, sinon au point de vue moral, du moins au point de vue financier, de la terrible secousse produite par la grève de 1878; elle avait remboursé 42,500 francs prêtés, et son encaisse était de 77,556 fr. 56; les recettes de l'année 1881 s'élevèrent à 79,606 fr. 45; de sorte qu'après avoir payé à ses pensionnaires 9,283 fr. 35 et 42,012 fr. 25 pour les secours aux malades et frais d'administration, il lui resta, à la fin de l'année, 98,626 fr. 04. Le nombre de ses membres, après être descendu à 1,915 en 1879, était remonté à 2,529.

La situation parut suffisamment favorable pour chercher à établir, entre toutes les sociétés de typographes de France, des liens plus étroits que ceux qui résultaient des invitations réciproques aux banquets annuels.

Ce fut l'œuvre du premier congrès typographique réuni à Paris, du 28 août au 2 septembre 1881, dans lequel la *Fédération des ouvriers typographes français et des industries similaires* fut créée. La section parisienne fut chargée de désigner les membres du comité central de la Fédération. Le premier numéro du journal bi-mensuel la *Typographie française*, organe de la nouvelle institution, trait d'union entre les sociétés adhérentes et puissant instrument de propagande, parut le 16 septembre.

Pour subvenir aux charges qui résultaient de l'adhésion à la Fédération, une assemblée générale éleva de 50 centimes la cotisation mensuelle (3 francs au lieu de 2 fr. 50); mais, en même temps, les secours aux malades furent aussi augmentés et portés de 1 fr. 50 à 1 fr. 75 pour les trois premiers mois, et de 2 francs à 2 fr. 25 pour le reste de l'année. Les typographes âgés de 50 ans, ne pouvant pas faire partie de la Société de secours mutuels, furent admis comme adhérents à la Chambre syndicale, en payant une cotisation mensuelle de 1 fr. 50.

La Fédération prenait à sa charge le payement des indemnités de grève, à raison de 21 francs par semaine pendant trois mois.

**Règlement des commandites.** — En juillet 1881, la Société typographique avait nommé une commission pour élaborer un nouveau règlement sur les *commandites;* cette commission déposa son rapport le 3 novembre; il contient les passages suivants :

Nous constaterons d'abord que, si la pratique ne répond pas entièrement, dans certains groupes, aux heureuses prévisions des intéressés, c'est la conséquence des conflits inhérents à une organisation défectueuse, et l'expérience permet d'en préciser trois causes principales: l'autorité trop absolue d'un homme dans un groupe; la volonté abusive de l'administration; le défaut évident de sentiments équitables de solidarité, sans lesquels il est difficile, sinon impossible de travailler en *commandite*.

800 sociétaires environ, employés par les journaux quotidiens, sont obligatoirement tenus, par le tarif, de travailler en commandite; 100 autres exécutent tous les genres de travaux. Or des plaintes nombreuses se produisent au Comité de la Société; les nombreux litiges à examiner occupent la plus grande partie du temps dont dispose la Société.

Ainsi, c'était la *commandite*, ce succédané de la coopération, qui faisait naître plus de conflits qu'il n'y en avait avec les patrons; et la commission concluait à la nécessité de mettre ces groupes sociétaires sous l'étroite surveillance du syndicat.

Dans le délai de huit jours au plus après la formation d'un groupe, on doit : 1° Choisir, par un vote, le commanditaire appelé à remplir les fonctions de metteur en pages; 2° Déterminer s'il y a lieu d'accorder une plus-value pour le confrère dé    né pour la mise en pages et la direction;...... 5° Déterminer le nombre minimum de *lignes* ou de *milles* de production par heure; ...... le minimum exigible ne pourra être supérieur à 1,500 lettres par heure; 6° Fixer le nombre de minutes du retard accordé aux commanditaires (15 minutes au maximum) avant d'être remplacés pour la journée.

Tout groupe formé pour l'exécution d'un journal quotidien ne pourra effectuer la composition d'aucun autre ouvrage, sans autorisation de la Chambre syndicale, qui déterminera l'adjonction d'un certain nombre d'aides, selon la valeur du travail supplémentaire.

Le premier *bordereau* établi par un groupe sera communiqué, avec pièces à l'appui, à la Chambre syndicale qui appréciera la justesse du comptage et la concordance avec les prix du tarif de 1878.

Dans le cas où un groupe serait remercié par le patron, aucun des membres sortants ne pourra concourir à la formation du nouveau groupe appelé à exécuter le même travail.

Ce projet fut adopté par 1194 voix contre 273, sur 1,516 votants, et l'application en fut fixée au 10 avril 1882. Dans un article publié par la *Typographie française* du 15 octobre 1881, un partisan de la *commandite* faisait appel aux journaux démocratiques et disait :

Comme elle serait digne de toutes les approbations, de tous les applaudissements, la déclaration d'un journal réduite à ces deux phrases :

Nous prêchons l'association dans nos colonnes.

Nous établirons l'association dans notre imprimerie.

Nous verrons plus loin si le syndicat est parvenu à établir ces sentiments de solidarité, qu'il déclarait souvent absents dans les groupes commanditaires. Ajoutons que, depuis 1870, la composition des journaux quotidiens exécutés en commandite se fait avec un rabais de 14 p. 100 sur le tarif patronal, ou de 17 p. 100 sur le tarif ouvrier.

L'année 1882 se passa sans autre incident que le prêt de 5,000 francs fait à la Chambre syndicale de Lyon, pour l'aider à fonder une association coopérative à la suite d'une grève. L'attention des typographes parisiens fut entièrement dirigée vers le développement de leur jeune Fédération. Ce ne fut qu'au commencement de 1883 que le socialisme collectiviste révolutionnaire qui se propageait dans le prolétariat français, surtout depuis le Congrès ouvrier de Marseille de 1879, parvint à faire des recrues dans la typographie parmi les sociétaires qui avaient perdu la foi en l'efficacité du socialisme coopératif.

**Cercle typographique d'études sociales.** — L'infiltration des nouvelles idées se manifesta par la création du *Cercle typographique d'études sociales.* Le but et les moyens d'action de ce Cercle, fondé le 14 février 1883, par 14 typographes, sont indiqués dans les statuts suivants publiés par la *Typographie française* du 1er avril 1883.

*Déclaration de principes.* — « Le Cercle a pour but le progrès des intérêts moraux et matériels de la corporation typographique et l'étude de toutes les questions politiques et économiques.

Le Cercle se déclare solidaire avec la Chambre syndicale, et il n'est nullement question pour lui de créer à côté de cette dernière un second pouvoir... Ses adhérents prennent l'engagement d'apporter à leur syndicat le concours de leurs travaux et de leur énergie.

Des commissions nommées dans son sein publieront des rapports, et la Fédération, les Comités, les confrères pourront, s'ils le croient utile, adopter ses conclusions, en suivant, par leurs votes, la ligne de conduite que le Cercle désire indiquer dorénavant aux hommes qui brigueront les suffrages de leurs confrères aux différentes chambres syndicales de la Fédération typographique.

Toutes les études du Cercle seront basées sur les théories socialistes dont voici l'exposé : D'accord avec la science et la pratique, nous pensons que toute la production humaine doit nécessairement se faire en commun, de façon à produire bien, beaucoup et vivement...... Mais la jouissance du produit intégral de notre travail sera à notre disposition personnelle, et chacun des travailleurs en usera comme bon lui semblera... Travail en commun, jouissance individuelle, formule du socialisme scientifique de notre époque.

Tels seront les principes qui nous guideront dans l'étude des questions sociales et nous croyons que tout syndiqué, socialiste convaincu, nous approuvera. »

*Statuts.* — « ART. 2. — Tout membre du Cercle doit être en règle avec sa chambre syndicale.

Art. 5. — La cotisation hebdomadaire est fixée à 20 centimes.

Art. 7. — Le Cercle ne pourra être dissous que s'il est réduit au nombre de 3 membres.

Art. 8. — En cas de dissolution, les fonds disponibles seront versés dans la caisse du Comité central de la Fédération typographique ou d'un Cercle socialiste.

Le Cercle était ouvert aux compositeurs typographes, aux stéréotypeurs-galvanoplastes, aux fondeurs en caractères, aux conducteurs-imprimeurs et aux relieurs. Comme on vient de le voir, le rôle que s'assignait le Cercle était simplement celui qui incombe à tout pouvoir spirituel: enseigner et conseiller; mais ceux qui n'étaient pas disposés à suivre sa direction formèrent immédiatement un autre groupe le 23 mars 1883, et réclamèrent, pour leurs statuts, la publicité de la *Typographie française*, qui les inséra dans son numéro du 1er mai.

**Union typographique.** — *L'Union typographique* se donne pour mission de combattre énergiquement l'introduction, même par voie détournée, *de toute question politique* dans les délibérations des conseils élus par le suffrage universel typographique.

Ce groupe ne comprend *que des compositeurs typographes* syndiqués.

Lors des élections typographiques, *l'Union* fournira à tous ses membres les renseignements propres à éclairer leurs votes.

*L'Union typographique* n'entend exercer aucune influence sur les décisions de la Chambre syndicale, dont l'indépendance absolue est nécessaire à l'autorité et au prestige de ses actes.

Elle s'interdira expressément toute immixtion dans les questions qui se trouveraient au même moment soumises à la compétence des élus de la typographie

Nul ne pourra être autorisé à prendre la parole en son nom dans les assemblées générales de la Chambre syndicale ou devant la commission de contrôle.

*L'Union typographique* fait appel à tous les hommes de bonne volonté qui, quelles que soient leurs convictions en dehors de la question purement typographique, reconnaissent la nécessité de resserrer le lien professionnel.

*Statuts.* — Art. 2. — Nul ne peut être membre de *l'Union* s'il ne fait partie de la Société typographique parisienne.

Art. 3. — La cotisation mensuelle est fixée à 20 centimes.

Art. 4. — Dans chaque atelier ou groupe commanditaire, les adhérents nommeront deux mandataires, dont un au moins devra assister aux réunions.

Art. 5. — Une réunion ordinaire des mandataires aura lieu tous les mois.

Art. 6. — Les mandataires rempliront les fonctions de receveur.

La lutte entre ces deux groupes ne produisit pas d'incident au cours de l'année 1883. Cette année fut marquée par une dépression générale du

4.

commerce et de l'industrie qui força la Société typographique à autoriser les syndiqués à accepter du travail dans les maisons à l'index.

**Faillite de l'Imprimerie nouvelle.** — La crise industrielle amena alors un grave événement dans la typographie parisienne, événement qui diminua considérablement l'influence de la fraction modérée de la Société; ce fut, en 1884, la faillite de l'association coopérative *l'Imprimerie nouvelle*.

Nous avons laissé plus haut cette association en pleine prospérité, en 1878; elle obtenait, cette année, une médaille d'or à l'Exposition d'économie sociale. Elle était partout citée en exemple comme le meilleur système de socialisme pratique. Des encouragements et des promesses de travaux lui arrivaient de toutes parts. Elle agrandit ses ateliers en 1881, dépensant pour la construction et l'achat du matériel 410,988 francs. Survint la crise; 12 journaux, financiers ou autres, imprimés par l'association, disparurent; pourtant, 130 ouvriers étaient encore occupés à l'atelier social au mois de mai 1883 (1), mais, le 23 août suivant, la situation était reconnue des plus périlleuses et une commission fut chargée de dresser le tableau des opérations de l'association depuis sa fondation jusqu'au 30 juin 1883.

1,300 actionnaires avaient fourni 279,495 fr. 75 et les obligataires 220,565 francs; soit, en tout, 500,060 fr. 75, sur lesquels il avait été remboursé 13,645 francs d'actions, après décès, et 21,750 francs d'obligations. L'achat du matériel s'était élevé à 667,426 fr. 41; les intérêts payés aux actions et obligations avaient été de 69,755 francs. L'association avait exécuté pour 4,308,681 fr. 61 de travaux; la main-d'œuvre avait coûté 2,123,461 fr. 95.

Des créances diverses, pour une somme de plus de 200,000 francs, étaient considérées comme à peu près irrecouvrables, et le passif se montait à 268,604 fr. 22, dont 89,559 fr. 60 restant dus sur les dépenses récentes de construction et de matériel.

De sévères mesures d'économie furent décidées; un prêt de 50,000 francs sur le legs Rampal fut consenti le 3 décembre par le Conseil municipal de Paris, les créanciers de l'association lui accordèrent un an, puis cinq ans de délai pour se libérer; mais, en fin de compte, la faillite fut reconnue inévitable; elle fut prononcée en 1884.

(1) Enquête de la Commission extraparlementaire des associations ouvrières, Imprimerie nationale, 1883. — Déposition du directeur de l'Imprimerie nouvelle.

*L'Imprimerie nouvelle* obtint, le 28 février 1885, un concordat lui laissant 10 années pour payer 25 p. 100 de sa dette. Elle avait pris, dans une assemblée du 28 juillet précédent, l'engagement moral de rembourser intégralement à la ville de Paris le prêt de 50,000 francs sur le legs Rampal; elle a remboursé, du 30 avril 1886 au 14 août 1896, la somme de 12,714 fr. 01. Par contre, elle a reçu, de 1893 à 1898, sur le crédit voté annuellement par le Parlement en faveur des sociétés coopératives, des subventions s'élevant à 24,000 francs.

Lors de l'enquête faite par l'Office du travail en 1896 sur les associations ouvrières de production, 45 sociétaires, sur 1,100, travaillaient à l'atelier; le nombre des auxiliaires variait de 15 à 40.

Aucun intérêt n'a été servi aux actionnaires depuis 1884.

L'association n'a jamais formé d'apprentis.

Un triste accident lui est arrivé en décembre 1895. Le conseil d'administration, mis en demeure de se prononcer entre le directeur et le proto, qui étaient en désaccord, releva ce dernier de ses fonctions. Dans la nuit qui suivit cette délibération, un incendie détruisit complètement les ateliers de l'association et l'on découvrit le cadavre du proto dans les décombres.

Le 25 février 1884, *le Cercle typographique d'études sociales* fit paraître le premier numéro d'un journal *le Réveil typographique*, qui se livra tout aussitôt à des critiques assez vives sur la gestion du Comité syndical. *L'Union* répondit au *Réveil* par des circulaires paraissant à des intervalles irréguliers et prit le parti, le 1er juin 1885, de publier aussi un journal mensuel, *le Ralliement*.

La Fédération ayant découvert, en 1884, que son premier délégué permanent, M. M..., avait commis les plus coupables négligences dans l'exercice de ses fonctions, ce délégué, qui comptait de nombreux amis parmi les membres de *l'Union,* fut exclu du syndicat et de la Fédération. La découverte de ces irrégularités provoqua, par ricochet, une enquête sur l'administration syndicale de 1878 à 1884 et les comptes des deux derniers délégués du syndicat, examinés par un expert, se soldèrent par un déficit de 1,000 fr. 20 pour l'un, M. V..., et de 1,831 francs pour l'autre, M. D..., sans que l'on pût démontrer pourtant qu'il y eût eu des manœuvres illicites de leur part; il y avait plutôt négligence et inexpérience et l'assemblée générale ne voulut pas les rendre responsables de ces erreurs. Il fut décidé seulement qu'à l'avenir un comptable de profession, fourni par le syndicat des comptables, serait adjoint au délégué permanent du syndicat typographique.

La vigilance des membres du *Cercle*, auxquels on devait l'apurement des comptes, reçut alors sa récompense et les élections du 6 février 1885, pour le renouvellement des membres du conseil d'administration, leur donnèrent la majorité; ils eurent 8 des leurs élus, sur les 15 membres du Comité.

M. Allemane, qui n'était pas au nombre des fondateurs du *Cercle*, mais qui en était devenu le membre le plus influent, avait fait adopter par une assemblée générale de la Société typographique, un vœu pour la suppression de la loi sur les syndicats. S'appuyant sur ce vote, le nouveau Comité retira l'adhésion de la Société typographique à *l'Union des chambres syndicales ouvrières de France* et décida que le syndicat serait représenté au Congrès régional de l'Union fédérative du centre (parti ouvrier). Une petite irrégularité de forme permit aux *unionistes* de reprendre l'offensive, voici à quel propos: Un conflit avait surgi à Besançon au mois de mars; M. Allemane, délégué par la Fédération, n'avait pu éviter la grève et le Comité fédéral avait aussitôt décidé la levée d'un impôt extraordinaire de 25 centimes par semaine. Le Comité syndical avait exécuté l'ordre; mais un article du règlement du syndicat exigeait qu'en cas de grève les premiers versements fussent pris sur la caisse syndicale, en attendant la convocation d'une assemblée générale qui seule avait le droit de voter un impôt supplémentaire. L'assemblée générale du 21 avril 1885, sur la proposition de *la commission de contrôle*, qui était restée en majorité *unioniste*, rejeta le rapport trimestriel du Comité sur sa gestion, repoussa l'adhésion au Congrès du parti ouvrier et décida la réadhésion à *l'Union des chambres syndicales; l'impôt de grève fut maintenu à une faible majorité. Le nouveau délégué permanent, membre du *Cercle*, ayant déclaré qu'il ne consentirait jamais à remplir les formalités exigées par la loi sur les syndicats, fut blâmé: il donna sa démission et les autres membres du comité, adhérents au *Cercle*, en firent autant. La question de l'admission de la femme dans le syndicat, à condition qu'elle travaillât au tarif, question qu'ils avaient fait mettre à l'ordre du jour, fut renvoyée à une séance ultérieure.

Malgré la défaite du *Cercle*, un vote dans les ateliers ayant eu lieu, le 5 mai, pour la désignation d'un délégué à l'Exposition d'Anvers, M. Allemane l'emporta sur son concurrent *unioniste*, par 659 voix contre 648.

Les élections pour le renouvellement du Comité syndical se firent le 1er juin, les *unionistes* regagnèrent leurs positions.

Tous ces tiraillements, ces votes multiples dans les ateliers et dans les assemblées, finirent par fatiguer les sociétaires au point que, malgré l'augmentation du nombre des inscrits résultant de la proclamation d'une amnistie générale qui avait amené la disparition du syndicat dissident de la rue Boutebrie, une assemblée générale, convoquée pour le 16 août, ne réunit que 166 syndiqués.

Le fait le plus grave, produit par ces luttes, se rapporte à la Fédération typographique. Voyant que les collectivistes révolutionnaires du *Cercle* se montraient les plus chauds partisans de la Fédération, les *unionistes* prirent en aversion l'œuvre qu'ils avaient fondée eux-mêmes et déguisèrent si peu leurs sentiments que leur manifestation étonna profondément les délégués des syndicats de province venus à Paris au troisième Congrès typographique, au mois de septembre 1885.

Le 30 novembre, une grève de 60 compositeurs, motivée par une réduction de salaire, fut suivie de réussite au bout de trois jours : les femmes et les *sarrasins*, qui avaient remplacé les grévistes, furent renvoyés.

L'année 1886 fut une année tout entière troublée par les dissensions intestines, le Comité syndical affectant, sous prétexte d'autonomie, de ne tenir aucun compte des décisions du Comité central de la Fédération.

Le premier conflit surgit à propos des correcteurs. Quoique, d'après les statuts fédératifs, chaque fédéré dût appartenir au syndicat de sa profession, le syndicat typographique parisien prétendit garder comme adhérents les compositeurs qui devenaient correcteurs; le syndicat des correcteurs en appela au Comité central de la Fédération, dont l'intervention fut repoussée par la Chambre syndicale des compositeurs qui déclara qu'elle ne voulait permettre aucune ingérence dans l'application ou l'interprétation de ses statuts. Le Comité central invita tous les syndicats fédérés à consulter leurs membres sur la solution à donner au différend; la grande majorité donna tort au syndicat des compositeurs parisiens; quant à celui-ci, il n'avait même pas donné suite à l'invitation du Comité central et n'avait pas consulté ses membres sur la question.

Des divergences de vues sur l'application des statuts donnèrent lieu à d'autres conflits.

**Statuts de 1886.** — Nous avons donné plus haut des extraits des statuts adoptés le 28 octobre 1879. La Société typographique étant une société de secours mutuels approuvée, devait soumettre ses nouveaux statuts à l'approbation du Ministre de l'intérieur; elle le fit après quelque délai, car ce ne fut que le 1ᵉʳ décembre 1882 que *la Typographie* donna connaissance des modifications demandées par le Ministre avant d'accorder son approbation. D'abord, tous les articles qui concernaient le fonctionnement de la Chambre syndicale et l'exécution du tarif devaient être supprimés; les mots même de *Chambre syndicale* devaient partout être remplacés par *le Bureau*. A supprimer aussi le tirage des primes, comme contraire à la loi du 21 mai 1836 sur les loteries.

Il fallait ajouter l'admission de *membres honoraires,* limiter le nombre des membres participants qui excédait, sans qu'il y ait eu autorisation, le chiffre de 500 prescrit par l'article 5 du décret de 1852; indiquer que la société n'accordait pas de secours en cas de chômage et qu'il fallait être âgé de plus de 50 ans pour avoir droit à la pension, même en cas d'incapacité de travail, et, enfin, ne pas conserver en caisse une somme supérieure à 3,000 francs (au lieu de 10,000 francs).

La Société typographique attendit, pour s'exécuter, le vote de la loi sur les syndicats professionnels qui paraissait imminent; finalement, ce ne fut qu'en 1885 qu'elle adopta, pour être appliqués à partir du 1er janvier 1886, deux règlements distincts, l'un pour la société de secours mutuels, conforme aux indications du Ministère de l'intérieur, l'autre sur la chambre syndicale, le titre principal de *Société typographique parisienne* étant conservé pour l'une et l'autre.

La cotisation mensuelle de 3 francs figurait pour 2 francs dans le règlement de la mutualité, pour 1 franc dans celui du syndicat; mais, en fait, la perception restait unique. Pour être admis dans la société de secours mutuels, il fallait *préalablement* faire partie de la chambre syndicale, et pour être admis au syndicat, il fallait déclarer faire adhésion à la société de secours mutuels, sauf pour les membres âgés de 50 ans, qui n'étaient plus reçus dans celle-ci.

Chacun des deux groupes gardait en caisse une somme de 5,000 francs; artifice de règlement, puisque les deux caisses n'en formaient qu'une.

Le président de la société de secours mutuels était élu pour cinq années, conformément à la loi, mais un article stipulait qu'il ne pourrait conserver cette fonction s'il ne faisait plus partie de la chambre syndicale. Le placement des sociétaires sans travail figurait, naturellement, dans les attributions du syndicat. Tout sociétaire qui, pour un motif quelconque, ne ferait plus partie de la chambre syndicale, devait payer ses cotisations au siège de la société de secours mutuels le premier dimanche de chaque mois, avant midi, sous peine d'exclusion (art. 6). Les autres membres faisaient leurs versements aux receveurs d'atelier.

Mais c'est dans le règlement syndical que l'on trouve la trace des précautions prises par les *unionistes*, alors en majorité, contre les entraînements possibles des assemblées et contre les actes administratifs d'un Comité qui serait composé, comme il l'avait été au commencement de 1885, d'une majorité de membres du *Cercle*.

Le Comité de 15 membres est toujours élu pour six mois, et la *chambre haute*, la commission de contrôle (50 membres) pour un an; mais, précédemment, un Comité blâmé par la commission de contrôle pouvait en appeler à une assemblée générale; maintenant, la commission de contrôle, réunie en assemblée avec le Comité, a seule pouvoir de convoquer une assemblée générale et les décisions de ladite commission sont sans appel. En outre, avant leur application, toutes les résolutions prises en assemblée générale devront être soumises au vote dans les ateliers. Un article stipule que tout syndiqué ne peut faire partie d'aucune autre société poursuivant le même but; et un autre, qu'en cas de dissolution, les fonds seront versés à la caisse de la société de secours mutuels.

Enfin, l'article qui avait motivé le différend avec le syndicat des correcteurs était le suivant : « ART. 12. — Tout syndiqué qui deviendra correcteur pourra, à son choix, continuer à faire partie, soit de la chambre syndicale typographique, soit de la chambre syndicale des correcteurs. *Il ne pourra faire partie des deux syndicats à la fois.* »

La suppression de la dernière phrase eût suffi, à la rigueur, pour rétablir l'accord; mais l'hostilité du Comité syndical parisien contre la Fédération l'empêcha de faire cette concession.

Passons à un événement plus grave.

**Grève Mouillot.** — Le 26 mai 1886, une grève contre une réduction de salaire ayant été déclarée à la succursale de l'imprimerie Mouillot, à Issy, le Comité syndical, sans avertir le Comité central et sans avoir fait les tentatives de conciliation prescrites par les statuts de la Fédération (le règlement du syndicat était muet sur la conciliation, oubli bien regrettable de la part d'hommes qui reprochaient aux collectivistes leur attitude violente) provoqua la grève par *solidarité* des 150 ouvriers de l'imprimerie Mouillot à Paris, une des maisons où le tarif était le mieux respecté. Le Comité central déclara que les grévistes d'Issy seraient seuls soutenus par la Fédération et il laissa à la charge de la section parisienne la grève de Paris déclarée en violation des statuts fédéraux; le Comité central ayant réuni les grévistes le 9 juin pour se concerter sur les mesures à prendre, le Comité syndical refusa d'assister à la réunion. Cette grève précipitée fut d'ailleurs un désastre; les ouvriers furent rapidement remplacés et un grand nombre d'entre eux restèrent six mois sans retrouver de travail.

Le Comité syndical, voulant donner le change, accusa le Comité central d'être la cause de cet insuccès et, au mois de juillet, il invita ses adhérents à voter, dans les quatre jours, par oui ou par non, sur la proposition suivante : « L'adhésion des membres de la Société typographique parisienne à la Fédération *dite des travailleurs du livre* est et demeure facultative. » Cette fois, l'opposition de parti pris était trop manifeste, et sur 1,675 votants, 917 répondirent *non*, 666 *oui* et 92 déposèrent des bulletins blancs.

Le renouvellement du Comité ayant eu lieu quelques jours après, plusieurs anciens membres ne furent pas réélus et le nouveau Comité (liste du *Cercle*) déclara qu'il emploierait tous ses efforts pour mettre le règlement du syndicat d'accord avec les statuts fédératifs.

Afin de porter remède à une situation mauvaise qu'il n'avait pas créée, le nouveau Comité convoqua une assemblée générale pour le 29 août. L'index prononcé contre la maison Mouillot fut levé, et un impôt de 3 p. 100 sur les salaires fut décidé pour permettre de continuer les secours aux victimes de la grève; le tirage au sort de deux primes de 25 francs y eut lieu pour l'avant-dernière fois. La commission de contrôle ayant blâmé le Comité d'avoir convoqué cette assemblée, celle-ci se déclara souveraine, prononça la déchéance de la commission de contrôle et vota la revision des règlements sur la mutualité et le syndicat.

Les *unionistes*, se rangeant à l'avis de la commission de contrôle dans l'interprétation des statuts, considérèrent comme nulles les décisions de l'assemblée et refusèrent de payer l'impôt de 3 p. 100, qui devait être perçu jusqu'au 28 novembre.

Les frais de la grève s'élevèrent en tout à 54,805 fr. 90; la Fédération entra dans ces frais pour 20,948 fr. 15, sa part ne concernant que les indemnités aux grévistes de l'établissement d'Issy.

**L'Alliance typographique.** — Nous avons dit comment, avec l'appui de la Chambre syndicale, s'était constituée, en 1880, l'association coopérative du *Journal officiel*. « Petit à petit, lit-on dans *la Typographie* du 16 octobre 1886, les actionnaires ne poursuivirent qu'un but : s'affranchir de la tutelle syndicale, et ils arrivèrent à se considérer comme patrons. Cet état de choses ne pouvait durer longtemps : d'un côté, le syndicat voulant répartir le travail et les bénéfices produits, d'une façon équitable, entre tous les travailleurs de cette imprimerie; de l'autre, 28 actionnaires se targuant de cette qualité pour chercher à accaparer la plus grosse part des bénéfices (1).

Rompre avec le syndicat était le seul moyen d'en finir. Aussi, profitant des dissensions de cette année, les actionnaires de l'*Officiel* viennent d'envoyer leur démission à la Chambre syndicale et ont mis en demeure tous leurs collègues faisant partie de l'atelier d'avoir à opter entre le syndicat ancien et l'*Alliance typographique*, syndicat qu'ils viennent de fonder pour les besoins de leur cause, uniquement pour servir de trompe-l'œil à nos gouvernants. 77 démissions ont été envoyées à la suite de cette mise en demeure. »

Huit ouvriers, qui voulaient rester fidèles au syndicat de la rue de Savoie, furent renvoyés par les *coopérateurs* de l'*Officiel;* le syndicat leur accorda l'indemnité habituelle de grève.

L'*Alliance typographique* avait, en effet, été fondée le 2 octobre et son siège social était rue de Beaune, 24. Ses statuts étaient, à peu de chose près, ceux de la Chambre syndicale, mutualité à part; la cotisation était fixée à 75 centimes par mois.

Un vote de flétrissure contre les *traîtres* de l'*Officiel* fut émis par une assemblée générale du syndicat le 10 octobre, et 42 d'entre eux furent exclus de la société de secours mutuels puisque, pour faire partie de celle-ci, les statuts prescrivaient l'adhésion préalable à *la Chambre syndicale*. L'assemblée s'occupa ensuite de la revision des statuts et décida que le syndicat aurait une organisation tout à fait indépendante de la société de secours mutuels. Nous reviendrons tout à l'heure sur les nouvelles dispositions prises. Disons seulement que ces statuts furent approuvés par 688 voix contre 80, sur 769 votants. Les *unionistes*, considérant comme illégal tout ce qui se faisait depuis l'assemblée du 29 août, non autorisée par la commission de contrôle, ne prirent pas part au vote. Ils espéraient sans doute pouvoir se maintenir à la direction de la société de secours mutuels, mais à l'assemblée de cette société, tenue le 19 décembre, le président vit s'élever contre lui de telles protestations qu'il leva la séance et se retira. Il fut immédiatement remplacé; mais cette élection n'était pas valable légalement et fut contestée par le président en titre.

---

(1) Nous avons dit plus haut que c'était l'assemblée des actionnaires qui décidait, chaque année, la part de bénéfices à accorder aux auxiliaires.

Les *unionistes* renoncèrent alors à la lutte sur le même terrain que leurs adversaires et le 21 décembre, ils constituèrent un syndicat distinct dans lequel se fondit l'*Alliance typographique;* 408 démissions étaient arrivées rue de Savoie le 8 janvier 1887; les démissionnaires avaient payé leurs cotisations de l'année 1886, mais n'avaient rien versé de l'impôt pour la grève; et ce ne fut pas le moindre reproche qui leur fut adressé de s'être ainsi soustrait aux charges résultant des actes accomplis par leurs chefs lorsque ceux-ci avaient la majorité au Comité syndical.

En ajoutant aux frais de la grève Mouillot ceux d'une grève à l'imprimerie Dejey et les indemnités accordées aux grévistes de l'*Officiel,* on trouve, pour l'année 1886, une dépense de 58,170 fr. 90, dont 23,132 fr. 15 à la charge de la Fédération et 35,038 fr. 75 à la charge du syndicat.

**Chambre syndicale typographique parisienne.** — Les statuts adoptés le 21 novembre 1886 par les syndiqués restés fidèles à la Fédération laissèrent le titre de *Société typographique parisienne* à la société de secours mutuels pour ne garder que celui de *Chambre syndicale.* L'adhésion à la Fédération des travailleurs du livre y était inscrite en tête et les rapports avec cette organisation y étaient établis par les articles que voici :

Dans tous les cas non prévus par le règlement ayant trait à la Fédération, le syndicat devra toujours prendre l'avis du Comité central. — En cas de conflit pouvant amener une grève, le bureau de la Chambre syndicale, avant de prendre une décision, devra toujours consulter le Comité central de la Fédération. En cas de *mise bas* pour baisse de salaire, il devra aviser immédiatement le Comité central (art. 83).

Dans le cas de dissolution, les fonds restant disponibles seront versés à la caisse de la Fédération française des travailleurs du livre (art. 82).

Tout travailleur fédéré doit faire partie du syndicat de la profession qu'il exerce (art. 18).

Tout impôt établi par le Comité central sera prélevé sur les fonds syndicaux, ainsi que la cotisation fédérative.

Lorsque les frais d'une grève quelconque ne pourront être faits pendant un mois au moins avec les fonds existant à l'époque, il sera *immédiatement* créé un impôt de un pour cent sur le salaire de chaque syndiqué.

Tout autre mode ou élévation d'impôt devra être approuvé par une assemblée générale (art. 9).

L'indemnité de 4 francs par jour aux chômeurs victimes d'un différend à propos du tarif ou du syndicat était accordée pendant six mois.

La présidence du Comité était supprimée, au nom des principes démocratiques; il n'y eut plus qu'un secrétaire, un trésorier et un délégué permanent aidé d'un employé comptable.

La *Commission de contrôle* fut remplacée par une commission d'examen, composée de 15 membres élus pour un an.

ART. 53. — Cette commission aura pour attributions d'étudier tous les projets déposés en assemblée générale ou par ses membres, et d'en faire un rapport au Comité qui, seul, a pouvoir pour les appliquer. — Elle devra donner connaissance à chaque assemblée générale des travaux qu'elle aura faits pendant le trimestre, *après les avoir préalablement soumis au Comité*, qui les appliquera après leur approbation en assemblée générale.

ART. 66. — L'assemblée générale est souveraine.

Toutefois, lorsqu'elle prendra des décisions qui modifieront l'esprit de l'article fondamental (adhésion à la Fédération) et de l'article 9 (impôt de grève), ces décisions devront être sanctionnées par un vote au syndicat et sous pli cacheté.

L'assemblée générale peut délibérer quel que soit le nombre de ses membres s'il est constaté que les convocations ont été faites régulièrement, et à la condition de se maintenir dans l'ordre du jour indiqué dans les convocations.

ART. 70. — En cas d'urgence, ou sur la demande signée par au moins 50 sociétaires en règle, le Comité devra convoquer une assemblée générale extra-ordinaire.

Deux années de sociétariat, au lieu de cinq, furent exigées des candidats aux diverses commissions.

La généralisation du système *commanditaire* fut inscrite comme l'un des buts à poursuivre.

Ces quelques extraits suffisent à indiquer quel esprit nouveau présidait à la direction de la Chambre syndicale.

Le départ des *unionistes* ne mit pas fin tout de suite aux troubles.

Le local occupé par le syndicat rue de Savoie avait été loué au nom de la société de secours mutuels; le président de celle-ci, considérant comme illégal son remplacement par l'assemblée du 19 décembre, fit intervenir les huissiers, le 22 janvier 1887, pour expulser le syndicat; le président du tribunal civil dut nommer, le 19 février, un administrateur judiciaire pour faire procéder à l'élection d'un nouveau bureau; le président *unioniste* fut réélu, mais il donna sa démission quelques semaines après et le local de la rue de Savoie fut de nouveau occupé en commun par la Société de secours mutuels et par la Chambre syndicale.

Ce fut, d'ailleurs, la Société de secours mutuels qui eut le plus à souffrir des discussions de l'année 1886, puisqu'elles avaient abouti à

faire supprimer, par le syndicat, l'obligation de l'adhésion à cette société.
Dès le 1ᵉʳ mai 1887, elle dut diminuer le chiffre de la pension, qui ne
fut plus que de 100 francs par an à 60 ans d'âge, après 20 années de
sociétariat; chaque année de présence en plus faisant augmenter la pension de 10 francs jusqu'au maximum de 200 francs. Plus tard, en 1889,
elle dut abaisser la limite d'âge d'admission à 40 ans (au lieu de 50),
et réduisit les secours en cas de maladie à 1 fr. 75 par jour pendant
6 mois, et le total des secours à recevoir en trois années, de 780 francs
à 320 francs. Depuis le 1ᵉʳ septembre 1895, elle a élevé la cotisation
mensuelle à 2 fr. 50.

La diminution du nombre des membres et la difficulté du recrutement de nouveaux adhérents tiennent encore à d'autres causes. Devant la commission d'enquête parlementaire, dite des 44, les délégués
typographes avaient déclaré, le 7 avril 1884, qu'il existait dans un grand
nombre d'imprimeries des caisses libres de secours et de retraites,
comptant environ 3,000 membres et qu'à celles-là était venue s'ajouter la
société fondée en 1880 par les patrons; qu'aux ouvriers qui déclaraient
faire déjà partie d'une société de secours mutuels, les patrons conseil-
laient de l'abandonner pour entrer dans la leur et qu'ainsi notamment,
un sociétaire de 61 ans avait dû, pour avoir du travail, quitter la société de
la rue de Savoie après 16 années de cotisations versées, abandonnant ainsi
ses droits à une pension de retraite. On trouvera plus loin le tableau de
l'effectif de la Société typographique depuis 1865 jusqu'en 1898.

**Société typographique parisienne.** (*Chambre syndicale*). — Le syndicat dissident, dans lequel s'étaient fondus les groupes l'*Union* et l'*Alliance*, conserva l'ancien titre de Société typographique avec les statuts de
1886; mais, au bout d'un an, il supprima aussi l'adhésion obligatoire de
ses membres à la société de secours mutuels et il autorisa les compositeurs devenant correcteurs à faire partie des chambres syndicales des
deux professions (statuts du 15 février 1888). Il eut aussi un délégué
permanent, affecté au placement et payé 20 francs par semaine.

Ce syndicat adopta pour organe le *Ralliement typographique* et les polémiques avec le *Réveil* ne perdirent rien de leur vivacité, empêchant l'oubli de se faire sur les fautes commises de part et d'autre. Les discussions
se continuaient dans les ateliers, desquels les membres de chaque syndicat cherchaient à exclure les adhérents du syndicat adverse.

L'association coopérative de l'*Officiel* persistait à ne pas vouloir reprendre les 8 ouvriers qui n'avaient pas adhéré à l'*Alliance* en 1886; il fallut

de longues négociations et même l'injonction formelle du Ministre, menaçant de dénoncer le traité, pour opérer cette réintégration le 9 juin 1888; des clauses furent introduites, dans le traité qui liait l'État à l'association, pour empêcher le retour de pareil conflit.

L'*Union des Chambres syndicales ouvrières,* qui avait accepté l'adhésion du syndicat dissident, ayant voulu organiser un Congrès en 1887, le syndicat de la rue de Savoie lui refusa sa participation et se fit représenter, par contre, au 8ᵉ Congrès régional du Parti ouvrier.

Les délégués des syndicats des départements, venus aux Congrès typographiques de 1887 et de 1889, tentèrent en vain un rapprochement entre les deux syndicats parisiens.

Au 1ᵉʳ janvier 1888, le syndicat de la rue de Savoie comptait 1,666 inscrits et l'autre, dont le siège était rue de Bailleul, 1, en avait 552.

Les premiers ne partageaient pas tous, loin de là, les doctrines collectivistes des membres du *Cercle,* mais ceux-ci, formant un noyau compact de 80 membres, eurent en fait la direction de la Chambre syndicale pendant plusieurs années; en décembre 1888, ils firent arriver l'un des leurs au Conseil de prud'hommes et deux ans après, ils délogèrent les deux autres conseillers *unionistes* qu'ils firent remplacer par un relieur et un fondeur en caractères, membres de syndicats adhérents à la Fédération. Et s'il est vrai que tout groupement, pour constituer une force sociale effective, doit se condenser en un organe personnel unique, le *Cercle* eut la bonne fortune de rencontrer en M. Allemane le chef qu'il lui fallait; lorsque celui-ci, pour avoir plus de liberté en vue de la propagande politique et socialiste, crut utile en 1889 de faire l'acquisition d'une petite imprimerie, il perdit de son autorité dans la typographie, et le *Cercle,* qui contenait pourtant des hommes de valeur, n'en trouva pas un d'une activité égale à la sienne; la lutte alla dès lors en s'affaiblissant.

Parmi les membres du syndicat de la rue de Savoie, il y en avait beaucoup qui plaçaient le maintien du syndicat unique et de la Fédération au-dessus de toutes les divergences de doctrines et qui comprenaient que, pour établir une certaine unité de vues parmi les travailleurs, il fallait bien se garder de former autant de groupes syndicaux qu'il y a de manières de concevoir la solution de la question sociale (1). Ce groupe, dédaignant les sarcasmes du *Ralliement,* restant sourd aux objurgations du *Réveil,* était seul en mesure de rétablir la véritable **Union** typogra-

_____

(1) Assemblée générale du 8 juin 1890 : M. Keufer.

phique, quand l'heure aurait sonné. Ce moment n'était pas facile à prévoir, car le 22 mars 1891, les syndiqués de la rue de Savoie qui *composaient* le journal l'*Autorité* ayant refusé de subir une réduction sur le
prix établi pour la confection du journal (144 francs au lieu de 160),
ceux de la rue Bailleul s'empressèrent de prendre leurs places. Nouveau
sujet de récriminations.

**Caisse de chômage.** — Le 1er septembre 1891, commença à fonctionner, rue de Savoie, une caisse de chômage facultative; la cotisation
était de 25 centimes par semaine, un stage de trois ans était prescrit
avant d'avoir droit aux secours. Cette institution ne rencontra pas alors
une grande faveur et c'est à peine si elle put réunir 100 adhérents. Elle
fut dissoute au mois de mars 1895 et les 452 fr. 50 qu'elle possédait
furent versés à la caisse du syndicat.

**Grève à l'Imprimerie Nationale.** — 1,200 ouvriers et ouvrières de
l'Imprimerie Nationale se mirent en grève au mois d'août 1891, pour
obtenir le renvoi d'un contremaître. Le personnel de cet établissement
n'était pas syndiqué et il refusa même, assez grossièrement, d'admettre
les deux délégués du syndicat et de la Fédération dans la délégation
chargée de porter ses doléances auprès du Directeur.

Celui-ci consentit, d'ailleurs, au déplacement du contremaître.

**Le repos hebdomadaire dans les commandites.** — Il nous faut
revenir encore sur l'organisation du travail dans ces groupes de *coopération de main-d'œuvre* que les typographes appellent des *commandites.* Une
assemblée générale du syndicat, le 22 novembre 1891, exprima le vœu
de voir les *commandites* de journaux organiser le travail à raison de 6 jours
par semaine. Vœu confirmé par un vote dans les ateliers : sur 1975
inscrits, 938 votants; 700 oui, 205 non. La proposition que nous venons
de rapporter demande quelques explications. Chaque équipe, pour la confection d'un journal en *commandite,* est composée d'un certain nombre
d'ouvriers à travail assuré et continu, — on dit qu'ils sont en pied et,
dans le vocabulaire des ateliers, ils sont appelés *piétons,* — et d'un petit
nombre de remplaçants qui doivent être tous les jours à la disposition de
l'équipe, à l'heure du commencement du travail, dans le cas où un des
*piétons* viendrait à manquer. Si personne ne manque, il n'y a pas de travail
pour le remplaçant. Il faut encore noter que ces remplaçants ne sont pas
les premiers chômeurs venus, mais qu'ils ont été choisis à l'avance et
qu'ils sont appelés, suivant leur rang d'inscription, à entrer dans l'équipe
à titre définitif, lors du départ ou du décès de l'un des *piétons.*

Or, des plaintes nombreuses étaient parvenues au Comité syndical sur la conduite de certaines *commandites* peu soucieuses de la situation précaire de ces postulants et ne leur laissant faire qu'un nombre trop restreint de journées ; on disait même que certains *piétons* **courageux** travaillaient 365 jours par an.

De là, pour remédier à ce manque de solidarité entre travailleurs, la proposition déposée par le Comité syndical. Chaque *piéton*, à tour de rôle, aurait été tenu de se reposer un jour par semaine, afin que le remplaçant pût faire aussi ses six jours de travail.

Le 13 mars 1892, le délégué permanent du syndicat annonça que 11 journaux, sur 18, refusaient de pratiquer le repos hebdomadaire ; certaines équipes faisaient la preuve que les jours de repos pris par chacun des commanditaires avaient été supérieurs à 52 dans l'année, mais qu'ils avaient été inégalement répartis, quelques membres préférant se reposer plusieurs jours de suite plutôt que de prendre un jour chaque semaine. L'assemblée recula et n'osa prononcer la radiation des récalcitrants ; mais elle décida qu'à partir du 1ᵉʳ avril, les commandites devraient fournir, chaque trimestre, au Comité, un état prouvant que chaque piéton s'était fait remplacer 13 fois.

Le 8 mai suivant, une autre assemblée, considérant que la première proposition n'avait été votée que par 700 membres sur 1975 inscrits crut qu'il serait imprudent de s'engager à fond sur cette question toute nouvelle et décida qu'aucune exclusion ne serait prononcée à propos des remplacements dans les *commandites*.

Le Comité, qui avait pris à cœur cette réforme, donna sa démission.

Il avait oublié que dans la coopération de main-d'œuvre qu'est la commandite, comme dans les autres sociétés coopératives, on se groupe pour gagner de l'argent et non pour faire du sentiment social, et qu'il est dangereux de toucher aux intérêts matériels.

L'échec d'une bonne pensée eut un autre résultat. Le nouveau Comité ne comprit plus un seul membre du *Cercle* et l'on commença à entrevoir la possibilité d'un rapprochement entre les deux syndicats.

Au sixième Congrès de la Fédération qui eut lieu en septembre 1892, le syndicat de la rue Bailleul se fit représenter par deux délégués ; une commission de congressistes, prise entièrement parmi les délégués de province, jeta les bases d'une entente, et le 9 octobre suivant, ce syndicat, qui n'était plus qu'à moitié dissident, vota, par 526 voix sur 552 votants, sa participation aux frais de grève de toutes les sections de la Fédération; mais il posait encore, comme condition d'une fusion complète, la suppression du *Cercle*.

En janvier 1893, le Comité syndical de la rue de Savoie, qui venait d'être réélu, remerciait ses électeurs en ces termes : « Votre vote est aussi la confirmation de notre désir de donner au syndicat une orientation nouvelle, en écartant à l'avenir toutes les propositions ne répondant pas aux intérêts généraux de notre corporation... Si nous croyons imprudent de faire naître des espérances irréalisables, nous sommes néanmoins pleins de confiance dans le résultat de nos efforts.... »

**Fusion des deux syndicats.** — Les pourparlers pour la fusion des deux syndicats continuèrent pendant toute l'année 1893; mais il y avait, de part et d'autre, des sociétaires qui ne voulaient pas pardonner et il fallait éviter de brusquer le dénouement.

Pour faciliter le rapprochement, le *Ralliement typographique* cessa de paraître le 1er avril 1894 et les membres du *Cercle*, renonçant aussi à la publication du *Réveil* qu'ils avaient soutenu pendant dix ans, cessèrent leurs réunions.

Le 24 mai 1894, les statuts nouveaux, statuts de la fusion, furent adoptés.

Le syndicat de la rue Bailleul avait exigé le rétablissement de la Commission de contrôle et consenti à ce que le Comité fût nommé pour un an afin que l'opposition entre les deux pouvoirs fût moins tranchée; il avait demandé aussi qu'aucune cotisation ne fût prélevée pour une organisation internationale (la Fédération internationale typographique fonctionnait depuis peu). Satisfaction lui avait été donnée par la rédaction suivante : « Aucune cotisation ne pourra être imposée au syndicat ou aux syndiqués, en vue du fonctionnement d'une organisation internationale quelconque, avant une décision des sections françaises réunies en congrès national et l'acceptation de la typographie parisienne, consultée par un vote individuel. »

Voici les autres articles qui diffèrent de ceux des statuts du 21 novembre 1886 :

ART. 41. — L'élection des membres du Comité, entièrement renouvelable, aura lieu tous les ans en juillet, au scrutin secret, sous enveloppe cachetée et individuellement.

ART. 42. — ...Trois ans de sociétariat pour être candidat.

Art. 54. — Une commission consultative et de contrôle est élue chaque année dans la première quinzaine de février. Elle se compose de trente membres.

Art. 56. — En cas de désaccord avec le Comité, elle doit convoquer immédiatement une assemblée générale.

Art. 66. — Il y aura chaque année deux assemblées générales ordinaires, en juin et décembre, le dimanche, à 2 heures très précises.

Elles délibéreront valablement quel que soit le nombre des membres présents. Mais sur la demande signée de 200 syndiqués en règle, déposée au siège social dans les quinze jours qui suivront ces assemblées ordinaires ou extraordinaires, toute décision contestée devra être soumise de droit au vote dans les ateliers, lequel sera définitif.

Art. 79. — Nul fonctionnaire de la Chambre syndicale ne pourra se prévaloir de son titre dans les affiches ou professions de foi pour une élection législative ou municipale.

69 voix, rue de Bailleul et 47, rue de Savoie, se prononcèrent contre la fusion, sur 764 inscrits d'une part et 2051 de l'autre.

Le syndicat de la rue de Bailleul partagea les 15,744 francs qu'il avait en caisse entre la Chambre syndicale et la Société de secours mutuels. Le 21 juillet eut lieu le grand banquet de la fusion, auquel vinrent assister des délégués d'Amiens, Bordeaux, le Havre, Lille, Marseille, Rochefort, Rouen, Saint-Quentin et Versailles.

La Chambre syndicale reçut, dans le deuxième semestre de 1894, l'adhésion de 491 nouveaux membres qui s'étaient jusqu'alors tenus à l'écart de l'un et l'autre syndicat. Au 31 décembre, après avoir rayé les retardataires, l'effectif se composait de 2,951 membres.

Le syndicat avait quitté le siège qu'il occupait rue de Savoie depuis 1860, pour entrer à la Bourse du travail le 8 avril 1893, dans le but de faire une économie de loyer; cet établissement ayant été fermé au mois de juillet suivant, et l'ancien local du syndicat n'étant plus libre, il s'installa au numéro 20 de la même rue de Savoie où il avait siégé si longtemps et la tradition du lieu fut en quelque sorte rétablie.

Il faut encore noter que la Chambre syndicale typographique, après avoir confié pendant plusieurs années à des collectivistes révolutionnaires le soin de la représenter aux divers Congrès ouvriers, chargea son délégué au Congrès de Nantes, en 1894, de se prononcer expressément contre la *grève générale*, nouveau cheval de bataille d'une fraction importante du parti socialiste.

5.

Quant aux grèves partielles, celles que la Chambre syndicale a eu à soutenir, à Paris, depuis 1886, elles ont presques toutes eu pour objet la résistance à des réductions de salaires dans la confection des journaux. Elles se sont généralement terminées par des échecs, les grévistes étant remplacés du jour au lendemain par des femmes ou par des chômeurs dont le grand nombre est attribué au surcroît de jeunes ouvriers que certaines imprimeries jettent sur le marché du travail, aussitôt leur apprentissage terminé. Ces grèves ont été, d'ailleurs, peu importantes et nous dirons seulement que, du 1er janvier 1887 au 1er janvier 1898, les indemnités payées par la Fédération aux grévistes parisiens se sont élevées à 8,227 francs ou une moyenne de 214 jours par an. La dépense de la Chambre syndicale, pour le même objet, pendant ces onze années, a été de 1,175 francs.

La Fédération accorde aux grévistes 21 francs par semaine pendant 3 mois; la Chambre syndicale continuait l'indemnité pendant trois autres mois, à raison de 24 francs par semaine. Depuis mars 1895, elle ne fait plus que parfaire la somme de 24 francs pendant 3 mois.

**Secrétariat international typographique.** — Le septième Congrès de la Fédération des travailleurs du livre, tenu à Marseille en septembre 1895, se prononça pour l'adhésion à la Fédération internationale, constituée sous le titre de *secrétariat*, à condition qu'un vote général des fédérés eût lieu dans toutes les sections sur ce point et que l'adhésion fût confirmée par les deux tiers des votants.

La même condition fut posée pour la création d'une caisse fédérative de chômage. Paris eut 1,576 votants : 1,000 voix pour le secrétariat, 514 contre; 954 voix pour la caisse de chômage, 544 contre. Le vote des autres sections donna un résultat analogue; les deux propositions furent donc ajournées.

**Encore les commandites.** — En juin 1895, le Comité prononça l'exclusion du syndicat de 9 membres d'une *commandite* de journal, qui avait renvoyé 3 de ses membres soi-disant pour incapacité. Quinze jours après, la *commandite* reprit les 3 ouvriers congédiés et l'exclusion fut annulée.

Cet incident, se produisant au moment où le règlement des *commandites* était l'objet d'une revision par la Chambre syndicale, provoqua l'adjonction de l'article suivant :

ART. 9. — Nul commanditaire ne peut être déchu de ses droits sans un voto motivé et signé — en réunion extraordinaire — par les deux tiers du groupe et après en avoir soumis les raisons au Comité, qui juge si le commanditaire est passible d'une peine aussi rigoureuse.

Le règlement, adopté le 28 décembre 1895, décida que le minimum de production exigé de chaque membre d'un groupe ne pourrait excéder 1,600 lettres par heure pour les journaux et 1,500 lettres pour les autres travaux (1). L'intervention du syndicat paraît donc toujours nécessaire pour réprimer les abus qui peuvent se commettre dans ce système de travail.

**Cours professionnels.** — La Chambre syndicale a inauguré ses cours professionnels le 26 janvier 1896. Ces cours, au nombre de 6, ont lieu de 8 h. 1/2 à 10 h. 1/2 du soir les jours de semaine et de 9 heures à 11 heures du matin le dimanche.

Le Conseil municipal de Paris a accordé, pour encourager cet enseignement, une subvention de 3,000 francs qui a été renouvelée l'année suivante, et le Ministère du Commerce, pour l'année 1897, a également alloué une subvention de 500 francs. Ces cours sont suivis par 60 élèves.

**Caisse des passagers.** — Pour faire disparaître les abus résultant de l'ancien usage des collectes faites dans les ateliers par les typographes en chômage ou de passage à Paris, le bureau du syndicat a institué, le 29 novembre 1896, une caisse, dite des passagers, alimentée par des cotisations facultatives de 5 centimes par semaine.

Maintenant, lorsqu'un voyageur se présente au siège du syndicat, muni de son livret de fédéré en règle, il reçoit des bons lui permettant de séjourner à Paris pendant deux jours.

Cette caisse verse également une somme de 40 francs à chaque souscription autorisée par la Chambre syndicale en faveur des veuves, des orphelins et des sociétaires victimes d'une longue maladie.

Au 31 décembre 1897, 955 syndiqués faisaient des versements à la caisse des passagers. Elle avait reçu, depuis le 29 novembre 1896, 2,483 fr. 70 et avait dépensé 292 fr. 50; il lui restait donc 2,191 fr. 20.

Nous devons cependant ajouter que l'usage des collectes d'atelier n'a pas encore entièrement disparu.

Depuis 1887, la Chambre syndicale avait conservé le même employé

---

(1) **Propagation des Commandites**, brochure publiée par la Chambre syndicale typographique parisienne en 1898.

comptable, qui tenait, en même temps, les livres de la Société de secours mutuels. On avait en lui la plus entière confiance, et les 5 délégués permanents qui s'étaient succédé à l'administration du syndicat, ainsi que les divers Comités et commissions de vérification, renouvelés tous les six mois ou tous les ans, n'avaient jamais eu le plus léger soupçon sur son compte (ses appointements avaient même été augmentés de 25 francs par mois en juin 1895); cependant, malgré ses 2,000 adhérents et plus, malgré l'absence de grèves qui auraient pu occasionner de fortes dépenses, la Chambre syndicale avait une situation financière des plus précaires et elle en était arrivée à devoir plus de 10,000 francs à la Fédération. Une vérification sérieuse des comptes fut faite en 1897, et elle dévoila des détournements s'élevant à la somme de 38,242 fr. 45, dont 11,394 fr. 50 au détriment de la Société de secours mutuels, ces détournements ayant commencé à être pratiqués dès les premiers mois de l'entrée en fonctions du comptable.

La famille de l'employé infidèle remboursa 30,000 francs afin que des poursuites judiciaires ne fussent pas exercées.

La Chambre syndicale put payer les 10,291 francs qu'elle devait à la Fédération; elle renonça à prendre un autre comptable de profession et confia ce poste à l'un de ses membres.

La seule découverte d'un tel vol aurait suffi pour désagréger une association dont les membres n'auraient pas eu le profond attachement des typographes pour l'idée syndicale. Non seulement ceux-ci ne furent pas affaiblis après avoir traversé cette crise, mais l'effectif des adhésions augmenta et il y avait 3,200 inscrits au 31 décembre 1897.

Nous avons terminé cette longue revue des associations professionnelles de la typographie parisienne et nous ne citerons que pour mémoire :

1° un groupe corporatif, **L'Émancipation typographique**, né en 1896, adhérent au Parti ouvrier français (nuance marxiste) et dont l'existence ne s'est fait connaître que par quelques rares communications à la presse, dans lesquelles il s'est plaint que « les ouvriers du livre se sont par trop désintéressés des questions qui passionnent actuellement les intellectuels de toutes les professions. »

2° L'**Imprimerie économique**, société coopérative de production, anonyme à capital et personnel variables, fondée le 1er avril 1896, et dont le siège est passage Maurice, 21.

Son capital social est de 13,500 francs, représenté par 135 parts de 100 francs, souscrites par 10 actionnaires.

Pendant l'année 1897, 2 sociétaires ont été occupés à l'atelier social, avec des auxiliaires dont le nombre a varié de 4 à 12; 20 p. 100 des bénéfices sont attribués aux travailleurs, associés ou non.

L'*Imprimerie économique* a reçu du Ministère du Commerce deux subventions de 500 francs chacune.

3° Les Sociétés de secours mutuels, au nombre de 25, d'après le Rapport publié par le Ministère de l'Intérieur; la plupart d'entre elles ne sont pas exclusivement typographiques, mais comprennent seulement une majorité d'ouvriers employés dans l'imprimerie. On retrouve sur cette liste 10 des Sociétés que nous avons signalées au commencement de cet historique; voici quelle était leur situation au 31 décembre 1897 :

*Société d'Union et de prévoyance* (1807) : 100 membres; capital, 38,303 fr. 50; 7 pensionnés à 215 francs.

*Les amis de la philanthropie* (1813) : 39 membres; capital, 30,090 fr. 89; 16 pensionnés à 72 francs.

*L'Union parfaite de secours mutuels* (1813) : 40 membres; capital, 18,581 fr. 21; 4 pensionnés à 180 francs.

*Société typo-bibliographique* (1815) : 174 membres, dont 15 femmes; capital, 86,643 fr. 75; 9 pensionnés à 200 francs.

*Société typographo-philanthropique* (1817) : 14 membres, 1,158 francs.

*L'Union typo-philanthropique* (1818) : 67 membres; capital, 28,092 fr. 61; 12 pensionnés à 29 francs.

*Société sympathique d'Humanité* (1819) : 62 membres; capital, 73,011 fr. 65; 20 pensionnés (taux variable d'après les années de présence).

*La vraie Humanité* (1821) : 91 membres, dont 6 honoraires; capital, 30,916 fr. 08; 9 pensionnés à 120 francs.

*Association typographique de secours pour la vieillesse et l'infirmité* (1823) : 52 membres, dont 19 femmes; capital, 111,067 francs; 22 pensionnés, 12 hommes et 10 femmes (taux variable d'après les années de présence).

*Société des amis de l'Humanité* (1824) : 112 membres, dont 6 femmes; capital, 48,519 fr. 30; 15 pensionnés à 60 francs.

Les tableaux suivants donnent les opérations de la Société typographique parisienne de secours mutuels depuis sa fondation en 1860 jusqu'en 1897 et celles de la Chambre syndicale depuis 1880, date à laquelle les deux services, syndicat et mutualité, ont été séparés conformément à la loi du 21 mars 1884.

## EFFECTIF, RECETTES ET DÉPENSES PRINCIPALES

| ANNÉES. | NOMBRE MOYEN des membres payants. | CAPITAL AU 31 DÉCEMBRE. | | RECETTES. | |
|---|---|---|---|---|---|
| | | Fonds libres. | Fonds des retraites. | TOTAL. | COTISATIO |
| | | fr. c. | fr. c. | fr. c. | fr. |
| 1860 à 1864 (a)............... | 1,450 | 27,096 98 | 17,683 43 | Pour les 5 premières anné 196,923 77 | 176,91% |
| 1865..................... | 1,682 | 24,950 88 | 19,970 16 | 47,191 03 | 45,388 |
| 1866..................... | 1,877 | 26,624 98 | 21,510 46 | 51,609 75 | 50,660 |
| 1867 (a). ................. | 2,031 | 26,688 63 | 27,081 31 | 56,121 35 | 55,111 |
| 1868..................... | 1,877 | 26,417 05 | 28,299 98 | 56,305 30 | 56,291 |
| 1869..................... | 1,916 | 27,516 05 | 29,573 48 | 59,352 15 | 58,352 |
| 1870 (c)................... | 2,031 | 10,212 50 | 29,573 48 | 63,110 60 | 60,917 |
| 1871 (D)................... | 1,185 | 19,138 00 | 29,573 48 | 38,027 45 | 35,527 |
| 1872..................... | 2,035 | 39,971 85 | 33,718 21 | 63,386 10 | 61,029 |
| 1873..................... | 1,971 | 58,030 35 | 33,266 87 | 60,896 35 | 59,116 |
| 1874..................... | 1,859 | 68,336 35 | 36,853 88 | 59,731 95 | 53,761 |
| 1875..................... | 1,915 | 82,210 10 | 38,512 31 | 61,395 95 | 58,310 |
| 1876..................... | 2,207 | 95,820 20 | 40,215 35 | 73,181 10 | 62,206 |
| 1877..................... | 2,284 | 101,771 50 | 45,036 37 | 72,987 20 | 68,191 |
| 1878 (E)................... | 2,065 | 37,235 85 | 48,036 37 | 85,132 65 | 80,536 |
| 1879 (F)................... | 1,915 | 32,327 75 | 53,235 36 | 71,016 65 | 68,938 |
| 1880 (G)................... | 2,084 | 22,300 20 | 51,235 36 | 78,167 75 | 74,891 |
| 1881 (H)................... | 2,150 | 31,471 00 | 63,151 11 | 83,717 95 | 79,606 |
| 1882..................... | 2,530 | 33,551 65 | 68,651 11 | 96,812 35 | 91,075 |
| 1883..................... | 2,126 | 37,785 75 | 77,235 81 | 100,887 40 | 87,331 |
| 1884..................... | 2,329 | 15,056 55 | 77,235 81 | 95,291 20 | 83,837 |
| 1885..................... | 2,221 | 45,671 55 | 100,630 87 | 91,909 75 | 80,012 |
| TOTAUX.......... | ............ | ............ | ............ | 1,670,118 75 | 1,550,711 |

(A) La cotisation est de 2 fr. par mois.
(B) A partir du 1er octobre 1867, la cotisation est à 2 fr. 50.
(c) L'encaisse ne comprend pas 28,000 francs prêtés aux mégissiers de Paris, ni 19,100 francs prêtés à 14 autres corporations.
(D) Au 1er juillet 1871, l'avoir disponible était réduit à 6,735 francs.
(E) Cotisation portée à 4 francs à partir du 1er juillet.

## SOCIÉTÉ TYPOGRAPHIQUE PARISIENNE, DEPUIS 1800.

| DÉPENSES pour journées maladie. | PAYÉ aux PENSIONNAIRES. | FRAIS DE GRÈVE (1). | SECRÉTAIRE ou DÉLÉGUÉ permanent. | VERSEMENTS | | ANNÉES. |
|---|---|---|---|---|---|---|
| | | | | à la CAISSE SPÉCIALE de résistance à partir du 1er novembre 1867. | à la Fédération des travailleurs du livre. | |
| fr. c. | fr. c. | fr. c. | fr. c. | fr. c. | fr. c. | |
| our les 5 premières années. 11,189 00 | 6,530 00 | (1) | . | . | . | 1860 à 1864 |
| 31,511 00 | 4,675 00 | (1) | . | . | . | 1865. |
| 32,113 50 | 3,392 00 | (1) | 851 03 | . | . | 1866. |
| 39,121 00 | 5,513 00 | (1) | 1,131 40 | 1,710 00 | . | 1867. |
| 25,186 50 | 5,061 00 | (1) | 2,121 40 | 11,610 00 | . | 1868. |
| 31,992 50 | 5,515 00 | (1) | 2,976 30 | 13,000 00 | . | 1869. |
| 42,810 00 | 4,808 50 | (1) | 2,601 15 | 3,800 00 | . | 1870. |
| 17,135 50 | 1,810 50 | . | 2,178 45 | . | . | 1871. |
| 22,190 50 | 3,189 00 | 2,778 00 | 3,237 40 | . | . | 1872. |
| 21,557 00 | 4,238 00 | 6,206 85 | 3,167 95 | . | . | 1873. |
| 26,231 00 | 5,744 00 | 1,713 40 | 3,936 15 | . | . | 1874. |
| 28,512 50 | 6,566 50 | 726 05 | 1,051 80 | . | . | 1875. |
| 29,392 50 | 6,810 00 | 3,636 15 | 1,870 35 | . | . | 1876. |
| 32,168 50 | 6,108 00 | 2,190 35 | 3,207 05 | . | . | 1877. |
| 33,167 00 | 6,310 00 | 211,130 60 | 3,161 30 | . | . | 1878. |
| 27,133 00 | 7,882 50 | . | 3,353 20 | . | . | 1879. |
| 27,188 00 | 8,192 90 | 2,070 00 | 3,350 75 | . | . | 1880. |
| 31,908 25 | 9,283 35 | 500 03 | 3,315 00 | . | . | 1881. |
| 39,121 00 | 8,158 90 | 1,160 00 | 3,380 00 | . | 10,805 25 | 1882. |
| 39,520 75 | 8,101 70 | 1,261 23 | 3,370 00 | . | 14,907 55 | 1883. |
| 31,817 50 | 9,816 75 | 1,207 05 | 3,350 00 | . | 10,262 25 | 1884. |
| 33,122 00 | 11,182 65 | 755 85 | 5,575 00 | . | 26,990 70 | 1885. |
| 73,008 50 | 138,182 25 | 269,253 60 | 63,812 60 | 30,150 00 | 62,965 75 | |

(1) Cotisation : 3 francs, du 1er janvier 1879 au 1er mars 1881, puis remise à 2 fr. 50.
(2) A la fin de 1880, les 42,500 francs empruntés pendant la grève avaient été remboursés.
(3) En raison de la création de la fédération, la cotisation a été élevée à 3 francs à partir du 1er octobre 1881.
(4) De 1860 à 1871, les frais de grève ne figurent pas sur les comptes rendus; ils étaient compris sous la rubrique *frais divers*.

Le 31 janvier 1886, pour faciliter l'application de l'article 7 de la
loi du 21 mars 1884 sur les syndicats professionnels, les comptes de la
Chambre syndicale et de la Société de secours mutuels ont été séparés.
Le capital de 147,583 fr. 16 a été réparti comme suit : 13,359 fr. 75

## SOCIÉTÉ DE SECOURS MUTUELS.

*Typographie parisienne.*

| ANNÉES. | NOMBRE DE MEMBRES. | FONDS LIBRE au 31 décembre. | FONDS INALIÉNABLE des retraites. | PRODUIT des COTISATIONS de l'année. | DÉPENSES PRINCIPALES. | | |
|---|---|---|---|---|---|---|---|
| | | | | | MALADIE. Indemnités. | PENSIONS. (1) | PERSONNEL administratif. |
| | | fr. c. | fr. c. | fr. c. | fr. c. | fr. c. | fr. c. |
| 1886.... | 2,130 | 21,321 12 | 104,308 84 | 51,138 45 | 41,562 10 | 12,663 75 | 3,160 00 |
| 1887.... | 1,391 | 15,018 42 | 108,850 73 | 35,396 55 | 24,275 00 | 9,576 30 | 3,292 00 |
| 1888.... | 1,278 | 14,103 22 | 116,909 02 | 30,673 90 | 19,074 25 | 7,197 00 | 2,802 50 |
| 1889.... | 1,247 | 7,871 24 | 120,404 14 | 29,038 20 | 17,050 25 | 6,799 15 | 2,700 00 |
| 1890.... | 1,111 | 4,992 95 | 122,627 31 | 26,020 65 | 22,210 25 | 7,467 05 | 2,700 00 |
| 1891.... | 1,001 | 5,159 78 | 123,710 55 | 23,083 75 | 15,071 00 | 8,734 25 | 2,700 00 |
| 1892.... | 899 | 971 84 | 126,674 39 | 19,999 25 | 13,653 25 | 9,503 55 | 2,700 00 |
| 1893.... | 831 | , | 128,116 11 | 19,433 15 | 13,789 75 | 0,091 05 | 2,408 25 |
| 1894.... | 816 | 8,132 30 | 131,394 15 | 17,535 50 | 9,728 50 | 5,683 70 | 1,999 80 |
| 1895.... | 713 | 7,358 30 | 134,948 74 | 13,408 00 | 10,749 50 | 4,267 95 | 1,350 00 |
| 1896.... | 645 | 7,574 65 | 137,074 45 | 12,695 00 | 9,605 50 | 4,009 90 | 1,350 00 |
| 1897.... | 617 | 21,308 18 | 140,809 01 | 11,090 00 | 8,032 00 | 4,358 95 | 1,511 85 |
| TOTAL.. | | ............ | ............ | 293,508 40 | 204,000 35 | 89,982 60 | 28,674 40 |

(1) Le nombre des pensionnaires était de 43 au 1ᵉʳ janvier 1898.

au Syndicat, 33,372 fr. 54, plus le fonds des retraites, à la Société de secours mutuels.

Les deux tableaux ci-dessous démontrent combien cette séparation, exigée par la loi, a nui au développement de la mutualité.

### CHAMBRE SYNDICALE TYPOGRAPHIQUE PARISIENNE.

| ANNÉES. | NOMBRE MOYEN des MEMBRES PAYANTS. | AVOIR au 31 DÉCEMBRE. | PRODUIT des COTISATIONS de l'année. | DÉPENSES PRINCIPALES. | | | INDEMNITÉS DE GRÈVE servies par la Fédération au Syndicat. |
|---|---|---|---|---|---|---|---|
| | | | | DÉLÉGUÉS permanents. | VERSÉ à la Fédération. | INDEMNITÉS de grève servies par le syndicat. | |
| | | fr. c. | fr. c. | fr. c. | fr. c. | fr. c. | fr. c. |
| 1886.... | 2,186 | 11,081 68 | 26,235 75 | 3,160 00 | 30,379 75 | 35,038 75 | 23,132 15 |
| 1887.... | 1,438 | 14,634 78 | 17,258 55 | 3,102 00 | 9,272 90 | 64 35 | 450 55 |
| 1888.... | 1,512 | 17,846 18 | 18,514 05 | 3,277 50 | 15,156 75 | 74 05 | 524 75 |
| 1889.... | 1,657 | 14,559 88 | 19,884 85 | 3,380 00 | 21,684 65 | 32 50 | 227 75 |
| 1890.... | 1,550 | 14,325 20 | 18,592 58 | 3,380 00 | 14,139 15 | 145 60 | 1,019 55 |
| 1891.... | 1,527 | 13,902 40 | 18,318 35 | 3,380 00 | 12,603 85 | 15 85 | 111 15 |
| 1892.... | 1,369 | 14,382 50 | 16,425 85 | 3,620 00 | 12,176 80 | 101 30 | 1,330 15 |
| 1893.... | 1,352 | 17,730 90 | 16,321 35 | 3,691 75 | 6,661 90 | 22 05 | 154 45 |
| 1894.... | 1,552 | 10,105 98 | 22,218 00 | 4,235 20 | 23,551 00 | 399 70 | 2,793 20 |
| 1895.... | 2,400 | 12,916 15 | 28,792 00 | 5,920 00 | 18,011 10 | 107 00 | 749 05 |
| 1896.... | 2,225 | 18,476 50 | 23,361 50 | 8,100 00 | 10,601 60 | 120 10 | 810 60 |
| 1897.... | 2,455 | 38,408 52 | 29,455 80 | 4,731 50 | 22,776 35 | 2 15 | 15 05 |
| TOTAL... | ........ | ............ | 255,276 80 | 56,980 95 | 197,925 10 | 36,211 30 | 31,359 20 |

Le nombre des inscrits était de 3,200 au 1er janvier 1898.

APPENDICE.

TABLEAU COMPARATIF DES TARIFS TYPOGRAPHIQUES DEPUIS 1843.

| CORPS. | 1843. | 1850. | 1862. | 1868. | 1878. |
|---|---|---|---|---|---|
| | le mille. | le mille. | le mille. | le mille. | le mille, |
| 5............................. | 0ᶠ80ᶜ | 0ᶠ80ᶜ | 0ᶠ85ᶜ | 0ᶠ80ᶜ | 0ᶠ85ᶜ |
| 5 1/2.......................... | 0 75 | 0 75 | 0 80 | 0 76 | 0 81 |
| 6............................. | 0 70 | 0 70 | 0 75 | 0 72 | 0 77 |
| 6 1/2.......................... | 0 65 | 0 65 | 0 70 | 0 68 | 0 73 |
| 7, 7 1/2....................... | 0 60 | 0 60 | 0 65 | 0 61 | 0 69 |
| 8, 9, 10, 11................... | 0 55 | 0 55 | 0 60 | 0 60 | 0 65 |
| 11............................ | » | » | » | 0 62 | » |
| 12............................ | 0 60 | 0 60 | 0 65 | 0 61 | 0 69 |
| 13............................ | 0 60 | 0 60 | 0 65 | 0 66 | 0 71 |
| 14............................ | 0 65 | 0 65 | 0 70 | 0 68 | 0 73 |
| 16............................ | 0 70 | 0 70 | 0 75 | 0 72 | 0 77 |
| Prix de l'heure............... | 0ᶠ50ᶜ | 0ᶠ50ᶜ | 0ᶠ55ᶜ | 0ᶠ60ᶜ | 0ᶠ65ᶜ |

Le tarif n'ayant pas été modifié depuis 1878, il en résulte que l'augmentation des salaires a été de 30 p. 100 en 55 ans.

Jusqu'en 1868, le prix de la composition était calculé d'après le nombre de lettres n pouvant être contenues dans la ligne; or, cette lettre étant d'une largeur supérieure à la moyenne des lettres de l'alphabet, les ouvriers étaient lésés. On a substitué, à cette époque, un mode de comptage qui serre de plus près la réalité, c'est le *calibrage* alphabétique, d'après lequel on détermine le nombre de lettres par ligne en juxtaposant les lettres de l'alphabet dans leur ordre, de *a* à *z*. Quoique les prix du mille, au tarif de 1868, soient, pour 8 catégories, inférieurs à ceux du tarif de 1862, les ouvriers, avec le nouveau *calibrage*, n'en ont pas moins obtenu une augmentation moyenne de salaire de 5 centimes par mille.

# TYPOGRAPHES DE LYON.

| DATE de FONDATION. | DÉNOMINATION DES SOCIÉTÉS. | DISSOLUTION ou TRANSFORMATION. |
|---|---|---|
| 1822, 29 septembre. | Société de secours mutuels des typographes et imprimeurs (31ᵉ société de Lyon)................. | .................... |
| 1861, 19 septembre.. | Caisse de secours extraordinaires (Annexe)............ | 1883, 28 septembre. |
| 1866, 1ᵉʳ juillet.... | Association typographique lyonnaise (coopérative)....... | .................... |
| 1871, 12 janvier.... | Cercle d'études des questions syndicales............... | 1877, 14 juin. |
| 1882, 25 juin...... | Imprimerie nouvelle lyonnaise (coopérative)........... | .................... |
| 1883, 28 septembre.. | Chambre syndicale typographique lyonnaise........... | .................... |
| 1891, 1ᵉʳ décembre.. | Groupe amical des typographes lyonnais.............. | 1894, décembre. |
| 1895, 26 mars...... | Syndicat des compositeurs typographes de la ville de Lyon...................................... | 1895. |
| 1895  12 avril. .... | Chambre syndicale des ouvrières typographes de Lyon... | 1895. |
| 1897, 1ᵉʳ avril. .... | Imprimerie coopérative (journal le Peuple)........... | .................... |

**Société de secours mutuels des typographes de Lyon.** (31ᵉ société de Lyon.) — La Société de secours mutuels, fondée le 29 septembre 1822, a été, pendant près de 40 ans, la seule association professionnelle des typographes de Lyon. Au bout de vingt années d'existence, le 31 décembre 1842, elle possédait 4,057 fr. 20 et comptait 77 membres. Elle existe encore aujourd'hui.

La cotisation est de 30 francs par an ; les secours, en cas de maladie, sont de 2 fr. 50 par jour pendant trois mois et de 1 fr. 50 pendant les trois mois suivants. Une pension de retraite est assurée aux sociétaires âgés de 55 ans, ayant 30 années de présence dans la Société. — L'âge d'admission est 16 ans au moins, 40 ans au plus.

**Premier tarif.** — Aussitôt après la révolution du 24 février 1848, les typographes lyonnais demandèrent à leurs patrons d'établir, d'un commun accord, un tarif uniforme pour toutes les imprimeries de Lyon et de la banlieue. Après un mois de négociations, ce tarif fut adopté le 8 avril : nous en reproduisons les considérants et les articles principaux :

Les ouvriers typographes, en attendant la décision de l'Assemblée nationale sur la question du travail, désirent arrêter des prix provisoires pour leurs travaux.

Ces prix, une fois arrêtés en assemblée de délégués de patrons et d'ouvriers devant la Commission chargée de l'organisation du travail à Lyon seront les seuls que patrons et ouvriers suivront jusqu'à l'époque où toutes les questions de salaires seront résolues par l'Assemblée nationale.

1° Le nombre d'apprentis est fixé à 1 par 8 ouvriers; la durée de l'apprentissage est de 3 ans;

2° Le travail des journaux quotidiens sera fait *en conscience* (à la journée), à raison de 4 fr. 25 par jour (soit 60 centimes le mille de lettres), et basé, pour le nombre d'ouvriers, sur le nombre de mille lettres que contiendront lesdits journaux pleins. On ne pourra exiger et l'ouvrier ne devra pas *lever* plus de 7,000 lettres par jour;

4° Nul ouvrier *en conscience*, pour les autres genres de travaux, ne pourra être payé au-dessous de 4 francs par jour pour 10 heures de travail effectif.

5° Prix des *labeurs* ordinaires : les corps 11, 10 et 9, 50 centimes les mille lettres; les corps 8 et 7, 55 centimes;

8° La *gratification*, après les heures de la journée, est basée sur le taux de 3 francs pour la nuit et 1 fr. 50 pour les jours fériés;

10° Formation d'une commission mixte composée, en nombre égal, de patrons et d'ouvriers, chargée de décider sur tous les points en litige.

18 patrons apposèrent leur signature au bas de ce tarif, qui fut respecté pendant trois ou quatre ans; il tomba ensuite en désuétude.

**Caisse de secours extraordinaires** ou **Caisse annexe.** — Lorsque nous avons dit en commençant que la 31° Société de secours fut la seule association professionnelle des typographes pendant 40 ans, nous avons entendu parler d'une association ouverte à tous les ouvriers de la ville, car il existait à partir de 1850, au moins dans trois maisons importantes, de petites sociétés se proposant de donner des secours à leurs membres malades et d'organiser des collectes pour les ouvriers passagers.

La cotisation y était de 25 centimes par semaine. En 1861, l'idée vint aux membres de ces sociétés, qui faisaient en même temps partie de la 31°, d'organiser, sous le couvert de cette dernière, une *Caisse annexe* qui donnerait des secours en cas de chômage, s'occuperait du placement des ouvriers sans travail et jouerait enfin le rôle d'une véritable société de résistance. Il n'est pas douteux que les typographes lyonnais n'aient été informés du fonctionnement d'une institution semblable à Paris sous le patronage de la Société typographique de secours mutuels qui venait d'être fondée en 1860.

Quelques extraits des statuts adoptés le 19 septembre 1861 montreront exactement le mécanisme de la *Caisse annexe* :

Les membres composant la Société typographique de secours mutuels de

Lyon, convaincus que la maladie n'est pas la seule cause qui amène la gêne et quelquefois la misère parmi les membres composant la corporation des ouvriers typographes et voulant, par tous les moyens dépendant de leur volonté, atténuer autant qu'il est en leur pouvoir cette pénible situation, ont, conformément aux instructions et aux bienveillants conseils qu'a bien voulu leur donner l'autorité supérieure départementale chargée de la surveillance et de l'encouragement des sociétés de secours mutuels, décidé qu'il serait joint à leurs statuts des articles ayant pour but la création d'une caisse spéciale de secours extraordinaires qui sera tout à fait indépendante de la société de secours mutuels.

ART. 1er. — Il est créé une caisse de secours extraordinaires destinée à *augmenter* et à *compléter* les bienfaits déjà obtenus par l'institution de la 31e société de secours mutuels. Le produit de cette caisse sera affecté :

1° A servir des secours temporaires aux sociétaires reconnus nécessiteux lorsqu'il sera constaté qu'il leur a été impossible de se procurer du travail;

2° A accorder des secours éventuels qui ne pourront dans aucun cas dépasser la somme de 12 francs, aux typographes de passage à Lyon, lorsqu'il sera établi qu'ils n'ont pas pu se procurer du travail dans les ateliers de la ville.

ART. 2. — Il est facultatif aux membres de la 31e société de faire des versements à la caisse de secours extraordinaires.

ART. 3. — Cette caisse aura une comptabilité entièrement distincte; néanmoins elle sera administrée par les membres du bureau de la 31e société.

ART. 4. — Tous les typographes travaillant à Lyon pourront faire des versements à la caisse de secours extraordinaires.

ART. 5. — La cotisation est fixée à 25 centimes par semaine et le droit d'admission à 6 francs.

ART. 8. — Tout sociétaire, en cas de maladie, recevra 1 franc par jour pendant trois mois.

ART. 9. — Pour avoir droit aux avantages qu'accorde la caisse de secours extraordinaires, il faut avoir payé ses cotisations pendant trois mois.

ART. 10. — Les secours que la caisse peut accorder ne seront alloués aux sociétaires que sur leur demande et lorsqu'il sera reconnu qu'il leur est impossible de se procurer du travail, même momentané.

ART. 11. — Les secours accordés aux confrères de passage ne pourront leur être accordés de nouveau qu'après un an d'intervalle.

ART. 15. — Un membre sera chargé, dans chaque atelier, de recevoir les cotisations.

ART. 17. — Les typographes venant des villes voisines où il existe des associations similaires à celle de Lyon seront reçus sans noviciat et sans mise de fonds s'ils prouvent qu'ils sont en règle avec leur dernière société.

Art. 19. — Afin de faciliter le placement des confrères sans travail, un registre, sur lequel seront inscrits le nom et l'adresse des sociétaires inoccupés, sera continuellement ouvert au siège de la société, où tout patron, tout prote pourra en prendre connaissance.

Art. 20. — Tous les trois mois, à partir du 1ᵉʳ janvier 1862, il sera procédé, entre tous les sociétaires, au tirage au sort de deux primes de 10 francs dont le montant sera versé, au nom des gagnants, à la Caisse des retraites pour la vieillesse. Les membres en retard de leurs cotisations n'auront pas droit aux primes.

Au bout de quelques mois, l'*Annexe* se mit en mesure de faire appliquer le tarif de 1848; elle envoya des délégués successivement dans toutes les maisons, et ses démarches furent couronnées de succès.

Elle noua des relations avec les Sociétés de Paris, Dijon et Nantes et se rallia au projet d'*agrégation* de toutes les Sociétés typographiques de France, lancé par la Société de Paris, projet dont la réalisation ne put qu'être ébauchée.

Elle envoya des délégués à Saint-Étienne et à Mâcon pour y fonder des associations similaires, mais l'autorité mit un terme à cette propagande en procédant à l'arrestation de quatre de ces délégués. La Société de secours mutuels des chapeliers mit aussitôt sa caisse à la disposition des typographes pour venir en aide à leurs confrères arrêtés; mais l'*Annexe* put suffire à soutenir elle-même ses membres.

Le 15 juin 1862, eut lieu la première assemblée de la nouvelle Société qui comptait 200 membres. Pour ne pas mettre l'autorité en éveil, la réunion ne fut composée que de délégués à raison de 1 par 5 sociétaires.

Les recettes du dernier trimestre s'étaient élevées à 648 fr. 50 et les dépenses à 798 fr. 20, se décomposant comme suit :

| | |
|---|---|
| 565 journées de maladie à 1 franc, à 24 sociétaires..... | 565ᶠ 00ᶜ |
| Secours aux passagers............................ | 135 00 |
| Indemnités de chômage........................... | 56 00 |
| Secours de départ à 1 sociétaire.................. | 15 00 |
| Frais d'administration et dépenses diverses........... | 27 20 |

Il restait en caisse, au 1ᵉʳ juin, 859 fr. 25. Les dépenses du trimestre ayant dépassé les recettes, on admit la nécessité d'augmenter la cotisation qui fut portée à 40 centimes par semaine.

On nomma un bureau indépendant de celui de la 31ᵉ, avec le président de celle-ci; cependant, comme membre de droit.

Malgré les entraves apportées par l'autorité administrative, les délégations dans les villes voisines furent renouvelées et des groupes typographiques furent formés à Chalon-sur-Saône, à Grenoble et à Vienne.

Au 1er janvier 1863, l'encaisse se montait à 1,384 fr. 60.

. Le 16 juin, deux membres étaient délégués au banquet de la Société typographique parisienne; aussi, lorsqu'au mois de décembre la Caisse annexe eut à soutenir à la fois 17 chômeurs par suite de la suspension, par ordre du préfet, du journal *le Progrès,* elle reçut de Paris un secours de 500 francs.

Pendant l'année 1863, elle avait soutenu deux petites grèves : 1° Deux ouvriers de la maison Porte, qui refusèrent de travailler avec les femmes qu'on venait d'introduire dans l'atelier de composition, furent indemnisés par l'Annexe, quoique n'en faisant pas partie au moment de la naissance du différend; 2° 7 ouvriers qui luttèrent contre une réduction de 5 centimes par mille de lettres et purent maintenir le tarif.

Les dépenses de 1863 s'élevèrent à 4,214 fr. 40 (contre une recette de 3,084 fr. 20) et se répartirent ainsi :

| | |
|---|---|
| 1,383 journées de maladie à 140 sociétaires......... | 1,383f 00c |
| Secours à 204 passagers....................... | 1,665 55 |
| Indemnités à 83 chômeurs..................... | 790 00 |
| 6 indemnités de départ...................... | 110 00 |
| Tirage des primes et frais généraux.............. | 265 85 |

Il ne restait donc en caisse, au 1er janvier 1864, que 254 fr. 40; les primes furent supprimées. La diminution du nombre des malades, des chômeurs et des passagers en 1864 fit que les recettes l'emportèrent sur les dépenses, de 595 fr. 55. Une somme de 200 francs fut envoyée le 4 août aux typographes de Bordeaux, en chômage par suite de la suspension du journal *la Gironde.*

**Association typographique lyonnaise.** — Ce fut le 3 mars 1864, dans une réunion d'un comité consultatif de l'Annexe, composé d'un délégué par imprimerie, que fut adopté un projet d'association coopérative. Une circulaire fut envoyée aux sociétaires pour demander leur adhésion; le 11 avril, 35 avaient répondu à l'appel; le 4 mai, ils étaient 53 et commencèrent à verser 1 franc par mois et par action de 100 francs souscrite. Au 31 décembre 1864, ils avaient recueilli 1,127 fr. 15, et, un an après, 3,855 fr. 80.

Le 30 avril 1866, un imprimeur, M. Pinier, offrit de vendre son établissement pour le prix de 32,000 francs, dont 5,500 pour le brevet. Les associés, alors au nombre de 71, étaient loin de pouvoir réaliser cette somme, mais le vendeur consentit à ce que 150 actions sur 320 lui fussent attribuées, ce qui diminua d'autant le capital à verser. Ces 150 actions furent rachetées par les autres associés à la mort du vendeur.

Les 320 actions sont actuellement possédées par 60 personnes, dont 14 figurent comme héritières de sociétaires décédés; l'une en possède 55, le directeur 13 et 8 autres associés en ont de 10 à 16. 10 à 15 associés ont été, en moyenne, occupés dans l'imprimerie coopérative, avec quelques auxiliaires en nombre variable suivant les nécessités du travail; ceux-ci ont toujours été pris à l'Annexe ou au syndicat qui lui a succédé.

L'*Association typographique lyonnaise* a son siège, depuis 1869, rue de la Barre, 12. Elle a eu trois gérants successifs : le premier n'a gardé ses fonctions que pendant sept mois, jusqu'au 30 novembre 1866; le second a été remplacé, après décès, le 28 février 1883, par le directeur actuel. Au 31 décembre 1897, l'atelier social occupait 7 associés et 13 auxiliaires typographes, imprimeurs, margeurs, papetiers, etc.

La *Caisse de secours extraordinaires* modifia ses statuts le 11 avril 1865 et décida que les secours de chômage, fixés à 12 francs par semaine, pourraient être accordés pendant trois mois chaque année, équivalant à la somme de 156 francs. Le sociétaire n'ayant pas gagné 12 francs dans sa semaine eut droit au complément de cette somme.

Chaque chômeur dut se présenter tous les jours, de 9 heures à 10 heures, au siège de la Société, pour être à la disposition des patrons ou pour faire des remplacements dans les journaux.

Il fut décidé que les vieillards et les incurables auraient droit à un secours : de 6 francs par mois après 3 ans de sociétariat, de 8 francs par mois après 10 ans, de 10 francs après 15 ans et à l'âge de 65 ans.

Dans les années suivantes, nous ne relevons qu'une délégation de propagande à Avignon le 12 février 1867, l'envoi de 100 francs aux typographes de Lausanne en grève le 2 juillet et l'envoi d'un délégué au banquet typographique parisien.

Le nombre des sociétaires, qui avait un peu faibli, se releva en 1867 par l'adhésion de 50 nouveaux membres, ce qui porta l'effectif à 203 au 1er janvier 1868.

**Revision du tarif de 1848.** — Le 21 juin 1868, le bureau de la Société s'adjoignit deux compositeurs et un imprimeur de chaque atelier pour former une commission chargée de préparer une revision du tarif et de la présenter aux patrons. La fin de cette année se passa en négociations et le nouveau tarif fut accepté le 17 décembre, après discussion, par la grande majorité des maîtres imprimeurs. Il fut appliqué à partir du 1er janvier 1869.

Il portait une augmentation de 5 centimes par mille de lettres; une *gratification* de 25 centimes par heure était accordée pour le travail de nuit à partir de 7 heures du soir, ainsi que pour le travail des dimanches et des jours fériés.

Le travail des journaux quotidiens devait être fait en *commandite*, à raison de 6 fr. 25 par jour et basé sur 9,000 lettres par compositeur. Le vœu de 1848 sur la limitation du nombre des apprentis, à 1 par 8 ouvriers, fut renouvelé, ainsi que les dispositions sur la constitution d'une commission arbitrale.

L'article 53 du tarif était ainsi conçu :

Une commission arbitrale permanente, composée en nombre égal de patrons et d'ouvriers, connaîtra de toutes les contestations qui pourraient lui être soumises à l'occasion, soit des dispositions contenues dans le présent tarif, soit de tous les cas non prévus se rattachant à ses principes. Cette commission entrera en fonctions aussitôt la mise à exécution de ce tarif. La commission arbitrale se composera de huit membres, quatre patrons et quatre ouvriers. Elle sera renouvelée chaque année par moitié. Les élections se feront du 15 au 31 décembre.

Le présent tarif pourra être revisé cinq ans après sa mise à exécution. Cette revision sera faite par une conférence mixte composée de 14 membres titulaires et de 4 suppléants (9 patrons et 9 ouvriers).

Cette commission arbitrale fut constituée et eut à aplanir un premier différend dans une imprimerie, le 13 avril 1869. Les compositeurs du journal *le Salut public*, qui refusaient de se conformer à la prescription du tarif portant que, lorsqu'un ou plusieurs ouvriers s'absenteraient, ils devraient prendre des remplacements parmi les chômeurs, furent exclus de la *Caisse de secours* le 6 juillet; mais ils vinrent aussitôt à résipiscence et furent réadmis le 27 du même mois.

Le 1er février 1870, des mesures plus sévères qu'auparavant furent prises pour les secours aux passagers : il fut accordé 10 francs aux membres en règle de Sociétés similaires, 5 francs à ceux venant de villes où il n'existait pas de Société; les secours furent supprimés aux autres passagers. Les collectes pour les passagers furent rigoureusement interdites dans les ateliers.

Des délégations de propagande furent organisées à Bourg, à Chalon.

6.

à Mâcon. Nous ne relevons pas toutes les invitations faites aux Sociétés d'autres villes pour les banquets annuels, ni la participation de Lyon à ceux de Paris et de Marseille; c'est surtout dans ces réunions que se faisaient des échanges de vues sur la situation de la typographie en France et à l'étranger.

Le 15 novembre 1870, l'imprimerie Storck, qui ne se conformait pas au tarif, fut mise à l'index. Le 22, un prêt de 500 francs fut consenti à la Société typographique de Genève pour l'aider à fonder un atelier coopératif.

**Cercle d'études des questions syndicales.** — Le 14 juin 1870, une commission avait été nommée par le bureau de l'*Annexe* pour étudier la formation d'un Cercle typographique d'études. Ce Cercle fut fondé le 12 janvier 1871 avec 40 membres qui s'astreignirent à une cotisation mensuelle de 1 franc. Il organisa une bibliothèque, puis des soirées, des tombolas au bénéfice des veuves, des orphelins et des malades de la profession. Il eut toujours le même siège que l'*Annexe* dont il ne constitua, à vrai dire, qu'une sous-annexe.

Le zèle du début se refroidit peu à peu et les cotisations furent abaissées à 75, à 50, puis à 25 centimes; le Cercle disparut le 14 juin 1877, sans que les mesures de rigueur prises à cette époque par le préfet de Lyon contre les sociétés ouvrières aient eu une part bien grande à sa disparition.

L'*Annexe* désigna deux de ses membres comme délégués à l'Exposition de Lyon de 1872; ils signalèrent dans leur rapport, « le bon vouloir des chefs de l'industrie typographique lyonnaise en matière de salaires » et ils ajoutèrent : « Mais les ouvriers ne doivent pas oublier que, en définitive, le salariat, même amélioré, n'est pas un but mais un moyen; il n'est que l'acheminement à l'association sous toutes les formes : crédit, consommation, production. »

Le 3 juin 1873, un accord établi entre patrons et ouvriers sur un point non prévu par le tarif, accorda la *gratification* d'une heure (25 centimes) lorsque le travail commencerait à 6 heures du matin dans les journaux; mais, si le travail ne commençait qu'à 6 heures et demie, la *gratification* ne serait pas due.

Au mois d'avril 1874, les typographes du *Courrier de Lyon* quittèrent le travail parce que l'administration de ce journal venait d'établir un atelier de compositrices. Les femmes n'ayant pu suffire à faire le travail furent congédiées et les ouvriers reprirent leurs places.

Le 2 février 1875, la Commission arbitrale permanente, qui n'avait pas siégé depuis longtemps, eut à prendre une décision au sujet du délai-congé. L'usage de la huitaine cessa d'être obligatoire, mais la Commission exprima le vœu qu'un délai fût accordé de part et d'autre, chaque fois que cela serait possible.

Les opérations de la Caisse de secours extraordinaires ayant accusé, pour l'exercice 1874, un déficit de 302 fr. 70, les statuts furent revisés le 17 juin 1875 et la cotisation mensuelle portée à 2 francs.

Le président fut élu pour trois ans; il lui fut alloué une indemnité de 100 francs par an. Il fut décidé que le sociétaire qui n'aurait pas fait partie du bureau depuis cinq ans et qui refuserait la fonction de membre du bureau devrait payer une amende de 5 francs.

Un délégué fut envoyé au premier Congrès ouvrier qui se tint à Paris en 1876.

La ville de Lyon ayant été désignée pour siège du deuxième Congrès ouvrier, les typographes prirent une part active à son organisation. Les événements politiques firent retarder cette réunion jusqu'au 28 janvier 1878. En nommant son délégué, la Caisse de secours lui donna mandat de traiter la question du travail de la femme dans l'industrie en général et spécialement dans l'imprimerie, avec la recommandation expresse de ne pas parler politique, comme l'avait fait le délégué au Congrès de Paris.

En conséquence, le délégué stigmatisa « la conduite de ces soi-disant philanthropes, protecteurs de la femme, qui la poussent dans l'imprimerie pour lui offrir un tarif inférieur à celui qui ne permet à l'homme que de vivre bien étroitement et qui ne se servent des femmes que pour arriver à la réduction du salaire de l'homme ».

Le nombre des adhérents de l'Annexe s'éleva, en 1878, à 241; ils s'imposèrent, du 1er juillet au 1er septembre, une cotisation extraordinaire de 5 p. 100 sur leurs salaires pour soutenir la Société typographique parisienne qui avait engagé une longue grève pour obtenir une modification de son tarif.

Le Conseil général du Rhône, dans sa session d'août 1879, décida, sur une pétition des ouvriers typographes, que, pour être admis à soumissionner à l'adjudication des imprimés départementaux, les maîtres imprimeurs devraient adhérer aux conditions du tarif établi d'un commun accord entre patrons et ouvriers en 1868 et produire, à cet effet, un certificat du président de la Société ouvrière.

Au cours de cette année, la Caisse de secours versa 100 francs au

Comité de résistance des ouvriers tisseurs de Lyon, 100 francs aux typographes de Privas en grève, et le 27 janvier 1880, une somme de 200 francs fut envoyée aux typographes de Toulouse.

**Revision du tarif.** — Le 28 mars 1878, une commission ouvrière de 18 membres avait été nommée pour préparer la revision du tarif de 1868; elle avait déposé son rapport le 10 mars 1879. Son travail fut discuté dans plusieurs assemblées générales et finalement approuvé. Au commencement de 1880, la présentation aux patrons fut décidée.

Pour parer à toutes les éventualités, un impôt de 5 p. 100 sur les salaires fut décidé à partir du 1er avril. Le nombre des sociétaires était alors de 266.

Un incident regrettable se produisit précisément à cette époque.

Un ancien membre de la Société, M. Waltener, venait de faire l'acquisition de l'imprimerie où se faisait le *Courrier de Lyon*, qui était mise à l'index parce que ce journal, revenant sur son projet avorté en 1874, avait établi une équipe de femmes à la composition.

Pour obtenir la levée de l'index, M. Waltener fit, par lettre, les propositions suivantes au bureau de l'Annexe :

1° Les conditions du traité avec l'administration du *Courrier de Lyon* l'obligeant à conserver l'équipe de compositrices jusqu'à l'expiration de ce traité, quatre ans plus tard, il proposait de placer l'atelier de ce journal complètement à part et de donner au journal un nom spécial d'imprimeur;

2° Il s'engageait à ne pas renouveler le traité à son expiration, afin de pouvoir renvoyer l'équipe de compositrices dès que cela lui serait possible;

3° Il renverrait immédiatement tous les ouvriers de l'imprimerie pour les remplacer par des sociétaires.

Le bureau de l'Annexe repoussa la proposition transactionnelle qui lui était faite et décida le maintien de l'index.

Cette décision intransigeante irrita fort M. Waltener; elle fut d'ailleurs la cause d'un mouvement de réaction de la part d'un certain nombre de patrons contre la Société typographique. A une période d'entente à peu près complète entre patrons et ouvriers allait succéder, pendant de longues années, une ère de discordes et de conflits.

Cependant la présentation du nouveau tarif ne souffrit pas trop de ces nouvelles dispositions des patrons, et le 13 mai 1880, le tarif fut revêtu de la signature des 18 principales maisons. Il était exécutoire à partir du 15 juin. Voici les principales modifications apportées au tarif de 1868 :

Art. 46. — La durée de la journée de *conscience* est fixée à 10 heures de travail effectif. Le prix minimum de la journée est de 6 francs.

Art. 47. — Les jeunes gens, pendant l'année qui suivra leur apprentissage et dans la même maison, pourront travailler à raison de 4 francs au minimum.

Art. 48. — Le compositeur aux pièces, dérangé par des travaux à faire à l'heure, est payé à raison de 65 centimes l'heure, jusqu'à concurrence de 10 heures de travail non interrompu. Après dix heures, elles sont payées 60 centimes.

Art. 67. — Il est alloué une *gratification* de 30 centimes par heure pour le travail de nuit, des dimanches, des fêtes reconnues et du Premier de l'an.

La *gratification* commence à partir de 7 heures du soir et s'arrête à 7 heures du matin.

Art. 68. — Lorsqu'un ouvrier est commandé pour un travail extraordinaire et qu'il attend soit la copie, soit la *distribution*, sans pouvoir s'occuper à d'autres travaux, son temps lui est payé à raison de 65 centimes l'heure, indépendamment de la *gratification* prévue ci-dessus.

Art. 116. — Le nombre d'apprentis ne peut excéder, par maison, un sur huit compositeurs régulièrement occupés. Les équipes de journaux ne peuvent faire nombre.

Art. 118. — Tout volume, commencé avant l'époque fixée pour la mise en vigueur du présent tarif révisé, sera terminé au prix auquel il a été commencé. Cette disposition n'est pas applicable à tout volume dont l'exécution excède la durée d'une année.

Art. 120. — Le patron est tenu de fournir le luminaire pendant toute la durée des veillées et pour les places où le jour est insuffisant. — La chandelle et la bougie ne peuvent être acceptées.

Art. 121. — Le délai d'une *banque* à l'autre ne doit jamais excéder 15 jours.

Les articles suivants concernent le fonctionnement de la *Commission arbitrale permanente* et l'élection de ses membres.

Deux maisons (Pitrat et Storck) refusèrent d'appliquer le nouveau tarif; deux grèves suivirent, mais sans succès, et ces imprimeries furent mises à l'index. Dans la première, 20 ouvriers sur 30 avaient quitté le travail; dans la seconde, 15 sur 20. Ils trouvèrent à se placer au bout de très peu de temps et, à la fin de juin, l'impôt extraordinaire de 5 p. 100 sur les salaires fut supprimé.

Le 2 septembre, le bureau de l'*Annexe* ayant réclamé à un patron l'application de l'article du tarif qui prescrit la confection des journaux par une équipe en *commandite*, le patron s'y conforma, mais au commencement de 1881, il remplaça ses ouvriers par des femmes.

Le 4 décembre, le tirage des primes, supprimé en 1864, fut rétabli, et il fut décidé que, chaque trimestre, une prime de 25 francs serait tirée au sort entre les sociétaires en règle.

En janvier 1881, l'imprimeur du *Républicain du Rhône*, journal composé au tarif, ayant décidé de le faire *imprimer* sur les presses de la maison Waltener, l'équipe composée de 14 typographes se mit en grève et fut remplacée par des femmes. Inutile d'ajouter que cette seconde attaque, au moins critiquable, contre la maison Waltener, ne fit qu'augmenter l'hostilité de ce patron contre la société de secours, et eut une influence fâcheuse sur l'attitude des autres maîtres imprimeurs.

Du 30 août au 2 septembre 1881 se tint, à Paris, le premier Congrès typographique où fut créée la Fédération. Lyon fut représenté à ce Congrès par deux délégués, adhéra immédiatement à la nouvelle organisation et en devint la 14ᵉ section, à laquelle furent rattachés les groupes de Beaune, Bourg, Chalon-sur-Saône, Saint-Étienne et Villefranche.

La cotisation fédérale étant de 0 fr. 35 par mois, la Société lyonnaise porta la sienne à 2 fr. 50 à partir du 1ᵉʳ janvier 1882 afin de faire face à cette nouvelle dépense.

Au mois de février, l'Annexe adressa à toutes les associations et groupes constitués de Lyon une circulaire leur signalant les imprimeries qui se refusaient à payer le tarif de 1880 et les invitant à ne faire aucune commande à ces imprimeries, dont voici la liste : Waltener, Imprimerie catholique (Albert), Pitrat aîné, Storck, Bourgeon, Mougin-Rusand et Perrelon.

Le 18 juin, la maison Jevain, où se faisaient le *Nouvelliste* et la *Décentralisation*, voulut supprimer le système *commanditaire* et réduire le prix de la composition; 35 ouvriers sur 50 quittèrent le travail sur l'ordre de la Société; ils furent presque aussitôt remplacés par des femmes et des *sarrasins*.

La Société appela la Fédération à son aide; celle-ci ouvrit, en faveur des grévistes de Lyon, une souscription qui produisit 4,086 francs. De plus, elle envoya à Lyon son président, M. Alary, qui tenta inutilement de faire revenir M. Jevain sur sa décision.

**Imprimerie nouvelle lyonnaise.** — Dans l'assemblée générale du 25 juin, dans laquelle il rendit compte de ses démarches, le délégué du Comité central de la Fédération termina par ces mots : « Nous avons un moyen plus efficace que la grève pour combattre, sur le terrain économique, les patrons qui menacent notre pain quotidien, c'est de devenir possesseurs de l'outil; vous ouvrirez le bon, le fécondant combat qui donne la tranquillité et la prospérité à vos familles; vous ferez alors tous vos efforts pour donner des produits typographiques mieux faits que ceux de vos adversaires, à un prix plus modique, tout en ayant un salaire proportionné à vos besoins. Fondez une *Imprimerie nouvelle lyonnaise*, et j'ai la conviction qu'elle prospérera comme celle de Paris et que vous fermerez à jamais l'ère des grèves pour votre section. »

Le Comité lyonnais avait déjà préparé un rapport sur cette proposition, et il déposa la résolution suivante :

Que la création d'une association coopérative ne doit pas être seulement l'œuvre de quelques bonnes volontés, mais l'œuvre commune, puisque tous les membres sont appelés à bénéficier des avantages et des garanties qu'elle procurera;

Qu'une société coopérative à capital et à personnel variables sera créée à Lyon, sous le patronage et par les soins du Comité de la chambre syndicale typographique lyonnaise pour l'achat d'un matériel d'imprimerie destiné à l'exploitation du travail typographique;

Que le capital sera formé au moyen de versements de un franc *prélevé*, jusqu'à une nouvelle décision, *sur la cotisation de chaque syndiqué.*

En vain, le directeur de l'*Association typographique lyonnaise* protesta contre la création d'une nouvelle association qui viendrait faire concurrence à celle qui existait depuis 1864; il fit remarquer qu'il vaudrait mieux lutter ensemble que lutter les uns contre les autres, et qu'au surplus on n'avait pas le droit de disposer des fonds qui n'avaient pas été versés pour ce que l'on voulait faire en ce moment. On lui répondit que l'assemblée générale était souveraine et pouvait désigner à ses mandataires ce qu'elle voulait faire de ses fonds disponibles.

La résolution proposée fut adoptée.

Le 10 juillet, un matériel d'imprimerie fut acheté, après une faillite, pour la somme de 4,000 francs. La Fédération consentit à la section de Lyon un prêt de 5,000 francs, somme qui fut avancée par la Chambre syndicale parisienne, et on lança une émission de 2,000 obligations de 5 francs. Le 20 septembre, au moment de régler l'achat de matériel qui avait été fait, le président du Comité lyonnais disparut en emportant 8,000 francs, et ce vol faillit compromettre l'existence de la Société et de l'association coopérative en formation. Mais les typographes lyonnais surent trouver, dans la gravité même de leur situation, le ressort nécessaire pour surmonter tous les obstacles et ils votèrent immédiatement un impôt de 5 p. 100 sur les salaires, à prélever pendant six mois.

Les primes trimestrielles de 25 francs furent supprimées.

Les membres de l'Annexe étaient alors au nombre de 200; le produit de l'impôt, jusqu'au 1ᵉʳ avril 1883, s'éleva à 11,000 francs; il fut alors réduit à 3 p. 100 des salaires.

Les statuts de l'*Imprimerie nouvelle* furent adoptés le 12 novembre 1882, après que les négociations entreprises pour le rachat des actions de l'*Association typographique lyonnaise* eurent échoué, sur le refus de cette dernière.

Le fonds social fut fixé à 40,000 francs, divisé en actions de 100 francs (art. 6 et 7).

Art. 8. — Nul ne peut être admis à souscrire et à rester membre de l'association s'il n'est ouvrier compositeur, correcteur, conducteur de machines typographiques ou imprimeur et s'il ne fait partie de la Chambre syndicale typographique lyonnaise. Tout associé qui cesse de faire partie de la Chambre syndicale est rayé de la liste des actionnaires et *n'a droit à aucun remboursement ni indemnité.*

Art. 49. — L'entrée dans l'atelier aura lieu par voie de tirage au sort.

Art. 52. — Toutes les difficultés sur les prix de main-d'œuvre seront soumises à l'arbitrage de la Chambre syndicale.

Art. 53. — 30 p. 100 des bénéfices seront affectés à la formation d'un fonds de réserve qui ne pourra dépasser le capital.

Art. 54. — Le restant des bénéfices sera consacré à l'agrandissement de l'atelier social, à l'achat d'autres imprimeries et à aider à la constitution d'autres imprimeries coopératives dans les sections ou sous-sections de la Fédération typographique française.

L'*Imprimerie nouvelle* ouvrit ses ateliers le 1ᵉʳ décembre 1882; deux mois après, 18 compositeurs y étaient occupés.

Le produit des cotisations et des impôts prélevés par l'Annexe était ainsi réparti : 1 fr. 50 pour le syndicat, y compris la cotisation fédérative, 1 franc porté au capital-actions de l'*Imprimerie nouvelle;* et le surplus, transformé en obligations de 5 francs, attribuées nominativement à chaque syndiqué.

Les actions furent bien aussi attribuées aux syndiqués, mais ce n'était que pour se conformer à la loi de 1867 sur les sociétés et, en fait, ceux-ci avaient renoncé à la propriété individuelle de leurs actions qui, dans la pensée de tous, appartenaient au syndicat lui-même. Jusqu'en

1888, tous les membres du syndicat furent tenus d'être à la fois actionnaires et obligataires de l'*Imprimerie nouvelle*. Il ne pouvait en être autrement, d'après les arrangements financiers que nous venons d'indiquer.

L'Annexe avait dans sa caisse spéciale, au 31 décembre 1882, 1,735 fr. 20, et elle comptait 208 membres.

Le 29 janvier 1883, elle mit à l'index, pour réduction de salaire, une petite imprimerie qui n'occupait que 4 compositeurs; mais, à la même date, un patron à l'index, M. Perrelon, informa la Société qu'il allait se conformer au tarif de 1880.

Le 5 mars, une nouvelle grève pour réduction de salaire dans un autre établissement : 15 grévistes remplacés par des *sarrasins*.

A partir du 1ᵉʳ avril, l'impôt de 5 p. 100 sur les salaires fut réduit à 3 p. 100 et perçu à ce taux pendant les années 1883, 1884 et 1885.

**Chambre syndicale typographique lyonnaise.** — Le nom de Chambre syndicale avait été souvent employé pour désigner la Caisse de secours extraordinaires ou annexe, mais ce ne fut que le 28 septembre 1883 que cette dénomination fut définitivement adoptée. Les statuts de la Chambre syndicale furent, en grande partie, la reproduction de ceux de l'*Annexe :* Secours de 1 franc par jour aux malades et de 12 francs par semaine aux chômeurs, pendant treize semaines; secours aux incurables; droit d'admission de 5 francs et cotisation mensuelle de 2 fr. 50; noviciat de trois mois; président élu pour trois ans par tous les adhérents; comité de 11 autres membres élus pour un an; amende de 5 francs à tout sociétaire refusant de faire partie du comité, s'il n'a pas rempli cette fonction depuis *trois* ans; amende de 1 franc aux sociétaires manquant aux assemblées générales.

Pour être élu membre du comité, il faut être inscrit au syndicat depuis trois ans au moins.

Le but de la Chambre syndicale, outre la répartition des secours de chômage et de maladie, est le maintien du tarif, et la lutte, par tous les moyens légaux, contre l'introduction de la femme dans l'imprimerie En cas de grève, la Chambre ajoute 6 francs par semaine à l'indemnité hebdomadaire de 21 francs, servie par la Fédération pendant trois mois.

Le 18 mars 1884, la Chambre syndicale donna son adhésion à la Fédération des Chambres syndicales ouvrières lyonnaises.

Le 10 décembre, elle refusa à l'imprimeur du journal l'*Avenir* l'autorisation de faire entrer six colonnes de composition clichée dans chaque numéro de son journal: ce patron renonça à son projet.

Par suite des violations successives, par certains patrons, du tarif de 1880 et des grèves engagées presque toujours sans succès par les ouvriers depuis quatre ans, il n'y avait pas moins de 100 femmes employées à la composition, en 1884, dans les ateliers de Lyon.

L'effectif du syndicat, au 31 décembre, était de 224 membres.

En 1885, la Fédération typographique ayant décidé des cotisations extraordinaires pour soutenir les grèves de la profession à Besançon et au Mans, le syndicat lyonnais fournit, pour sa part, 638 fr. 90 à la première et 200 francs à la seconde.

En 1886, il contribua encore pour 922 francs aux frais de la grève de Paris-Issy, ce qui ne l'empêcha pas d'envoyer encore 80 francs aux typographes de Naples, 57 fr. 70 aux mineurs de Decazeville et 70 fr. 25 aux verriers de Lyon.

**Un différend** surgit le 16 septembre au journal *le Progrès,* au sujet de la demande, faite par les ouvriers, d'étendre la gratification de 30 centimes l'heure aux heures de jour lorsque celles-ci feraient suite à un travail de nuit et ne seraient en quelque sorte que des heures supplémentaires de ce travail de nuit. Le Comité du syndicat avait appuyé la demande; le patron, M. Delaroche, offrit de soumettre le différend à la Commission arbitrale.

Cette Commission, qui n'avait pas été renouvelée depuis 1882, fut réorganisée sans retard et rendit sa décision le 21 octobre. Elle s'en tint au texte même du tarif qui accorde la *gratification* de 7 heures du soir à 7 heures du matin, et donna tort, par conséquent, au syndicat et aux ouvriers. La décision fut respectée.

**Congrès des syndicats ouvriers à Lyon.** — La Chambre syndicale, « s'étant assurée que toute question politique serait rigoureusement écartée du Congrès des syndicats ouvriers » qui devait se tenir à Lyon au mois d'octobre 1886, délégua deux de ses membres pour participer à ses travaux.

Sur la question de Fédération des syndicats ouvriers, l'un d'eux s'exprima ainsi : « Nous croyons que si, pour la plupart, le principe est compris, la pratique laisse à désirer. Aussi, à notre avis, nous croyons qu'il est nécessaire d'écarter la politique de toute idée de groupement fédératif. En dehors de la Fédération ouvrière, restons libres d'appartenir à l'école qui a nos préférences. . . » (1).

(1) Congrès national des syndicats ouvriers, compte rendu, p. 55. Lyon. Imprimerie nouvelle, 1887.

Le second délégué, après avoir exposé les efforts accomplis par les typographes lyonnais pour créer l'*Imprimerie nouvelle*, recommanda au Congrès la coopération comme « la voie sûre qui, petit à petit, doit affranchir l'ouvrier du joug patronal ».

Pendant l'année 1886, on avait encore perçu un impôt de 2 p. 100 sur les salaires; mais, à partir du 1er janvier 1887, la cotisation fut rétablie à son taux normal, de 2 fr. 50 par mois. La Chambre syndicale comptait alors 252 membres et avait 3,063 fr. 15 en caisse.

Le 24 août 1887, une réduction de salaire provoqua une grève de 12 ouvriers au journal le *Salut Public*. Les grévistes furent remplacés par des non-syndiqués; cette nouvelle équipe fut elle-même remplacée, peu de temps après, par des femmes. La Fédération participa dans les frais de grève pour la somme de 1,940 francs.

Le tarif de 1880 continuant à être battu en brèche de plusieurs côtés, le Comité syndical réclama la présence du délégué permanent de la Fédération, M. Keufer, pour examiner la situation. Il fut constaté, au cours de la réunion organisée pour la réception du délégué, le 2 octobre 1887, que, sur 500 typographes occupés à Lyon, il y en avait 230 en dehors du syndicat, en comptant les 100 compositrices. Pour ramener les adhérents, le syndicat fut engagé à se relâcher de sa sévérité et à permettre à ses membres de travailler dans les maisons à l'index, pourvu qu'ils fussent payés aux prix du tarif (ce qu'ils ne pouvaient pas faire auparavant sous peine de radiation).

Le 1er novembre, le *Petit Lyonnais* supprima le système du travail en *commandite* et décida que le journal serait composé aux pièces. C'était une atteinte au tarif qui prescrivait le système *commanditaire* pour les journaux quotidiens. Le Comité central de la Fédération, consulté sur la conduite à tenir, reconnut que les ouvriers seraient dans leur droit en résistant et que l'indemnité de grève leur serait assurée, mais il conseilla de bien réfléchir avant de prendre une résolution et de penser à la quantité d'ouvriers non syndiqués tout prêts à prendre les places laissées vacantes, ce qui diminuerait d'autant la force de la Chambre syndicale.

L'équipe fut autorisée à composer le journal aux pièces.

Le 30 novembre, ce fut l'imprimeur du *Progrès* qui écrivit au syndicat pour demander la revision du tarif; une Commission du syndicat fut nommée le 16 décembre pour préparer un rapport sur la question.

L'année 1888 s'annonçait grosse de difficultés, et ce fut à qui, aux élections pour le bureau, refuserait d'accepter une fonction. Il faut dire aussi que la difficulté du recrutement s'augmentait par le fait qu'on ne pouvait être à la fois administrateur de la Chambre syndicale et administrateur de l'Association coopérative.

Des abaissements de tarif se produisirent encore au cours de l'année 1888; l'imprimeur du *Progrès* renouvela sa demande de revision, ne voulant pas rester seul à payer le tarif de 1880. Un nouveau tarif fut donc arrêté le 15 décembre et soumis à la signature des patrons : 15 d'entre eux l'acceptèrent à partir du 1er janvier 1889.

La journée de *conscience* était maintenue à 6 francs pour 10 heures, mais le prix du travail aux pièces était diminué. Les corps 8, 9, 10 et 11 furent payés uniformément 60 centimes les mille lettres, tandis qu'auparavant le 8 était payé 65 centimes et le 11, 62 centimes. Les corps 7 et 12 furent payés 65 centimes au lieu de 70 et 67.

Il fut convenu que les journaux seraient payés 5 centimes de plus que les autres travaux, par mille lettres; mais le système de la *commandite* n'y fut plus obligatoire. L'article 47 du tarif de 1889 porte que « les journaux quotidiens devront être exécutés en *commandite* ou en *conscience*, en prenant pour base le tarif des pièces; *néanmoins, ils peuvent être composés aux pièces*, après décision de la Chambre syndicale ».

En fait, tous les journaux furent bientôt composés aux pièces et la *commandite* fut abandonnée, quoique, pour la maintenir, les ouvriers fussent autorisés à consentir un rabais sur la confection d'un journal.

L'*Imprimerie nouvelle lyonnaise*, par décision d'une assemblée générale du 5 août 1888, était devenue complètement indépendante de la Chambre syndicale. L'idée, tant préconisée en 1882, de considérer le syndicat comme une personne morale, seule propriétaire de l'association coopérative, fut abandonnée sous le prétexte que de nouveaux syndiqués, inscrits depuis la cessation de l'impôt sur les salaires, n'avaient pas contribué à former le capital coopératif; l'argument était faible. Mais, comme loin d'aider à la prospérité du syndicat et à la diminution des conflits, la coopérative avait été plutôt un grave *impedimentum*, absorbant le plus clair des ressources du syndicat, la séparation se fit sans récriminations. Les prélèvements de 1 franc par mois sur les cotisations syndicales, en faveur du capital-actions, avaient produit une somme de 23,800 francs soit 59 fr. 50 par action de 100 francs. Le syndicat abandonna les actions à ceux qui s'engagèrent à les libérer complètement; 120 souscripteurs prirent cet engagement pour 320 actions et devinrent ainsi les seuls sociétaires de l'*Imprimerie nouvelle*.

Les 80 autres actions furent peu à peu cédées à de nouveaux ou anciens souscripteurs, qui bénéficièrent des 59 fr. 50 versés sur chaque titre; toutefois la qualité de syndiqué fut toujours requise pour être sociétaire.

En plus des 23,800 francs d'actions, les prélèvements avaient produit 32,000 francs convertis en obligations de 5 francs (6,400 obligations). Ces obligations, remboursables par voie de tirage au sort, restèrent la propriété des syndiqués auxquels elles avaient été attribuées nominativement.

La situation de l'*Imprimerie nouvelle*, peu prospère en 1888, s'aggrava encore les années suivantes. Ayant cru devoir changer son directeur, en fonctions depuis la création, celui-ci acheta une imprimerie et fit une concurrence facile à l'association, qui vit se succéder à sa tête, du 1er janvier 1889 au 1er mai 1890, 3 directeurs. Le cinquième, nommé à cette dernière date, est resté en fonctions jusqu'à présent.

Une modification aux statuts, du 9 mars 1890, autorisa chaque associé à posséder 10 actions (au lieu de 5) tout en n'ayant cependant qu'une voix dans les assemblées.

Le 24 juin 1891, le siège fut transféré de la rue Ferraudière, 52, à la rue Sainte-Catherine, 3.

L'*Imprimerie nouvelle lyonnaise* comprenait, au 1er janvier 1898, 157 actionnaires entre lesquels sont réparties les 400 actions, dont 399 étaient libérées. Il restait 30,565 francs d'obligations à rembourser.

L'atelier occupait à cette date 18 typographes sociétaires et 21 auxiliaires. L'exercice 1897 avait produit 5,230 fr. 10 de bénéfices. De 1894 à 1897, l'*Imprimerie nouvelle lyonnaise* a reçu 5,000 francs de subventions du Ministère du commerce.

Reprenons maintenant l'historique de la Chambre syndicale, qui, à partir de 1888, eut à traverser quelques années de marasme. Le nombre de ses membres, de 275 qu'il était au 1er janvier 1888, tomba à 257 en 1889, à 242 en 1890, à 235 en 1891 et remonta à 264 au 1er janvier 1892, avec un encaisse de 4,996 fr. 98.

L'état de gêne dans lequel elle se trouvait l'empêcha d'envoyer un délégué au congrès de la Fédération typographique en 1889. Le 16 avril 1890, elle refusa toute indemnité à 6 de ses membres qui s'étaient mis en grève sans son autorisation. Le 17 décembre, elle soutint une grève, pour violation du tarif, contre l'imprimeur de plusieurs journaux. Les grévistes furent remplacés par des femmes, et quelques-uns d'entre eux ne purent retrouver du travail avant la fin d'avril 1891. En plus de l'indemnité versée par la Fédération (1,468 francs), cette lutte coûta au syndicat lyonnais la somme de 2,472 francs. Des modifications apportées aux statuts, en 1891, portèrent que tout nouveau sociétaire ne pourrait toucher plus de 30 francs par an pour chômage, pendant les trois premières années de son inscription au syndicat; il ne pourrait, non plus, toucher plus de 60 jours de secours de maladie pendant ces trois années.

**Groupe amical des typographes lyonnais.** — Le 1ᵉʳ décembre 1891, les typographes lyonnais constituèrent un *Groupe amical* à l'instar de celui qui fonctionnait à Marseille depuis plusieurs années. Il avait pour but d'étudier les questions tendant à relever l'art de l'imprimerie, de créer un musée-bibliothèque d'objets et de livres techniques, et de s'occuper de questions philanthropiques.

Ses membres s'engageaient à verser une mise de fonds de 1 franc et une cotisation mensuelle de 50 centimes. En cas de dissolution, les fonds et les objets composant le musée-bibliothèque devaient être remis à la Chambre syndicale des typographes lyonnais.

Ce groupe, qui devait servir à favoriser le recrutement des adhérents au syndicat, fonctionna pendant les années 1892 et 1893, se désagrégea peu à peu et disparut en 1894, après avoir contribué à préparer la fondation d'un cours professionnel de typographie.

La Chambre syndicale, au mois d'août 1891, avait eu à repousser une injonction de la Fédération des chambres syndicales lyonnaises qui, à la suggestion du journal *le Petit Lyonnais* (composé par des femmes), voulait l'obliger à prendre l'initiative du groupement syndical des femmes compositrices de cette ville. La Chambre syndicale résista, en s'appuyant sur le tarif inférieur auquel travaillaient les femmes en général et particulièrement les compositrices du *Petit Lyonnais*. Le 4 mai 1892, ce journal reprit une équipe d'ouvriers syndiqués et l'index qui pesait sur lui fut aussitôt levé.

Mais, presque en même temps, un autre journal, l'*Action sociale*, de nuance socialiste, était mis à l'index parce qu'il venait de remplacer par des femmes les ouvriers qui avaient refusé de continuer à travailler avant d'être payés de ce qui leur était dû. Le 10 mai, *le Peuple* remplaça l'*Action sociale;* mais, fait dans les mêmes conditions, l'index fut maintenu contre lui. Cette lutte coûta à la Fédération 3,750 francs.

Le 9 novembre 1892, le Conseil municipal de Lyon décida, conformément à une pétition de la Chambre syndicale des typographes, que le système de l'adjudication restreinte serait substitué à celui de l'adjudication publique pour la fourniture des imprimés administratifs et que, seuls, les patrons payant le tarif de 1889 seraient inscrits sur une liste d'admissibilité.

Un projet de cours de typographie à l'usage des jeunes filles, à installer à l'école professionnelle de la Martinière, jeta dans le plus vif émoi le syndicat qui adressa des lettres de protestation de tous côtés : aux sénateurs et aux députés du Rhône, au Conseil municipal de Lyon, au Ministre du commerce.

Le Conseil supérieur du travail fut appelé à examiner cette question ; mais il ne prit pas de résolution, parce que l'école de la Martinière n'appartient ni à l'État, ni au département, ni à la ville de Lyon.

A la suite des multiples démarches du syndicat, le Conseil d'administration de cette école renonça à son projet.

Le 26 octobre 1892, une nouvelle violation du tarif amena une nouvelle grève au *Petit Lyonnais*, et des femmes remplacèrent les grévistes ; 4,154 fr. 35 furent dépensés en indemnités de grève.

Aucun autre conflit à signaler jusqu'au 27 juillet 1894 : un nouveau journal, malgré l'intervention du syndicat, refusa d'appliquer le tarif et fut mis à l'index. 6 ouvriers furent alors exclus du syndicat pour avoir accepté de travailler à ce journal.

**Cours professionnels.** — Secondée par le *Groupe amical* des typographes et par l'*Union des syndicats du papier*, la Chambre syndicale ouvrit, le 5 novembre 1894, des cours professionnels à l'usage des apprentis. La municipalité avait accordé une subvention de 1,200 francs, qui fut portée à 2,200 francs en 1895 ; le Ministère du commerce a encouragé cette œuvre par une subvention de 500 francs. Enfin, les fondeurs en caractères et plusieurs maîtres imprimeurs ont fourni le matériel. La Chambre syndicale a participé dans les dépenses d'installation pour une somme de 1,800 francs.

Pour être admis aux cours, il faut être employé comme apprenti depuis six mois au moins dans l'une des imprimeries de la ville et verser un droit d'inscription de 2 francs. Les cours, au nombre de 4, commencent le premier lundi qui suit le 15 octobre pour se terminer le dernier jeudi d'avril ; ils ont lieu de 8 heures et demie à 10 heures du soir ; ils ont été suivis par 46 élèves en 1897-1898 ; ils sont faits au siège du syndicat, rue Mercière, 62. L'école a pris le titre de : *École Jean-de-Tournes*, du nom d'un célèbre imprimeur lyonnais du xvıe siècle.

7

On y fait aussi des cours de lithographie et de reliure, suivis par 14 élèves pour les premiers et 7 pour les seconds.

**Syndicat des compositeurs typographes** de la ville de Lyon. — Les nombreux conflits soutenus par la Chambre syndicale depuis plus de dix ans n'avaient pas été sans amener la radiation d'un certain nombre de syndiqués qui n'avaient pas voulu se soumettre aux décisions prises; beaucoup d'autres s'étaient laissés rayer faute de payement. Au lieu de reconnaître leurs torts, quelques-uns de ces radiés tentèrent de former un nouveau syndicat et eurent même la hardiesse de convoquer le 2 avril 1895 une réunion publique corporative pour faire de la propagande en faveur de leur œuvre. Leurs statuts avaient été déposés le 26 mars et étaient calqués, à peu de chose près, pour rendre la concurrence plus facile, sur les statuts de la Chambre syndicale.

La réunion corporative leur donna tort; mais ils n'en persistèrent pas moins au nombre de 30 environ, à faire appel à tous les mécontents. *Le syndicat des compositeurs typographes*, qui eut son siège à la Bourse du travail, eut une assez courte existence. Dès la fin de l'année 1895, on n'en trouve plus trace.

**Chambre syndicale des ouvrières typographes** de Lyon. — Tout aussi éphémère fut la durée de la Chambre syndicale des ouvrières, fondée le 12 avril 1895 par une dizaine de compositrices du journal socialiste *Le Peuple*, à l'instigation de ce journal désireux de répondre à ses détracteurs que, lui aussi, il n'occupait que des syndiqués. Cette équipe avait déjà adressé au gouvernement des pétitions contre la loi du 2 novembre 1892 sur le travail des femmes et des enfants et contre l'interdiction du travail de nuit aux femmes.

De nouvelles négociations entreprises par la Chambre syndicale des ouvriers typographes n'avaient pu aboutir à aucun arrangement; l'administration de ce journal dédaigna même, à la fin, de répondre aux lettres du Comité syndical. Le 23 juin 1895, la Fédération typographique autorisa le syndicat à donner la plus grande publicité, par voie d'affiches, aux procédés employés par les administrateurs du *Peuple* qui se posait en défenseur des intérêts des ouvriers. Nous avons dit, en parlant des lithographes de Lyon, que cette campagne d'affiches amena la rupture entre les typographes et les lithographes, ceux-ci étant en majorité des amis du *Peuple*, et comment cette hostilité se traduisit, en 1896, par une lutte très vive de ces derniers contre la réélection du conseiller prud'homme typographe, lutte dans laquelle les collectivistes furent battus.

Au mois d'avril 1896, le syndicat eut à soutenir un autre conflit. L'imprimerie Lefranc, qui payait le tarif, sans l'avoir signé, avait promis au délégué de la Fédération, de passage à Lyon, de signer ce tarif qui était déjà appliqué dans l'établissement, lorsqu'un mois après, par un revirement inexpliqué, les ouvriers furent mis en demeure de renoncer à la *gratification* pour le travail de nuit, des dimanches et des jours fériés. Les ouvriers refusèrent et quittèrent l'atelier au nombre de 14; ils furent immédiatement remplacés par des non syndiqués.

**Imprimerie coopérative.** — Une réduction du tarif aux pièces et la suppression de la *gratification* du travail de nuit amena encore une grève, en mars 1897, à l'imprimerie de la *France libre*, journal catholique; mais, sur les 17 syndiqués qui formaient l'équipe du journal, 11 seulement quittèrent le travail. En exprimant sa tristesse de ces défections, la *Typographie française* signala surtout celle d'un ancien secrétaire du syndicat, délégué à plusieurs Congrès, ancien conseiller municipal de Lyon et ancien directeur de la Société coopérative l'*Imprimerie nouvelle lyonnaise*, longtemps membre très actif du syndicat, où il s'était souvent distingué par un zèle intransigeant dans les décisions à prendre, ce qui n'avait pas peu contribué à rendre très difficiles les rapports entre les maîtres imprimeurs et le syndicat ouvrier. L'organe corporatif ajoutait : « Il faut toujours se méfier de ces intolérants; ils peuvent descendre loin dans l'abjection, dès que leurs intérêts et leur orgueil sont atteints. » L'homme en question fut exclu, quelque temps après, de la Société de secours mutuels pour fraude dans la perception des secours.

Au moment où cette grève se déclarait, le journal *Le Peuple*, que l'emploi des femmes à tarif réduit n'avait pu sauver de la déconfiture, allait disparaître. Le syndicat lyonnais, se rappelant sans doute les conseils donnés en 1882, dans une situation analogue, « qu'il y avait un moyen plus efficace que la grève pour combattre sur le terrain économique, c'était de devenir possesseur de l'outil », demanda au Comité central de la Fédération de faire l'avance des indemnités qui seraient dues aux grévistes pendant trois mois, pour permettre d'entreprendre l'exécution du journal *Le Peuple* qui allait être mis en vente. Le Comité central consentit, à condition que les grévistes seraient tenus de rembourser cette indemnité à partir du jour où ils travailleraient.

Le 1er avril 1897, les statuts de l'*Imprimerie coopérative*, société anonyme à capital et personnel variables, furent adoptés; le capital de fondation était fixé à 600 francs, divisé en 24 actions de 25 francs; le

7.

siège de la Société fut fixé rue de Condé, 30. Cette création est de date trop récente pour que les détails sur son fonctionnement puissent présenter quelque intérêt; disons seulement qu'à la fin de l'année, le Comité central fit abandon complet de la somme avancée (3,100 francs), mais qu'il refusa toute autre avance d'argent, les statuts de la Fédération étant contraires à l'emploi des fonds sociaux pour favoriser les associations coopératives. Les rédacteurs du journal qui d'abord étaient entrés dans l'association l'ont quittée; il est resté 20 sociétaires.

La Chambre syndicale typographique lyonnaise est une de celles qui ont organisé le mieux les différents services de secours aux grévistes, aux chômeurs, aux malades, aux incurables et qui ont fait fonctionner ces services régulièrement pendant une période assez longue. Le tableau suivant donne le compte rendu financier des 10 dernières années :

*Opérations du 1er janvier 1888 au 31 décembre 1897.*

| ANNÉES. | NOMBRE de MEMBRES au 31 décembre. | EN CAISSE au 31 DÉCEMBRE. | PRODUIT des COTISATIONS et des admissions de l'année. | DÉPENSES PRINCIPALES. | | | |
|---|---|---|---|---|---|---|---|
| | | | | CHÔMAGE. | MALADIE. | INCURA-BILITÉ. | FÉDÉRATION. |
| | francs. | fr. c. | fr. c. | fr. c. | fr. c. | francs. | fr. c. |
| 1888........ | 237 | 2,664 75 | 8,191 05 | 2,182 10 | 1,098 50 | 780 | 655 10 |
| 1889........ | 243 | 2,360 50 | 6,999 95 | 1,427 80 | 1,009 15 | 581 | 1,756 50 |
| 1890........ | 235 | 2,865 80 | 6,307 25 | 504 90 | 1,459 50 | 470 | 4,053 15 |
| 1891........ | 264 | 4,296 38 | 6,756 90 | 1,397 25 | 739 50 | 481 | 2,317 35 |
| 1892........ | 279 | 4,786 42 | 7,695 20 | 944 25 | 930 00 | 315 | 5,210 50 |
| 1893........ | 270 | 6,774 23 | 8,509 05 | 615 85 | 1,000 00 | 310 | 1,586 65 |
| 1894........ | 285 | 8,425 54 | 8,197 00 | 581 60 | 1,078 00 | 300 | 2,239 70 |
| 1895........ | 292 | 9,213 13 | 10,132 90 | 505 75 | 893 00 | 450 | 1,623 10 |
| 1896........ | 283 | 10,002 13 | 9,965 05 | 1,978 35 | 1,703 00 | 400 | 3,096 70 |
| 1897........ | 275 | 9,267 90 | 9,945 75 | 2,810 40 | 1,410 00 | 624 | 4,273 60 |
| Totaux.............. | | | 82,700 10 | 12,848 25 | 11,310 65 | 4,807 | 26,832 35 |

Les indemnités aux grévistes se sont élevées, pendant ces 10 années, à 9,552 fr. 55 dont 8,320 fr. 50 ont été payés par la Fédération des travailleurs du livre et 1,232 fr. 05 par la Chambre syndicale.

Nous avons commencé l'historique des associations typographiques lyonnaises par la Société de secours mutuels, fondée en 1822; c'est par elle que nous le terminerons. Au 1er janvier 1898, elle avait 74 membres participants et 15 membres honoraires : elle possédait 59,308 fr. 72, dont 32,364 fr. 77 affectés au fonds de retraite; elle servait des pensions de 240 francs à 4 retraités et à 3 incurables.

## TYPOGRAPHES DE MARSEILLE.

| DATE de FONDATION. | DÉNOMINATIONS DES SOCIÉTÉS. | DISSOLUTION ou TRANSFORMATION. |
|---|---|---|
| 1820, 10 octobre.... | Société Saint-Jean-Porte-Latine, de prévoyance et de secours des typographes de la ville de Marseille. | 1868, 22 juillet. |
| 1848............. | Société de secours mutuels Saint-Augustin. | 1851, décembre. |
| 1848............. | Association des Dix (coopération de production). | 1878. |
| 1867, 28 août..... | Société de secours mutuels Saint-Augustin. | 1868, 22 juillet. |
| 1868, 18 janvier.... | Société typographique marseillaise. | 1870, 22 janvier. |
| 1868, 22 juillet..... | Société Saint-Jean-Porte-Latine et Saint-Augustin. | ............. |
| 1870, 22 janvier.... | Chambre syndicale des ouvriers typographes. | ............. |
| 1885............. | Imprimerie coopérative. | 1886. |

**Société Saint-Jean-Porte-Latine.** — La *Société de prévoyance et de secours des typographes de Marseille,* fondée le 10 octobre 1820 et autorisée par arrêté préfectoral du 21 du même mois sous le titre principal de *Société Saint-Jean-Porte-Latine,* fut la première organisation ouvrière des typographes de cette ville.

Par l'article 1er des statuts, le nombre des membres ne pouvait dépasser 100. Il fallait, pour y être reçu, être âgé de 15 ans au moins et de 40 au plus. Le droit d'entrée, fixé à 5 francs pour les membres admis en novembre et décembre 1820, était élevé à 10 francs pour les admissions postérieures. La cotisation mensuelle était de 1 fr. 50 et, en cas de maladie, les sociétaires recevaient une indemnité de 9 francs par semaine.

A l'article 59, les statuts prononçaient l'exclusion, *sans délibération,* des membres qui auraient proposé la dissolution de la Société, la réduction de la cotisation mensuelle ou le partage des fonds en caisse. Si tous les sociétaires quittaient la société, les fonds devaient être *donnés* à l'Hôtel-Dieu, mais il suffisait d'un seul membre décidé à la maintenir, en suivant le règlement établi, pour que la caisse restât en sa possession.

La Société compta 35 membres au début. La première modification aux statuts eut lieu le 29 avril 1832 par la suppression de la messe annuelle de Saint-Jean-Porte-Latine et de la messe de *Requiem*, dont elle s'était d'abord engagée à supporter les frais.

Le 4 décembre 1836, elle décida d'admettre les étrangers et, le 15 décembre 1850, une augmentation de 10 centimes fut ajoutée à la cotisation mensuelle au profit d'une caisse de retraites.

La première pension fut accordée le 26 juin 1853.

Les progrès de la Société furent lents; elle avait en caisse, en décembre 1840, la somme de 2,846 fr. 20; et, en décembre 1864, elle possédait 8,661 fr. 23. Son existence s'est prolongée jusqu'à nos jours.

**Société de secours mutuels Saint-Augustin.** — Une réduction de salaire (45 centimes le mille au lieu de 50), imposée dans une imprimerie de Marseille, en 1840, provoqua la constitution d'un groupe de défense des intérêts corporatifs, qui ne survécut pas à l'échec de la grève qui avait été déclarée.

Ce ne fut qu'en 1845 que six ou sept typographes entreprirent de se réunir périodiquement et de faire de la propagande pour la constitution d'une *caisse de résistance*. Pendant deux ans, leurs efforts restèrent stériles; soit par indifférence, soit par une réserve prudente, leurs confrères refusaient de les suivre dans la voie qu'ils leur indiquaient.

L'écho des banquets annuels que donnaient, depuis quatre ans, les typographes parisiens pour fêter l'adoption de leur tarif, parvint jusqu'à Marseille et on y voulut suivre l'exemple de Paris, sauf que l'on commença par le banquet avant d'aborder la question du tarif(1).

Ce banquet eut lieu le 8 mai 1847, sous le prétexte de la Saint-Jean-Porte-Latine, la fête corporative. Les toasts à la fraternité, à l'union, à l'association, donnèrent du cœur aux timorés, et le groupe initiateur reçut un grand nombre d'adhésions à la Société, dont on n'avait pas encore choisi le nom.

Après le 24 février 1848, la Société devint assez forte pour penser à l'élaboration d'un tarif uniforme, réglementant les prix de main-d'œuvre ainsi que certains usages professionnels.

**Grève de 1848.** — Les patrons refusèrent d'adopter ce tarif et les ateliers furent fermés. Les typographes non encore adhérents à la Société de résistance vinrent tous s'y faire inscrire.

Les négociations continuèrent pendant la grève et les patrons finirent

_____

(1) Noces d'argent, célébrées par le syndicat des ouvriers typographes de Marseille, 1893, 1 volume de 74 pages.

par céder sur l'augmentation du prix du mille, 50 centimes, prix qui avait déjà été accordé avant 1840, et sur la limitation du nombre des apprentis. (Ce dernier point ne fut cependant pas rigoureusement exécuté.)

Après la reprise du travail, la société de résistance adopta le titre de *Société de secours mutuels Saint-Augustin,* qui lui parut propre à voiler son véritable but, et elle fonctionna sans encombre jusqu'au 2 décembre 1851. A cette date, le Gouvernement, qui savait à quoi s'en tenir sur les tendances de cette soi-disant société de secours mutuels, en prononça la dissolution, et les 3,000 francs qu'elle possédait furent déposés à la caisse d'épargne.

**Association des Dix,** Arnaud et Cⁱᵉ, Cayer, gérant. — Les typographes de Marseille participèrent aussi au mouvement coopératif qui marqua l'année 1848, et une association ouvrière dite des Dix fut formée par 10 ouvriers, au nombre desquels se trouvaient presque tous les membres du comité qui avait dirigé la grève. Cette association, qui, en 1855, occupait 10 compositeurs, 6 imprimeurs et 1 conducteur, ne prit pas de développement ultérieur, et le directeur, après le départ ou l'élimination des neuf autres membres, demeura, en 1878, seul propriétaire de l'imprimerie où il fit, d'ailleurs, de brillantes affaires.

**Société de secours mutuels Saint-Augustin,** reconstituée. — Pendant plus de quinze ans, aucun groupe typographique pour la défense des salaires n'exista à Marseille. Une proposition faite dans un banquet, en 1866, ne rencontra pas d'écho. En 1867, tous les typographes furent invités à une réunion organisée par deux journalistes dans le but de créer une imprimerie coopérative. De la discussion qui eut lieu, il résulta que les convocateurs n'agissaient que dans un but personnel, afin d'avoir à leur disposition un matériel d'imprimerie pour la publication d'un journal politique. Les ouvriers leur firent remarquer que la combinaison offerte ne garantissait en aucune façon les salaires des typographes et ils repoussèrent le projet.

Cette réunion n'eut pour effet que de faire renaître le désir d'une association de résistance; dans ce but, d'autres réunions ouvrières suivirent, et on adopta le projet d'une *caisse de service extraordinaire,* qui formerait une annexe à la Société de secours mutuels typographique.

Deux délégués furent chargés de pressentir l'avis de l'administration, qui voulut bien tolérer le fonctionnement de cette caisse, en faisant remarquer aux délégués que, sous le couvert d'une annexe à une société de secours mutuels, ils n'en poursuivaient pas moins l'institution d'une société dirigée contre les patrons.

La société de secours prit le titre de *Saint-Augustin*, ses statuts furent approuvés et son président nommé par décret, le 28 août 1867. Elle demanda alors à rentrer en possession des 3,000 francs laissés par la société du même nom, dissoute en 1851, ce qui lui fut accordé, et le trésorier de l'ancienne Société de Saint-Augustin, qui était resté détenteur de la somme de 600 francs, la versa entre les mains du nouveau trésorier. Ces 3,600 francs constituèrent le premier capital de la *caisse annexe*.

**Société typographique marseillaise,** *caisse du service extraordinaire.* — Ce fut le 18 janvier 1868 que les statuts de la caisse extraordinaire furent adoptés avec les considérants suivants :

Les membres composant la Société typographique de secours mutuels de Saint-Augustin, convaincus que la maladie n'est pas la seule cause qui amène la gêne et quelquefois la misère parmi les membres composant la corporation des ouvriers typographes, et voulant atténuer autant que possible cette pénible situation, ont décidé la création d'une caisse spéciale de secours extraordinaires, qui sera tout à fait indépendante de la caisse de secours mutuels. Cette caisse sera alimentée par une cotisation hebdomadaire de 50 centimes.

Tous les membres de la Société de Saint-Augustin étaient forcés de verser dans la caisse de secours extraordinaires; mais celle-ci recevait, en outre, comme adhérents tous les ouvriers typographes, imprimeurs et conducteurs, sans limite d'âge. Elle avait donc une comptabilité distincte et un bureau spécial, composé de 9 membres, compris le président.

Les nouveaux adhérents payaient un droit d'entrée de 10 francs et faisaient un noviciat de six mois, avant d'avoir droit aux secours.

L'article 4 était ainsi conçu :

Les typographes qui fourniront la preuve de leur affiliation à l'une des sociétés typographiques lyonnaise ou parisienne seront dispensés de la première mise et du noviciat. — Cette faveur sera étendue à tout typographe appartenant à une société qui consentirait à user de réciprocité envers la Société typographique marseillaise.

A relever encore les articles suivants :

*Collectes.* — Le système des collectes tel qu'il est pratiqué à Marseille, outrageant et la dignité de celui qui donne et l'amour-propre de celui qui reçoit, est et demeure aboli (art. 30). Le passager dont la position exigera un secours pécuniaire devra se présenter au trésorier de la société, qui, sur son reçu, lui délivrera une somme dont le montant sera arrêté tous les mois en assemblée générale (art. 31) [10 francs si le passager était affilié à une des sociétés en rapport avec celle de Marseille, et 5 francs s'il ne faisait partie d'aucune société].

*Tarif.* — Tout ouvrier, qui, pour se conformer au tarif, abandonnera un emploi mal rétribué, touchera de la société une indemnité de la moitié au moins et des trois quarts au plus du salaire qu'il gagnait (art. 38).

Mais le bureau pourra seul autoriser l'ouvrier à cesser son travail; à cet effet, ce dernier devra présenter une demande motivée, soit verbale, soit écrite, et le bureau délibérera en comité secret sur l'opportunité de la mesure (art. 39).

La société, n'ayant pour but que le bien-être progressif de ses membres, flétrira énergiquement toute cabale qui aurait pour objet d'organiser une coalition connue en typographie sous le nom de *mise-bas* (art. 41).

En conséquence, le bureau prononcera l'ordre du jour sur toute demande collective qui tendrait vers ce but, à moins pourtant que cette demande ne soit faite par des ouvriers employés à un travail identique et soumis aux mêmes conditions (art. 42).

Le bureau était encore chargé de faciliter le placement des sociétaires sans travail; tout sociétaire obligé de quitter la ville faute d'ouvrage recevait une somme qui ne pouvait dépasser 20 francs.

Au moment de sa formation, la Société typographique marseillaise comptait 137 adhérents.

Elle fêta sa fondation, le 20 mai 1868, par un banquet auquel assistèrent les présidents des Sociétés typographiques parisienne et lyonnaise.

**Société Saint-Jean-Porte-Latine et de Saint-Augustin.** — L'enthousiasme était alors si grand que les membres de la Société de secours mutuels Saint-Jean-Porte-Latine décidèrent de fusionner avec la nouvelle Société Saint-Augustin en sacrifiant leur caisse pour ne former qu'un seul groupe. Les statuts de cette Société avaient peu varié depuis l'origine; comme presque toutes les sociétés de secours mutuels qui vieillissent, elle avait restreint son champ d'admission au lieu de l'étendre, mais les membres de la Société typographique, qui avaient bien d'autres projets en tête, ne jugèrent pas à propos de demander des modifications à son règlement.

Ainsi, pour être admis dans la Société, il fallait avoir 15 ans au moins, n'en pas dépasser 30 pour tout ouvrier travaillant depuis cinq ans à Marseille, et 35 pour les ouvriers étrangers ou voyageurs qui viendraient s'y fixer. Le secours aux malades était toujours de 9 francs par semaine; mais celui accordé aux incurables et aux vieillards, après dix ans de présence dans la société, était de 20 francs par mois.

Les exclusions, que nous avons mentionnées plus haut, étaient maintenues, mais devaient être approuvées par l'assemblée générale.

La fusion des deux Sociétés eut lieu le 22 juillet 1868.

**Revision du tarif de 1848. — Grève.** — Toutes les forces de la typographie marseillaise étant alors réunies, le comité de la Société résolut de demander la revision du tarif de 1848, qui n'était plus en rapport avec les conditions de l'existence; mais, avant d'engager des pourparlers avec les patrons, les deux comités de la Société de secours mutuels et de la Caisse de service extraordinaire (ou Société typographique marseillaise) tinrent une réunion dans laquelle il fut décidé qu'en cas de nécessité les fonds de la caisse de secours seraient mis à la disposition de la Société typographique, afin d'assurer le succès d'une lutte si elle devenait inévitable.

Le 5 septembre, les patrons firent savoir qu'ils repoussaient le nouveau tarif élaboré par les ouvriers et qu'ils s'en tenaient au tarif de 1848. Le 7, la grève commença dans trois imprimeries; le 8, à midi, elle était générale. Les typographes des grandes villes furent avertis de la situation par télégrammes.

Paris envoya aussitôt 2,000 francs, Lyon 500 et Florence 200.

L'indemnité de grève fut fixée à 15 francs par semaine pour les ouvriers, et *au double de la journée* pour les apprentis.

Le 11 septembre, eut lieu la première distribution de secours; la plupart des ouvriers, après avoir reçu leur indemnité, la reversèrent à la caisse de la grève.

Les négociations reprises entre les délégués patrons et ouvriers aboutirent à une transaction le 15 septembre, et le même jour, à 2 heures, le travail fut repris dans toutes les imprimeries.

Le prix du mille était porté de 50 à 55 centimes, et la journée de *conscience* était fixée à 5 francs.

Vu la courte durée de la grève, il ne fut pas nécessaire de toucher aux fonds de la Société de secours mutuels; et, d'autre part, la Société lyonnaise refusa le remboursement des 500 francs qu'elle avait envoyés.

Au mois de janvier 1869, la cotisation hebdomadaire fut fixée à 60 centimes, et le droit d'affiliation à 5 francs.

Le 19 juin, on décida d'accorder une indemnité en cas de chômage ordinaire, et cela pendant un mois.

Dans le courant de l'année, la Société marseillaise vint à son tour en aide aux typographes d'autres villes et envoya 200 francs à Saint-Étienne, 200 francs à Avignon et autant à Genève.

**Chambre syndicale des ouvriers typographes de Marseille.** — Le 22 janvier 1870, la Société typographique marseillaise prit le titre de *Chambre syndicale* et se sépara complètement de la Société de secours mutuels Saint-Jean-Porte-Latine et Saint-Augustin, sous le couvert de laquelle elle avait fait ses premiers pas. Les principales modifications introduites dans les statuts furent les suivantes :

*Du chômage.* — La corporation reconnaît deux sortes de chômage : le chômage ordinaire et le chômage extraordinaire (art. 20).

Elle alloue 3 francs par jour, ou 18 francs par semaine, aux sociétaires privés de travail pour cause de *mise-bas* légale (art. 21).

Chaque *mise-bas* ne sera reconnue légale qu'autant qu'elle aura d'abord été soumise à la Chambre syndicale, et ensuite autorisée par cette dernière (art. 22).

Tout membre en *mise-bas* légale qui, dans un coup de main, ne gagnera pas 18 francs par semaine, recevra le complément de cette somme (art. 23).

Les sociétaires suspendus pour manque d'ouvrage seront considérés comme en chômage ordinaire et recevront 2 francs par jour (ou 12 francs par semaine) pendant 78 jours de l'année (art. 25).

Tout sociétaire quittant la ville faute d'ouvrage reçoit 20 francs, à prendre sur la somme de 156 francs à laquelle il a droit dans l'année, comme chômeur (art. 36).

La cotisation est fixée à 35 centimes par semaine (art. 37).

Les apprentis qui voudront s'affilier à la société n'auront à verser que la somme de 2 francs. Sous aucun prétexte, la chambre syndicale ne recevra leurs cotisations hebdomadaires avant qu'ils aient accompli leurs quatre années d'apprentissage (art. 39).

Il sera alloué aux apprentis affiliés, en cas de *mise-bas,* une somme proportionnée à leur gain (art. 40).

Le 24 avril 1872, M. Baraguet, président de la Société typographique parisienne, fit à Marseille une conférence sur la création d'une *Commission mixte* devant avoir pour mission de trancher les questions de tarif. Cette proposition fut aussitôt insérée dans les statuts qui faisaient précisément, à cette époque, l'objet d'une revision.

Art. 19. — Chaque fois qu'une revision de tarif sera reconnue nécessaire, on devra nommer une commission mixte, composée en nombre égal d'ouvriers et de patrons, qui sera chargée d'arrêter les bases d'un nouveau tarif.

A partir du 1ᵉʳ mai 1872, le secours de chômage ordinaire ne fut plus accordé que pendant six semaines par an aux sociétaires faisant partie du syndicat depuis un an au moins. La cotisation fut fixée à 1 fr. 50 par mois.

Une mesure concernant la réintégration des membres radiés pour violation du tarif fut introduite dans les statuts. La réadmission ne put être acceptée qu'après le payement d'une amende de 50 francs au minimum et le versement des cotisations depuis l'époque de la radiation.

L'année 1874 ne fut marquée que par une vive et longue polémique soulevée par une collaboratrice du journal l'Égalité. Dans un article du 21 mai, le comité de la Chambre syndicale des typographes était pris à partie et accusé de tyrannie à l'égard des femmes qu'il voulait éloigner de l'imprimerie. L'auteur de l'article avançait que les femmes, moins gloutonnes que les hommes, avaient des prétentions plus modestes pour leur salaire et que, pour les patrons, l'intérêt était un puissant conseiller.

Le syndicat déclara que ce qu'il combattait, c'était l'exploitation des femmes, n'admettant leur emploi qu'à salaire égal à celui de l'homme pour un même travail.

Les années suivantes n'offrent aucun incident notable. A la fin de décembre 1876, la Chambre syndicale avait en caisse la somme de 4,467 fr. 35; elle avait payé, dans l'année, 444 francs de chômage, 180 francs aux passagers, et 140 francs en indemnités de route. Les recettes de l'année s'étaient élevées à 1,842 fr. 95, ce qui indique une moyenne de 102 membres payant régulièrement.

En 1878, le syndicat protesta en vain contre l'installation d'une soi-disant école professionnelle de typographie fondée par un abbé Boyer, qui résista aux représentations de l'évêque de Marseille, gagné à la cause soutenue par le syndicat. Il ne s'agissait, en réalité, que d'un emploi abusif d'un certain nombre d'enfants. Cet établissement fonctionna pendant quatre ans.

La même année, une somme de 5,000 francs fut mise à la disposition des typographes de Paris en grève.

Au mois de février 1879, une grève partielle eut lieu, dans l'imprimerie d'un journal quotidien, le Citoyen, relativement au double emploi de la matière de ce journal, qui servait à la confection d'une autre feuille. Le syndicat n'obtint pas satisfaction et les grévistes furent immédiatement remplacés. Comme le différend avait porté sur une interprétation du tarif, une revision fut proposée, mais ne fut pas poursuivie. Les grévistes furent l'objet d'une mesure spéciale de la part du syndicat, et leur indemnité fut portée à 25 francs par semaine pendant deux mois, dont les 18 francs statutaires et 7 francs produits par une cotisation extraordinaire de 60 centimes par membre et par mois.

Cette décision fut même le point de départ d'une nouvelle modification des statuts, appliquée à partir du 1er mai 1879. L'indemnité de grève fut fixée à 3 fr. 50 par jour au lieu de 3 francs. Quant au chômage ordinaire, il fut décidé que, lorsqu'un sociétaire aurait touché dans une année les six semaines auxquelles il avait droit, il devrait s'écouler dix-huit mois avant qu'il pût de nouveau s'adresser à la caisse de chômage. Celui qui quitterait la ville faute d'ouvrage recevrait la somme de 50 francs.

Les assemblées trimestrielles n'étaient pas toujours très suivies; une amende de 50 centimes fut infligée aux absents, sauf les cas de maladie ou de travail bien constatés. De plus, à l'issue de chacune de ces assemblées, il fut procédé au tirage d'une prime de 10 francs, à attribuer à l'un des membres présents, au pair de ses cotisations.

Les syndics n'assistant pas aux réunions de bureau furent aussi frappés d'une amende de 50 centimes.

Un nouvel article, qu'on ne rencontre pas souvent dans les statuts de syndicats, fut celui qui interdisait tout payement anticipé des cotisations mensuelles.

Les deux délégués de la Chambre syndicale au Congrès ouvrier socialiste qui se tint à Marseille au mois d'octobre 1879 se prononcèrent contre les propositions collectivistes qui y furent émises; il en fut de même au Congrès du Havre en 1880; la Chambre syndicale refusa d'envoyer un délégué au Congrès de Reims en 1881.

**Caisse de retraites.** — L'assemblée générale du 20 mars 1880 décida la création d'une caisse de retraites, au moyen d'un prélèvement de 25 centimes sur la cotisation mensuelle. Ces prélèvements furent opérés pendant quatre ans et avaient produit une somme de plus de 3,000 francs lorsque les nécessités d'une grève la firent dissoudre le 10 mai 1884 pour affecter ces fonds au service des chômeurs grévistes.

**Bibliothèque.** — Une bibliothèque, constituée par l'initiative de quelques syndiqués, fut mise par eux, en 1881, à la disposition de la Chambre, qui a tenu à honneur de la développer.

Elle se compose aujourd'hui de plus de 800 volumes, gratuitement prêtés aux apprentis. Quant aux syndiqués qui y ont recours, ils payent un droit de 5 centimes par volume et par mois.

**Fédération.** — Un délégué fut envoyé au premier Congrès typographique qui se tint à Paris, du 28 août au 2 septembre 1881, et qui se termina par la création d'une Fédération des sociétés typographiques de France. La Chambre syndicale de Marseille fut une des premières adhérente à cette Fédération, dont elle a toujours fait partie depuis, et aux Congrès de laquelle elle s'est toujours fait représenter.

**Revision du tarif.** — **Grève.** — Le 25 novembre 1883, il fut décidé de procéder définitivement à la révision du tarif dont il était question depuis dix ans, et un délégué devait être nommé par chaque atelier et chaque équipe pour composer la commission. Ces élections ne donnèrent pas de résultat; beaucoup de typographes hésitaient devant la responsabilité à encourir, et ce fut le bureau du syndicat qui, en fin de compte, fut chargé de préparer le travail. Le projet fut prêt le 24 février 1884, discuté dans plusieurs réunions du syndicat et finalement approuvé par une assemblée de toute la corporation le 23 mars. Il fut ensuite imprimé et un exemplaire en fut adressé à chaque imprimeur en le priant de vouloir bien faire connaître sa réponse dans la huitaine. Les patrons des petites imprimeries adhérèrent presque tous, mais les principales maisons hésitèrent, et le délai fixé allait expirer lorsque les délégués ouvriers furent invités à un rendez-vous par les patrons. Ceux-ci demandèrent un nouveau délai pour examiner le projet de tarif; cette demande ne fut pas accordée parce que les patrons possédaient le projet depuis plusieurs jours, qu'ils avaient eu le temps nécessaire pour l'étudier, et qu'ensuite le syndicat avait été prévenu que ce délai allait être mis à profit par les patrons pour se procurer des ouvriers au dehors.

La grève fut déclarée, et le Comité central de la Fédération fut avisé de la situation.

Le syndicat comptait alors 150 membres, et les 17 imprimeries de Marseille employaient 169 ouvriers, 35 demi-ouvriers et 45 apprentis; 6 syndiqués seulement et 17 non syndiqués refusèrent de faire cause commune avec leurs camarades pendant la grève.

Cependant, les fonds de la Chambre syndicale s'épuisaient, et aucune réponse ne parvenait de Paris. Par un retard d'abord inexplicable, la lettre envoyée le 12 avril n'était arrivée que le 22, et le Comité central répondit qu'aucun secours ne pouvait être envoyé à Marseille.

L'indemnité de grève n'étant plus régulièrement payée, des murmures se firent entendre, et le bureau du syndicat comprit qu'il était nécessaire de reprendre les négociations. Une transaction fut conclue le 1er mai; le prix du mille était augmenté de 5 centimes (60 au lieu de 55); néanmoins, les patrons se réservèrent le droit de ne conserver que les ouvriers offrant certaines garanties de capacité.

Le nouveau tarif, qui ne comprenait pas moins de 132 articles, fut signé par les présidents et les secrétaires de la commission patronale et de la commission ouvrière.

Un délégué de la Fédération s'était rendu à Marseille le 27 avril et, pour calmer les esprits irrités, il n'avait pu que promettre une enquête sur les irrégularités qui avaient empêché la Fédération de venir en aide aux grévistes au moment attendu; on reconnut bientôt que le secrétaire permanent du Comité central était le seul coupable, et il fut exclu à la fois de la Fédération et du syndicat de Paris. Cette grève servit de leçon à la Fédération en ce qu'elle fut prévenue à temps pour se retirer du bourbier dans lequel elle allait s'enliser, par la faute de son principal fonctionnaire.

Les dépenses de la grève, s'élevant à 5,209 francs, furent remboursées au syndicat par la Fédération.

Un grand nombre d'ouvriers n'ayant pas été repris par leurs patrons après la grève, le syndicat ordonna une retenue de 5 p. 100 sur les salaires pour servir aux chômeurs le secours de grève jusqu'à la fin de novembre.

Le nombre des syndiqués s'éleva un moment à 200, mais il était redescendu à 155 au 31 décembre 1884.

La Chambre syndicale des typographes prit une part active, en 1884, à la fondation et au fonctionnement de l'*Union des chambres syndicales ouvrières des Bouches-du-Rhône*, qui recueillit bientôt l'adhésion de 35 syndicats.

**Imprimerie coopérative.** — Le 29 mars 1885, l'assemblée générale vota, par 35 voix contre 30, sur la proposition de l'un de ses membres, la constitution d'un capital pour fonder un *atelier syndical*, par le prélèvement d'un tiers sur l'excédent des recettes. L'auteur de la proposition la retira trois mois après et se mit en mesure de réaliser son projet, sans y faire intervenir directement le syndicat. Les ouvriers ne mirent pas grand empressement à entrer dans l'association; mais, grâce à des capitaux prêtés par diverses personnes, l'*Imprimerie coopérative* fut installée.

Elle n'eut qu'une existence de quelques mois et disparut au commencement de 1886.

Les secours de *chômage ordinaire*, supprimés après la grève, purent être rétablis comme avant, à partir du 28 juin 1885.

Les années qui suivent offrent peu de faits à relever.

Nous parlerons plus loin de la création, le 2 décembre 1885, d'un *Cercle des Amis du Livre*. Des concours techniques, dont l'idée avait déjà été émise lors de la création de la bibliothèque, en 1881, furent organisés en 1888 et furent continués pendant six années consécutives. Les appréciations des jurés, publiées chaque année par le syndicat sous forme de luxueuses plaquettes, chefs-d'œuvre de l'art typographique, formaient un véritable enseignement professionnel.

Le 18 décembre 1887, le syndicat nomma une commission chargée de préparer la célébration, en 1895, du troisième centenaire de l'établissement de l'imprimerie à Marseillle.

Le 13 mai 1888, le siège du syndicat fut transféré à la Bourse du travail.

En 1889, par des négociations qui durèrent du 5 avril au 15 mai, une grève fut évitée dans l'imprimerie des journaux *la Gazette du Midi* et le *Soleil du Midi*, occupant environ 30 ouvriers. Il fut entendu que la convention, faite pour un temps indéterminé et établissant un prix à forfait pour l'ensemble du travail, pourrait être résiliée, à la volonté de l'une ou l'autre partie, par un préavis d'un mois.

Le délégué de la Fédération, qui avait prêté son concours à ces négociations, se félicita d'avoir pu obtenir la suppression des apprentis dans le travail des journaux; il considérait ce succès comme de la plus haute importance, un enfant ne pouvant pas apprendre son métier dans une équipe de journal.

Depuis 1888, la Fédération des travailleurs du livre avait réparti en 12 régions les syndicats typographiques, et Marseille fut désigné comme le chef-lieu d'une de ces régions, comprenant les départements de Vaucluse, Var, Basses-Alpes, Alpes-Maritimes, Corse, et plus tard, l'Algérie et la Tunisie. Le syndicat marseillais fut, en conséquence, appelé à envoyer des délégués pour régler les différends qui s'élevèrent de temps à autre dans les diverses sections du groupe. Il organisa des délégations de propagande qui aboutirent à la formation des syndicats d'Aix, d'Ajaccio, de Bastia, de Digne, de Draguignan et de Gap, et des Congrès régionaux des syndicats de typographes furent aussi organisés par ses soins.

Dans un banquet qui suivit l'un de ces Congrès, le 5 juin 1892, le président de la Chambre syndicale des maîtres imprimeurs de Marseille donna les motifs qui avaient empêché, jusqu'alors, de constituer cette Commission arbitrale mixte réclamée depuis si longtemps par les ouvriers, puis il ajouta : « Nous sommes décidés cependant, toutes les fois que les deux parties le réclameront, à constituer, d'accord avec votre syndicat, et dans chaque cas spécial, une Commission arbitrale pour régler à l'amiable les différends. . . . . . . . . . . . . . . Nous rencontrerons, j'en suis certain, un terrain de conciliation et, dédaignant les mesquines préventions et les méfiantes petitesses, je bois de grand cœur, au nom de l'Association des maîtres imprimeurs de l'arrondissement de Marseille, à la prospérité de la Chambre typographique ouvrière. »

Le 17 juillet 1892, le syndicat refusa de donner son adhésion au 5ᵉ Congrès national des syndicats et groupes corporatifs, qui allait se tenir à Marseille, parce que les questions politiques prenaient beaucoup plus de place, dans ces Congrès, que les questions économiques.

Du 5 novembre au 23 décembre 1893, le syndicat, tout en conservant son siège à la Bourse du travail, retira ses délégués à l'*Union des chambres syndicales*, qui avait tenu une conduite jugée inconvenante lors de la réception des officiers russes, le 26 octobre. La Bourse du travail, transférée provisoirement rue Cannebière, 26, avait fermé ses portes et n'avait pas arboré le moindre drapeau, contraste frappant avec les immeubles voisins.

La *célébration du troisième centenaire de l'établissement de l'imprimerie à Marseille,* dont le syndicat avait pris l'initiative, eut lieu en 1895, à la date fixée, avec le concours des patrons, des ouvriers et des notabilités de la ville.

Une Exposition nationale rétrospective et moderne du livre, ouverte du 4 août au 15 octobre, obtint le plus grand succès.

Cinq concours, de typographie, de lithographie, de gravure, de reliure et de littérature furent organisés. Le septième Congrès de la Fédération des travailleurs du livre et le deuxième Congrès de l'Union des maîtres imprimeurs de France se tinrent à Marseille la même semaine, du 9 au 15 septembre, et l'institution d'une Commission nationale mixte permanente, préparée par les démarches des ouvriers typographes marseillais, fut adoptée par les deux Congrès.

Le Comité du centenaire avait reçu du Conseil municipal une subvention de 10,000 francs et une autre de 6,000 francs du Conseil général;

8

les fêtes ou tombolas organisées les années précédentes avaient produit 4,250 francs et la Chambre syndicale lui avait voté une somme de 500 francs, soit un total de 20,750 francs. Les entrées à l'Exposition et les recettes pendant les fêtes du Centenaire portèrent cette somme à 33,156 fr. 25.

Le bénéfice réalisé fut de 6,247 fr. 20, sur lesquels 5,250 francs furent attribués, en deux parts égales, à la caisse communale des écoles et à la caisse des orphelins du livre.

A la même époque, le syndicat obtint un autre succès au sujet des conditions du travail dans les travaux mis en adjudication. La Commission départementale introduisit dans le cahier des charges de la fourniture des imprimés départementaux la clause suivante : « L'imprimeur sera tenu de payer aux ouvriers employés aux travaux de la présente adjudication le tarif consenti entre le syndicat des ouvriers typographes et l'association des maîtres imprimeurs. En cas d'inexécution, le marché sera résilié de plein droit. »

Or, il arriva que l'adjudicataire (au plus fort rabais) fut précisément le seul imprimeur qui n'avait pas signé le tarif de 1884 et qui ne l'appliquait pas dans ses ateliers.

Après de nombreuses démarches, restées sans résultat, pour faire appliquer la sanction prévue dans le cahier des charges, le syndicat mit cette maison à l'index le 2 mai 1897.

La clause ci-dessus fut, au mois de novembre 1897, également insérée dans le cahier des charges des imprimés communaux.

**Secours de maladie.** — La prospérité de la Chambre syndicale étant allée en progressant depuis la grève de 1884, des secours en cas de maladie furent ajoutés aux secours de chômage, à partir du 1er juillet 1896. Ces secours sont fixés à 7 francs par semaine pendant six semaines, mais ils ne sont accordés qu'après 15 jours de maladie. Aucune cotisation spéciale n'est prélevée pour ce nouveau service.

Le 20 septembre de la même année, a été instituée une caisse spéciale de secours pour les vieillards, les infirmes et les orphelins.

La caisse des orphelins et infirmes possédait, au 31 décembre 1897, la somme de 4,258 fr. 10.

**Augmentation de salaires.** — Enfin, à la suite de négociations amiables avec l'association des maîtres imprimeurs, celle-ci a consenti, le 23 janvier 1898, à porter le prix de la journée à 6 francs pour 10 heures.

Le nombre moyen des adhérents du syndicat a été de 230 pendant les dix dernières années; au commencement de 1898, il était de 244, plus 50 apprentis fédérés versant une cotisation de 50 centimes par mois, et 43 apprentis affiliés ayant moins de deux ans d'apprentissage.

Le **Bulletin officiel de la chambre syndicale** des typographes de Marseille, qui paraît tous les trois mois, en est à sa vingtième année d'existence; il publie les procès-verbaux des réunions du conseil d'administration et des assemblées générales, le nom des nouveaux membres, des démissionnaires et des radiés, ainsi que les comptes rendus les plus détaillés de toutes les recettes et dépenses. Il semble que *Vivre au grand jour* soit la devise adoptée par les typographes marseillais et il serait difficile de leur démontrer que les prescriptions de la loi du 21 mars 1884 sont une entrave au développement des syndicats, comme on l'a dit souvent.

Le tableau suivant donne les dépenses en indemnités de chômage depuis 1884 :

| ANNÉES. | INDEMNITÉS de CHÔMAGE ordinaire. | EN CAISSE au 31 DÉCEMBRE. | ANNÉES. | INDEMNITÉS de CHÔMAGE ordinaire. | EN CAISSE au 31 DÉCEMBRE. |
|---|---|---|---|---|---|
| | francs. | fr.  c. | | francs. | fr.  c. |
| 1884......... | 168 | 1,411 95 | 1891 ........ | 374 | 8,107 20 |
| 1885......... | 324 | 2,344 25 | 1892 ........ | 18 | 8,806 75 |
| 1886.... .... | 312 | 5,188 80 | 1893 ........ | 177 | 9,420 45 |
| 1887 ........ | 162 | 5,080 63 | 1894 ........ | 502 | 10,044 80 |
| 1888......... | 301 | 6,570 00 | 1895 ........ | 291 | 11,303 70 |
| 1889......... | 192 | 6,936 55 | 1896 ........ | 439 | 11,700 55 |
| 1890 ........ | 156 | 7,355 40 | 1897 ........ | 305 | 12,178 55 |

Le Gutenberg, *groupe amical d'études des arts graphiques.* — Nous avons annoncé plus haut la création, le 2 décembre 1885, d'un Cercle des travailleurs du livre. Lors de sa première assemblée générale, le 2 mai 1886, il comptait 118 adhérents, typographes, lithographes, papetiers, relieurs et graveurs. En 1887, pour éviter de payer l'impôt sur les cercles, réclamé par l'administration, il changea son titre et s'est appelé depuis *le Gutenberg, groupe amical.* La cotisation, 2 fr. 60 par an au début, fut plus tard portée à 6 francs. Il publie un journal humoristique *la Sorte,* dont les bénéfices, augmentés des dons des lecteurs, alimentent une Caisse de secours immédiats en faveur des travailleurs

8.

du livre dans le malheur; au 31 décembre 1897, 3,142 fr. 50 avaient été distribués dans 29 villes différentes.

Le 11 octobre 1891, le *Gutenberg* a introduit dans son règlement les secours en cas de maladie. Lorsqu'un de ses membres a été malade un mois, chaque adhérent verse à son profit une cotisation supplémentaire de 25 centimes; après le deuxième mois de maladie, la cotisation à verser est de 50 centimes, puis de 75 centimes le troisième mois et de un franc le quatrième.

En 1894, il a fondé l'*Œuvre des Dames des typos* de France, qui donne des secours en nature aux veuves et aux orphelins; cette branche a groupé 50 adhérentes.

Le titre adopté, *Étude des arts graphiques*, n'est pas resté un vain mot, car à l'Exposition nationale ouvrière de Rouen, en 1896, la plus haute récompense, l'unique médaille d'or, a été décernée au groupe pour les travaux exécutés par ses membres, pendant qu'il recevait une médaille d'argent à la section d'économie sociale, et que la même récompense était accordée au journal *la Sorte* et à l'*Œuvre des Dames*.

Au 31 décembre 1897, le *Gutenberg* comptait 90 membres; son capital était de 1,583 francs (y compris 1,200 francs formant le fonds de la section facultative d'épargne); celui de l'*Œuvre des Dames* était de 367 fr. 35, et celui du journal, de 1,508 fr. 65.

L'existence de ce groupe, fonctionnant parallèlement au syndicat, n'a pas été sans amener quelques froissements passagers entre les deux administrations; mais, en définitive, si le *Gutenberg* a compté parmi ses membres des typographes non syndiqués, ceux-ci ont subi la contagion de l'exemple de la majorité de leurs collègues et ont fini par se rallier au syndicat. Il y a donc émulation, et non rivalité, entre les deux organisations.

La Société de secours mutuels Saint-Jean-Porte-Latine, par laquelle nous avons commencé cet historique, comptait, en 1897, 51 membres participants et 5 membres honoraires; mais elle avait cessé, depuis trois ans, d'être une association strictement professionnelle et, pour faciliter le recrutement de nouveaux membres, elle reçoit maintenant des ouvriers de toutes les professions.

Son capital s'élevait à 24,038 fr. 87, dont 18,746 fr. 32 au fonds de retraites; elle servait 5 pensions de 120 francs chacune.

## TYPOGRAPHES DE BORDEAUX.

| DATE de FONDATION. | DÉSIGNATION DE L'ASSOCIATION. | DISSOLUTION ou TRANSFORMATION. |
|---|---|---|
| 1834, 1er août..... | Société typographique de bienfaisance ... ............. | 1847. |
| 1838, 22 septembre. | Société philanthro-typographique........ ......... | 1847, 21 août. |
| 1847, 1er novembre. | Société typographique de bienfaisance........ ........ | 1861. |
| 1848............. | Association coopérative, Métreau et Cie ............. | 1867. |
| 1861, 10 décembre.. | Société typographique bordelaise (secours mutuels et caisse de résistance)............................. | 1839. |
| 1870, 15 février.... | Association syndicale des typographes de Bordeaux ..... | ................. |
| 1872, 12 décembre.. | Société coopérative typographique..................... | 1875, janvier. |
| 1879, 1er juillet.... | Société coopérative typographique..................... | 1886. |
| 1892, 1er octobre... | Caisse de chômage............................ | ................. |

**Société typographique de bienfaisance** (1). — La première association des typographes de Bordeaux fut fondée le 1er août 1834, dans le but d'assurer à ses membres des secours en cas de maladie. Contre une cotisation mensuelle de 1 fr. 50, elle assurait un secours journalier de 1 fr. 50 pendant six mois; passé ce délai, le sociétaire recevait encore 3 fr. 50 par semaine. Le nombre de ses adhérents atteignit la centaine dans les premières années, puis il diminua peu à peu par suite de décès et de démissions, au point que, en 1847, il ne restait que 15 membres qui, par on ne sait quel calcul, refusaient même d'admettre de nouveaux adhérents. Finalement, les 15 derniers sociétaires se partagèrent les fonds en caisse, s'élevant à 6,000 francs.

**Société philanthro-typographique** (2). — Une autre société de secours mutuels, fondée le 22 septembre 1838 sous le nom de *Société philanthro-typographique,* se proposait, outre les secours en cas de maladie, de constituer une retraite de 250 francs aux sociétaires incurables ou âgés de quatre-vingts ans.

Elle ne comprit jamais plus de 27 membres et fut dissoute par arrêté préfectoral le 21 août 1847. La cotisation y était de 2 francs par mois, plus un droit d'entrée de 15 francs.

(1) Siège, rue Saint-Sème, 3.
(2) Siège, rue Croix-de-Seguey, 41.

**Société typographique de bienfaisance** (1). — Quelques membres des deux sociétés précédentes reconstituèrent, le 1ᵉʳ novembre 1847, la *Société typographique de bienfaisance* en fixant le droit d'entrée à 3o francs et la cotisation mensuelle à 1 fr. 5o. Les secours en cas de maladie furent de 1 fr. 5o par jour pendant six mois et de 75 centimes ensuite; pourtant si le malade était reconnu incurable par le médecin, le secours était réduit à 5o centimes par jour.

En cas de départ d'un sociétaire pour une autre ville, il lui était remis un secours de 20 francs, pris sur une caisse spéciale.

Cette société fonctionna, sans incidents notables, jusqu'en 1861.

**Association coopérative de typographes**, Métreau et Cⁱᵉ. — En 1848, une demande d'augmentation de salaire, repoussée par les patrons, amena une courte grève terminée par une transaction. L'industrie, peu prospère à cette époque, laissait sans travail un certain nombre de typographes : à la nouvelle de l'ouverture d'un crédit de 3 millions destiné à favoriser les associations ouvrières (5 juillet 1848), une association se forma parmi les chômeurs et elle obtint un prêt de 18,000 francs, qui leur permit d'acquérir l'imprimerie Laplace, rue du Parlement Sainte-Catherine, pour une somme de 15,000 francs. Le Directeur de l'Association, M. Métreau, devint le titulaire du brevet, ce qui le consacrait dans sa fonction pendant toute la durée de la société.

Les débuts de cette association coopérative furent assez prospères; au bout de cinq ans, le bénéfice porté au compte de chacun des 12 associés s'éleva à 1,000 francs, et une somme de 1,5oo francs fut affectée au remboursement de l'emprunt.

Les compositeurs associés gagnaient de 105 à 110 francs par mois; les imprimeurs de 95 à 100 francs; le prote recevait 1,500 francs par an et le directeur 1,600 francs.

Mais quelques-uns d'entre eux trouvèrent bientôt chez les patrons de Bordeaux des emplois plus rémunérateurs et ils donnèrent leur démission; en 1855, l'association n'occupait plus que 5 compositeurs et 3 imprimeurs. D'autres causes encore vinrent empêcher le développement de l'association : les imprimeurs ne voulurent jamais consentir à l'achat de presses mécaniques et, fait plus étrange encore, les compositeurs ne voulurent jamais conserver une seule forme de composition pouvant être utilisée une deuxième fois, soutenant qu'ils avaient le droit de tout

---

(1) Siège, place Pey-Berland.

recomposer, afin de gagner un salaire plus élevé. Dans de telles conditions les bénéfices disparurent vite et la dissolution de l'association
s'imposa. Malgré deux opposants, le tribunal de commerce la prononça
en 1867.

L. directeur, M. Métreau, se rendit acquéreur de l'imprimerie au
prix de 8,000 francs, qui servirent à achever de rembourser le prêt
de l'État et à rendre aux derniers associés le montant de leur action de
100 francs.

**Société typographique bordelaise.** — La *Société typographique de
bienfaisance* se transforma en 1861 et prit, le 10 décembre, le nom de
*Société typographique bordelaise*. A l'imitation de la Société parisienne,
tout en conservant comme but le service des secours en cas de maladie,
elle s'efforça de plus en plus d'intervenir dans les conditions du travail.
Elle établit un tarif de main-d'œuvre et, quoique les patrons eussent refusé
de le signer, son application s'était peu à peu généralisée en 1869, ce
qui attira à la Société l'adhésion de presque tous les typographes. Ce
succès était dû en partie à ce qu'il n'y avait alors, à Bordeaux, que neuf
imprimeries, toutes prospères.

**Association syndicale des typographes** de Bordeaux. — Le 15 février
1870, la Société typographique bordelaise adopta les statuts d'une
Chambre syndicale destinée à fonctionner à côté de la Société de secours
mutuels pour lui permettre de s'occuper plus activement, sans entraves
de la part de l'autorité, de la défense des intérêts professionnels; mais
le personnel était le même et les deux groupes faisaient caisse commune. On lit dans les statuts :

L'Association fera tous ses efforts pour prévenir les grèves générales ou
partielles et dans ce but, elle proposera aux patrons la création d'un tribunal d'arbitrage composé d'un nombre égal de patrons et d'ouvriers (art. 3).

Elle essayera d'obtenir une solution amiable des différends qui surgiront
entre un patron et un ouvrier sur des questions de travail ou de salaire; et si
l'affaire doit être appelée devant le Conseil des prud'hommes, la Caisse syndicale en supportera les frais et allouera au sociétaire, dans le cas où ce différend
le laisserait sans emploi, une subvention de 15 francs par semaine pendant
deux mois (art. 4).

Elle provoquera la formation d'un atelier social et lui viendra en aide autant
que ses ressources le permettront En attendant, une Commission nommée par
l'assemblée générale aura toujours à l'étude cette question (art. 6).

Chaque syndic, à tour de rôle et par ordre alphabétique, préside les séances
de la *Chambre syndicale* composée de sept membres (art. 8), élus pour un an

et renouvelables par moitié tous les six mois (art. 14). Chaque atelier nomme un receveur (art. 13).

La Caisse n'accorde de secours à ses membres que trois mois après leur admission (art. 27).

Tout sociétaire régulièrement employé dans un atelier s'interdit formellement tout travail supplémentaire dans un autre atelier, à moins d'une autorisation spéciale de la Chambre syndicale (art. 31).

En 1871, une occasion se présenta de passer de la théorie à la pratique de la coopération. Le propriétaire du journal *la Tribune* offrit de le vendre à la Société typographique, à des conditions très avantageuses. Le marché allait être conclu quand on s'aperçut que le trésorier avait dilapidé les fonds. Un appel extraordinaire de versements, nécessaire pour assurer les secours aux malades, ne fit qu'augmenter le désarroi et amener des démissions en masse.

L'Association syndicale se sépara alors complètement de la Société de secours mutuels et parvint à ramener à elle le plus grand nombre des anciens adhérents.

**Société coopérative typographique.** — Encouragés par la proposition qui leur avait été faite en 1871, les partisans de la formation d'un atelier social élaborèrent les statuts d'une Société coopérative qui furent adoptés le 12 décembre 1872. Le capital était fixé à 20,000 francs, par actions de 50 francs. Chaque associé n'avait qu'une voix, quel que fût le nombre d'actions souscrites. Tous les typographes, syndiqués ou non, étaient appelés à souscrire.

Les premiers versements se firent le 14 décembre, et 60 ouvriers répondirent à l'appel des fondateurs. Malheureusement, un trésorier infidèle vint encore jeter le découragement dans la jeune association, en détournant la somme de 400 francs, et la plupart des adhérents abandonnèrent le projet. Le petit nombre des membres restés fidèles, après avoir reconnu l'impossibilité de faire de nouvelles recrues, se décida, en janvier 1875, à opérer la liquidation.

Pendant ce temps, l'*Association syndicale* avait fort à faire pour le maintien du tarif dans un certain nombre de petites imprimeries nouvelles qui s'étaient fondées à la suite de la suppression des brevets d'imprimeur et qui, pour soutenir la concurrence qu'elles se faisaient entre elles, employaient de nombreux apprentis et cherchaient à utiliser le travail de la femme à tarif réduit. L'action du syndicat contribua, pour une bonne part, à la disparition de trois de ces établissements.

En 1877, au mois d'avril, il eut à soutenir une grève qui lui coûta 5,000 francs, ayant accordé une indemnité de 5 francs par jour à tous les grévistes jusqu'à ce qu'ils eussent retrouvé du travail. De ce fait, le nombre des adhérents atteignit le chiffre de 200; mais, au bout de quelques mois, le danger étant passé, il n'en restait plus que 45.

Une nouvelle grève partielle, en 1878, pour maintenir le tarif dans l'imprimerie d'un journal, ramena 20 nouveaux membres.

Au mois de juillet 1879, il aida à la formation d'un syndicat d'ouvriers typographes à Libourne. Il avait, depuis plusieurs années déjà, provoqué la création d'une *Union des Chambres syndicales ouvrières* de Bordeaux, qui s'était fait représenter aux Congrès ouvriers de Paris, en 1876 et de Lyon, en 1878. Au Congrès de Marseille, en 1879, deux typographes représentèrent cette Union et y luttèrent contre les théories collectivistes révolutionnaires de la majorité.

Ils y défendirent avec conviction l'idée coopérative et la possibilité de l'épargne ouvrière; ils cherchèrent à combattre certains préjugés économiques courants et on lit dans un de leurs discours : « Une erreur assez répandue est de croire qu'un homme riche est d'autant plus utile à la Société qu'il dépense davantage. Ne serait-il pas plus juste de dire que l'homme qui produit beaucoup et qui consomme peu, est réellement l'homme utile; tandis que celui qui consomme beaucoup et pour le service duquel un certain nombre d'autres s'emploient, est un être tout à fait inutile, et qui devient par la suite un être nuisible, puisqu'il absor       pour lui seul des forces qui devraient être au service général de la Société. Pour moi, l'avare même est préférable au prodigue (1). »

En 1880, l'imprimeur d'un journal de nuit ayant refusé de payer la *gratification* habituelle pour le travail de nuit, le Syndicat intervint, ne fut pas écouté, et la grève fut déclarée. Quelques ouvriers acceptèrent les conditions du patron, ce qui amena l'échec de la grève, qui coûta 2,000 francs au Syndicat. Toutefois, son intervention lui attira la sympathie de ceux qui étaient restés jusqu'alors indifférents et il compta bientôt 150 membres.

Lors de la fondation de la Fédération française des travailleurs du livre, en septembre 1881, l'Association syndicale des typographes de Bordeaux fut une des premières à y adhérer. L'idée d'un *bureau central de renseignements* avait déjà été émise dans un des banquets annuels

---

(1) Séances du Congrès ouvrier socialiste de Marseille, page 766.

do la Société typographique parisienne, par un délégué de Bordeaux. En 1882, nouveau conflit dans un journal, toujours pour le prix des heures de nuit. 13 ouvriers syndiqués reçurent de la Fédération l'indemnité de grève de 3 fr. 50 par jour, et le Syndicat y ajouta 1 fr. 50 pour faire la somme de 5 francs qui avait été accordée dans les grèves précédentes. Il accorda, de plus, la même indemnité à 7 ouvriers non syndiqués qui avaient fait cause commune avec les grévistes.

En 1883, le Syndicat prit une part active à l'organisation du Congrès de l'Union des Chambres syndicales ouvrières de France qui se tint à Bordeaux; mais le courant collectiviste l'emportait alors sur l'élément coopérateur ou simplement syndical, ce Congrès ne réunit qu'un très petit nombre de membres et l'Union susdite renonça depuis à provoquer d'autres Congrès.

**Société anonyme coopérative typographique bordelaise.** — Depuis le 1er juillet 1879, un petit groupe de syndiqués avait recommencé à faire des versements pour réunir le capital nécessaire à la création d'une imprimerie coopérative. D'après les statuts, modifiés le 18 août 1884, le capital devait être de 30,000 francs, divisé en 600 actions de 50 francs, réalisé par des versements hebdomadaires de 50 centimes au minimum. Chaque adhérent devait faire partie de la Fédération typographique, et, comme pour la tentative de 1872, le siège de la Société était au siège même du Syndicat.

Des démissions successives, nécessitant des remboursements, provoquèrent le découragement; on crut qu'on n'arriverait jamais à réunir le capital fixé et on opéra la liquidation en 1886. Une petite somme fut laissée au Syndicat pour l'exciter à reprendre la réalisation de l'idée, en temps opportun. — C'est ce qu'il fit dès 1887, pour la dernière fois; il ne put trouver un noyau suffisant de coopérateurs décidés.

Il fut plus heureux pour l'augmentation du nombre de ses membres; à la suite de deux réunions générales corporatives, destinées à la propagande, l'effectif du syndicat atteignit, en 1888, le chiffre de 220 adhérents.

La *Société typographique bordelaise* (secours mutuels) avait continué à vivre à côté du Syndicat depuis 1871, mais elle était allée en s'affaiblissant de jour en jour et elle ne comptait plus que 19 membres en 1889; comme elle était *approuvée,* l'Administration préfectorale la mit en demeure de se dissoudre ou de recruter de nouveaux adhérents.

L'*Association syndicale* tenta de relever la Société de secours mutuels et la plupart de ses membres étaient disposés à donner leur adhésion, mais quelques-uns exigèrent l'exclusion des syndiqués âgés ou d'une faible santé. Les administrateurs du Syndicat reculèrent devant cette mesure qui aurait jeté le plus grand trouble dans le syndicat, car les membres âgés ou de faible santé pouvaient être quand même de bons syndiqués et de bons défenseurs des intérêts professionnels, et la vieille *Société typographique bordelaise* fut dissoute. Ses 19 membres se partagèrent les fonds en caisse, et une somme de 1,900 francs, versée à la Caisse des dépôts et consignations, servit à constituer une petite rente au plus âgé.

En 1890, la fête professionnelle, la Saint-Jean-Porte-Latine, fut célébrée avec un éclat exceptionnel; toute la profession y fut invitée et de nombreux patrons y assistèrent. Ce fut même à cette occasion que surgit l'idée, parmi ces derniers, de créer une chambre syndicale de patrons, afin de faciliter les relations avec le syndicat ouvrier; cette chambre syndicale fut définitivement fondée en 1892.

Au mois de novembre 1890, l'imprimeur de la *France* ayant supprimé la *gratification* du travail de nuit, exigé que les compositeurs revinssent à dix ou onze heures du soir à l'imprimerie sans que le travail leur fût assuré, et remplacé quelques ouvriers par des apprentis, le syndicat lui envoya une délégation qu'il refusa de recevoir. La grève fut déclarée. Les 20 grévistes furent remplacés par 10 sarrasins et 10 femmes. Ils reçurent l'indemnité prévue par la Fédération jusqu'à ce qu'ils eussent retrouvé du travail; la dépense s'éleva à 2,200 francs.

Le 7 janvier 1892, l'*Association syndicale* modifia ses statuts; il n'y est plus question de la fondation d'un atelier social; cet article est remplacé par la caisse de chômage.

Les apprentis sont admis à faire partie de l'Association en qualité de pupilles, jusqu'à l'âge de dix-huit ans (art. 43).

On retrouve, dans les statuts, les anciennes dispositions sur les receveurs d'atelier, sur l'arbitrage, sur l'appui accordé aux sociétaires en justice, l'interdiction de tout cumul d'emploi. L'Association est gérée par un comité de treize membres, syndiqués depuis six mois au moins, qui nomme son président et ses autres fonctionnaires. On y voit la préoccupation de veiller à ce que les enfants fassent un apprentissage sérieux et « il est formellement interdit à un sociétaire de faire faire sa *distribution* par un apprenti ».

**Caisse de chômage.** — Quelques extraits des statuts de la Caisse de chômage, tels qu'ils furent appliqués à partir du 1er octobre 1892, suffiront à en expliquer le fonctionnement :

ART. 2. — La Caisse de chômage a pour but de venir en aide à tous les membres du Syndicat qui seront sans travail depuis une semaine au moins.

ART. 3. — La Caisse de chômage est administrée par une Commission composée d'autant de membres qu'il y a d'ateliers possédant au moins cinq syndiqués.

ART. 6. — Pour être admis aux droits de la Caisse, il faut appartenir au syndicat depuis un an.

ART. 7. — Tout sociétaire qui quitterait volontairement un atelier sans raison majeure ou serait renvoyé pour inconduite, incapacité ou entrave dans les travaux de l'établissement, n'a aucun droit à l'indemnité de chômage.

ART. 8. — Tout sociétaire qui sera remercié d'un atelier pour manque absolu de travail, suppression d'une maison ou d'un journal, ou enfin toutes autres causes que celles relatées à l'article 7, sera considéré en état de chômage.

Les cas de grève et de maladie ne sont pas considérés comme chômage.

ART. 9. — Les fonds de la Caisse se composent :

1° De 15 centimes prélevés sur la cotisation hebdomadaire de la Chambre syndicale; 2° des dons, legs et subventions; 3° du produit des fêtes, bals, tombolas, etc.

ART. 13. — La caisse du syndicat et celle de la Caisse de chômage sont en tous points distinctes. Il ne pourra jamais être fait de virement de fonds au profit de l'une d'elles.

ART. 14. — Les versements seront effectués hebdomadairement entre les mains des receveurs déjà existants dans les ateliers, en même temps que la cotisation du syndicat qui se trouve, par le fait, portée de 35 à 50 centimes.

ART. 16. — Tout sociétaire ayant justifié de ses droits recevra une indemnité de 15 francs par semaine pendant six semaines par an, soit additionnelles, soit consécutives. L'indemnité ne sera allouée qu'à partir du premier jour de la deuxième semaine.

ART. 17. — Quand un sociétaire en chômage sera appelé à faire des remplacements, donner un coup de main ou tout autre travail dûment constaté, dont le produit dépasserait 15 francs par semaine, aucune indemnité ne lui serait allouée, mais il ne perdrait pas ses droits de chômeur.

Si le fruit de son travail n'atteignait pas 15 francs, le complément de cette somme lui serait parfait.

ART. 18. — Le sociétaire quittant Bordeaux en état de chômage et n'ayant pas touché l'indemnité des six semaines recevra 15 francs à titre de secours de route.

ART. 22. — Tout sociétaire en chômage devra immédiatement se présenter au siège du syndicat et se faire inscrire sur un registre qui sera tenu à l'effet d'assurer le placement par ordre de date et sans préférence aucune, au fur et à mesure des vacances qui se produiront dans les maisons.

ART. 24. — Tous les matins, de 9 à 10 heures, chaque chômeur devra venir signer, au siège syndical, la feuille de chômage. Faute par lui de se conformer à cette prescription, il perdrait la somme du jour qu'il n'aurait pas signé.

ART. 25. — Tout chômeur devra toujours faire son possible pour trouver du travail.

ART. 26. — Il devra accepter du travail partout où il lui en sera procuré par le Syndicat, à moins d'un déplacement trop onéreux pour un soutien de famille, ou toute raison majeure qui serait reconnue valable par la Commission de la Caisse de chômage.

ART. 30. — La dissolution de la Caisse de chômage ne pourra être prononcée qu'en assemblée générale et à la majorité absolue des membres présents, qui devront être au moins les trois quarts des inscrits sur les contrôles du syndicat.

ART. 31. — La Caisse de chômage ne commencera à distribuer les secours que six mois après la mise en vigueur du présent règlement.

En vertu de ce dernier article, les secours de chômage commencèrent à être distribués à partir du 1ᵉʳ avril 1893; ils ont nécessité, pendant les cinq premières années, les dépenses suivantes :

| ANNÉES. | NOMBRE de chômeurs. | SOMMES VERSÉES. |
|---------|---------------------|-----------------|
|         |                     | fr.    c.       |
| 1893.................... | 4  | 181 50   |
| 1894.................... | 15 | 847 50   |
| 1895.................... | 8  | 389 20   |
| 1896.................... | 13 | 701 00   |
| 1897..... ............... | 22 | 1,400 25 |

Soit une dépense de 3,520 fr. 45. La Caisse de chômage possédait, au 1ᵉʳ janvier 1898, un capital de 8,880 fr. 35.

Le Syndicat organise chaque année deux fêtes, l'une en été, l'autre en hiver, au bénéfice de la Caisse de chômage.

L'accroissement du capital en caisse a engagé l'Association syndicale des typographes de Bordeaux à étendre les secours au chômage par maladie. Les statuts ont été revisés à cet effet le 11 décembre 1897, pour être mis en vigueur à partir du 1ᵉʳ février 1898.

Le syndiqué qui serait reconnu atteint d'une maladie chronique l'obligeant à chômer tous les ans un laps de temps plus ou moins long ne bénéficiera de l'indemnité que s'il fait partie de l'association depuis dix ans au moins (art. 7).

L'indemnité sera allouée : aux chômeurs pour cause de manque de travail, à partir du premier jour de la première semaine, mais après six jours de chômage consécutifs; au chômeur pour cause de maladie, à partir du septième jour, mais après douze jours consécutifs de cessation de travail (art. 17).

**Tarif de 1895.** — Quelque temps après la formation du Syndicat patronal, en 1895, le Syndicat ouvrier lui proposa l'élaboration en commun d'un tarif qui consacrât, d'une manière formelle, les prix et les usages établis dans les imprimeries de la ville. La proposition fut acceptée et, après de longues négociations, le nouveau tarif fut adopté en 1894 pour être appliqué à partir du 1er janvier 1895. On y relève les articles suivants :

ART. 51. — Le prix de la journée de *conscience* sera traité de gré à gré, mais ne pourra être inférieur à 5 fr. 50 pour dix heures de travail.

ART. 52. — Il est alloué une *gratification* fixée ainsi qu'il suit pour le travail supplémentaire de nuit, du dimanche et des fêtes reconnues :

1° La *gratification* du dimanche et des jours de fête est payée 25 p. 100 en plus du prix de l'heure, pour la durée de la journée (dix heures) seulement;

2° Celle de nuit, qui commence à partir de la onzième heure de travail, 25 p. 100 du prix de l'heure jusqu'à minuit et 50 p. 100 pour les heures suivantes;

3° Quand le travail de nuit s'est prolongé jusqu'au matin, la *gratification*, en toute saison, est due jusqu'à l'heure où la *conscience* commence sa journée;

4° Lorsqu'un ouvrier est commandé pour un travail extraordinaire et qu'il attend soit après la copie, soit après la distribution, sans recevoir l'ordre de s'occuper à d'autres travaux, son temps lui est payé à raison de 55 centimes l'heure, indépendamment de la *gratification* ci-dessus spécifiée.

ART. 53. — Tout *journaliste* s'interdit formellement, après sa journée terminée, de travailler aux ouvrages dits de ville. Par réciprocité, les hommes de *conscience* prennent le même engagement vis-à-vis des *journalistes*.

Tout ouvrier *en pied* s'interdit aussi de travailler dans un atelier autre que celui auquel il appartient, à moins que le Syndicat n'ait pu satisfaire à la demande qui lui aurait été adressée par le patron.

ART. 72. — En ce qui concerne le payement de la main-d'œuvre, le règlement des comptes sera hebdomadaire et la *banque* aura lieu le samedi, sur la présentation du bordereau de la semaine écoulée.

ART. 70. — Tout différend qui s'élèvera entre patrons et ouvriers sera porté devant une Commission mixte de patrons et d'ouvriers.

**Apprentissage.** — Un règlement sur l'apprentissage, adopté par la Chambre syndicale patronale, le 24 juillet 1894, et dont nous reproduisons les dispositions essentielles, est annexé au tarif :

La durée de l'apprentissage est fixée à quatre années consécutives, durant lesquelles les apprentis sont successivement occupés à tous les travaux de la profession, en tenant compte de leurs aptitudes et des progrès réalisés. La journée de travail est fixée à dix heures comme celle des ouvriers (art 2).

La rémunération des apprentis est ainsi fixée : première année, facultative; deuxième année, o fr. 50 par jour; troisième année, 1 franc par jour; quatrième année, premier semestre, 1 fr. 75 par jour; deuxième semestre, 2 fr. 25 par jour (art. 4).

Le patron ne pourra jamais donner moins que ce qui est fixé à l'article précédent, mais il lui sera loisible, suivant les services rendus par l'apprenti et ses connaissances acquises, de le rémunérer plus avantageusement; toutefois, ce surplus de paye sera déposé par le patron à la caisse d'épargne, sur un livret au nom de l'apprenti. Ce livret restera dans les mains du patron, et ne sera remis à l'intéressé qu'à la fin de son apprentissage (art. 5).

Les apprentis qui quitteront leur patron avant l'expiration de leurs années d'apprentissage ne pourront être admis dans les maisons faisant partie de la Chambre syndicale des patrons imprimeurs de Bordeaux qu'en perdant les avantages du temps déjà fait; ils devront la totalité du temps exigé pour l'apprentissage (art. 6).

A la fin de l'apprentissage, le patron délivrera à l'apprenti un certificat constatant qu'il a rempli ses engagements et qu'il est bien préparé pour obtenir son diplôme. L'apprenti devra, dans le mois qui suivra, passer un examen de sa profession devant une commission composée de patrons de sa corporation faisant partie de la Chambre syndicale, et devant laquelle il démontrera ses capacités professionnelles. S'il remplit les conditions voulues, la commission lui délivrera un diplôme d'ouvrier; si, au contraire, la commission juge qu'un complément d'études est nécessaire, elle pourra exiger dans les six mois un deuxième examen, à moins que le candidat ne renonce de lui-même à l'obtention du diplôme (art. 10).

A partir du jour où le patron lui aura délivré le certificat mentionné à l'article 10, l'apprenti, considéré comme ouvrier, travaillera aux conditions des tarifs ou usages des prix de journée ou de pièces, lors même qu'il ne posséderait pas encore son diplôme (art. 11).

L'application du nouveau tarif ne donna lieu qu'à un petit conflit, à la fin de 1895, où quelques ouvriers de la maison Gagnebin, auxquels on refusait le prix porté à ce tarif, firent mise-bas; les indemnités servies par la Fédération aux grévistes s'élevèrent à 382 fr. 50, soit

109 jours de chômage en tout. Il n'y a plus eu, depuis, d'autres difficultés.

La situation du Syndicat a toujours été très prospère; il comptait 230 membres au 1er janvier 1898 et possédait, indépendamment de la Caisse de chômage, un capital de 10,002 fr. 55.

Préoccupé de faire servir la force syndicale à la défense des intérêts strictement professionnels, le Syndicat a introduit, le 11 décembre 1897, l'article suivant dans ses statuts :

Encourt l'exclusion de l'Association syndicale :

. . . . . . . Le syndiqué qui emploierait le titre de l'Association pour servir une polémique ou signer des actes, articles, affiches, circulaires, quels qu'ils soient, sans autorisation du Comité.

# FÉDÉRATION FRANÇAISE DES TRAVAILLEURS DU LIVRE.

1881. — 1ᵉʳ Congrès : Paris, du 30 août au 2 septembre.
1883. — 2ᵉ Congrès : Paris, du 23 au 25 août.
1885. — 3ᵉ Congrès : Paris, du 23 au 26 septembre.
1887. — 4ᵉ Congrès : Paris, du 14 au 17 septembre.
1889. — 5ᵉ Congrès : Paris, du 15 au 18 juillet.
1892. — 6ᵉ Congrès : Paris, du 27 au 30 juillet.
1895. — 7ᵉ Congrès : Marseille, du 9 au 15 septembre.

**Agrégation typographique.** — Nous avons signalé, dans l'historique des associations professionnelles des typographes de Paris, la tentative, faite en 1861 par le président de la Société de secours mutuels, de créer une *Alliance des sociétés de secours mutuels de l'imprimerie française*, d'augmenter le nombre de ces sociétés en en établissant dans tous les chefs-lieux de départements et les autres villes de quelque importance. Le plan comprenait 483 villes, réparties en 15 régions.

Les membres *agrégés* auraient pu passer d'une société dans l'autre suivant les nécessités du travail, en conservant tous leurs droits; l'obstacle qui éloigne des sociétés de secours mutuels les jeunes gens et les ouvriers exposés à des déplacements aurait été ainsi écarté; et de plus, des secours de route réguliers auraient été alloués à tous les typographes munis d'un livret ou d'une feuille de l'*agrégation*.

Ce plan ne reçut qu'un commencement d'exécution; mais des relations s'étaient établies entre Paris et les sociétés anciennes et nouvelles des départements et elles se perpétuèrent surtout sous la forme d'invitations réciproques aux banquets annuels. Cet échange de bons procédés avait même lieu parfois entre les sociétés françaises et les sociétés de typographes des autres pays.

Il faut noter que quelques-unes de ces sociétés étaient déjà très anciennes et que les chambres syndicales qui les ont continuées font remonter leur origine, celle de Nantes, à 1833; celle d'Angers, à 1834; celle de Paris, à 1839; celles de Bordeaux, de Lille, et de Lyon, à 1861, etc.

Il fallut pourtant un désastre professionnel pour exciter ces divers groupements à resserrer plus étroitement les liens qui les unissaient.

Pour obtenir un relèvement de leur tarif, les typographes parisiens eurent recours à la grève en 1878, et cette grève, qui leur coûta 244,000 francs, les obligea de recourir à la bourse de leurs confrères, après qu'ils eurent épuisé la leur. Malgré tout l'argent dépensé, la bataille se termina par une défaite (1) qui eut un retentissement immense dans toute la typographie ouvrière française.

La Société des ouvriers typographes du Mans fut la première à suggérer l'idée d'une Fédération professionnelle s'étendant à toute la France, afin de constituer une force sérieuse pour les luttes futures et de faciliter la coordination des efforts. Les typographes parisiens étaient, naturellement, disposés à bien accueillir une pareille ouverture et ils acceptèrent de grand cœur la tâche de jeter les bases de la nouvelle organisation proposée. Le projet de statuts élaboré par la commission d'études nommée par la Société typographique parisienne fut envoyé à toutes les sociétés connues de typographes; trente d'entre elles adhérèrent à la proposition de fédération en soumettant, pour la plupart, quelques modifications aux statuts. Les principaux amendements furent annexés au projet destiné à être soumis à un Congrès.

**Premier Congrès, 1881 (2).** — Le premier Congrès typographique se réunit à Paris, salle de la Redoute, rue Jean-Jacques-Rousseau, du 30 août au 2 septembre 1881. Il comprenait 20 délégués, en comptant ceux de Bruxelles, Genève et Milan; les Sociétés d'Avignon, Dijon, Grenoble, le Havre, Lyon, Marseille, Nancy, Nevers, Rouen, Paris compositeurs, Paris relieurs, Paris imprimeurs-conducteurs et Paris clicheurs, avec un effectif total de 3,679 membres dans lequel les typographes parisiens entraient pour 2,564, étaient représentées directement par 17 délégués. D'autres villes avaient confié le soin de les représenter à des membres du syndicat de Paris.

Les séances du Congrès furent entièrement consacrées à la discussion des statuts de la *Fédération typographique française et des industries similaires,* tel fut le titre adopté.

En voici les principaux articles :

ART. 1ᵉʳ. — La Fédération de la typographie française et des industries similaires, dont le siège est fixé, jusqu'au 31 juillet 1883, à Paris, a pour but :

---

(1) L'augmentation de o fr. 05 par heure, accordée par les patrons avant la grève, a été maintenue après; mais les ouvriers demandaient o fr. 10.

(2) *La Typographie française,* 16 septembre et 25 octobre 1881.

1° De resserrer les liens de fraternité et de solidarité qui existent déjà dans la grande famille typographique française;

2° De maintenir ou améliorer les prix de main-d'œuvre en se prêtant un mutuel appui tant moral que financier;

3° D'établir un tarif aussi uniforme que possible pour toute la France, afin d'éviter l'émigration du travail d'une ville à une autre, émigration produite par les énormes différences des tarifs existants;

4° De relever le niveau de l'art par une limitation raisonnable du nombre des apprentis, c'est-à-dire un apprenti au maximum pour dix ouvriers; d'exiger qu'ils aient au moins douze ans et qu'ils aient obtenu leur certificat d'études; de veiller à ce que leur éducation typographique soit sérieusement dirigée, pour les mettre à même de vivre de leur salaire après leur apprentissage;

5° De constituer une solidarité entre toutes les sociétés typographiques françaises et étrangères, afin que le sociétaire trouve aide et protection dans toutes les sections de la Fédération. (Paris étant essentiellement une ville de séjour où les typographes se rendent de toutes parts, le *viaticum* ne saurait y être établi.) Par contre, le *viaticum* ne sera accordé dans les sections provinciales qu'au fédéré parfaitement en règle avec sa dernière section. Toutefois, ce droit ne pourra lui être accordé deux fois dans la même année;

6° De rechercher les moyens d'augmenter les sociétés de production, en créant des associations coopératives typographiques;

7° D'arriver à créer une caisse centrale de secours mutuels pour toute la Fédération, et, subsidiairement, des caisses de retraite et d'invalides;

8° De s'opposer, par tous les moyens légaux, au travail de la femme dans la composition.

ART. 2. — La Fédération de la typographie française et des industries similaires se compose de toutes les sociétés et chambres syndicales existantes ou qui viendraient à se fonder, qui adhéreront aux présents statuts; à Paris et à Lyon, où la typographie est divisée en diverses catégories, formant chacune une société, toutes les branches sont appelées à faire partie de la Fédération.

ART. 3. — Chaque section conserve son autonomie; toutefois, ses statuts ne pourront être en contradiction avec ceux de la Fédération.

Quand un sociétaire non en règle avec la section qu'il vient de quitter arrivera dans une autre section, il ne pourra être reçu qu'en prenant l'engagement de payer son arriéré dans la section où il entre. Cette section fera parvenir l'arriéré à la section à laquelle il est dû.

ART. 5. — La Fédération ne reconnaît, en province, qu'une seule section par ville; à Paris et à Lyon qu'une seule section par branche de la corporation, c'est-à-dire une section de compositeurs, de conducteurs-mécaniciens, d'imprimeurs à la presse à bras, de fondeurs, de clicheurs, de relieurs, de correcteurs et de lithographes.

ART. 6. — En cas de dissentiment dans une section entre les patrons et les ouvriers pour une question de tarif, le Comité central devra être avisé et renseigné sur la situation par le comité de la section. Après avoir examiné la question dans le plus bref délai, le Comité central décidera et avisera immédiatement toutes les sections de sa décision. Le Comité central pourra déléguer un de ses membres qui fera partie du comité directeur de la grève au même titre que ses autres membres.

Dans les cas urgents, demandant une action prompte et énergique, comme une tentative d'abaissement du salaire par les patrons, le comité de section pourra déclarer la *mise-bas*. Il en avisera immédiatement le Comité central qui prendra les mesures nécessaires.

Aucune grève ne pourra être déclarée avant que tous les moyens de conciliation aient été épuisés.

Toutes les branches de la typographie seront solidaires en cas de grève partielle ou générale dans une section.

ART. 7. — Le siège du Comité central est désigné pour deux ans par le vote des sections et à la majorité absolue; la même ville pourra être choisie à nouveau. — La section centrale nomme, tous les ans, le Comité central, qui sera composé d'un président, un trésorier, trois secrétaires et cinq assesseurs. Le Comité choisit lui-même ses fonctionnaires, dont il est responsable. Les membres sortants sont rééligibles. Toutefois, le Comité ne pourra élire deux années consécutives le même président.

ART. 10. — Les attributions du Comité central sont : . . . . . . . . . . . . . . . . .

2° De faire tout son possible, soit par circulaires, soit par délégations, pour créer de nouvelles sections dans les centres qui en sont encore dépourvus;

3° De servir d'arbitre, au besoin, entre les ouvriers et les patrons d'une section, afin d'éviter les grèves, autant que possible; de surveiller les contrats d'apprentissage d'accord avec les Conseils de prud'hommes, et, en l'absence de ces Conseils, avec des membres du Conseil municipal; de soutenir, selon les besoins des localités, les demandes d'augmentation de salaire ou les diminutions d'heures de travail;

4° De fixer la date et l'ordre du jour des assemblées générales. L'ordre du jour devra être publié au moins un mois à l'avance, dans l'organe de la Fédération.

ART. 11. — Le trésorier dresse un bilan semestriel qui est publié dans le journal et soumis aux sections.

ART. 12. — Une assemblée générale ordinaire des membres de la Fédération aura lieu tous les deux ans, au siège du Comité central sortant de charge, dans le courant du mois d'août.

ART. 14. — Chaque section nommera pour la représenter aux assemblées générales un délégué qui sera muni d'un mandat en règle.

Les sections pourront se faire représenter par *un de leurs anciens membres* travaillant dans la section centrale, et spécialement mandaté à cet effet.

Art. 18. — Toute proposition émanant d'une section ou d'un sociétaire isolé devra, pour être soumise à l'assemblée générale, parvenir au Comité central en temps utile pour qu'il puisse la faire figurer à l'ordre du jour publié par le journal.

Toute proposition présentée directement à l'Assemblée générale sera, si elle est prise en considération, soumise à la discussion et au vote des sections, qui feront parvenir leur avis au Comité central.

Art. 19. — La cotisation pour chaque sociétaire est de o fr. 35 par mois, que les sections feront parvenir directement, chaque trimestre, au trésorier du Comité central.

Le produit de cette cotisation est destiné aux impressions, frais généraux, de poste, de délégation, de *viaticum* pour les fédérés, de service du journal pour tous les membres de la Fédération, etc.; il servira, en outre, en cas de grève, au premier envoi de secours, en attendant que le Comité central ait pris les mesures nécessaires pour le succès de la grève.

Le *viaticum*, avancé par les sections, sera réparti, chaque semestre, proportionnellement au nombre de sociétaires de chaque section. Si, à la fin d'un exercice, il y avait un excédent, cet excédent ne pourrait jamais servir de prétexte à une diminution de cotisation et formerait le fonds de caisse ou l'augmenterait.

Le Comité central est chargé de l'étude des moyens d'application du *viaticum*.

Art. 20. — La Fédération de la typographie française créera et entretiendra un organe chargé de soutenir les droits et les intérêts de tous.

Il prendra pour titre : LA TYPOGRAPHIE FRANÇAISE, *organe officiel de la Fédération des ouvriers typographes et des industries similaires.*

L'indemnité à allouer au secrétaire de la rédaction sera fixée par l'assemblée générale.

Art. 21. — L'abonnement est obligatoire pour tous les membres de la Fédération. Le prix de l'abonnement est compris dans la cotisation fixée à l'article 19.

Art. 22. — Pour conserver la liberté d'action du journal, aucune annonce payante ne sera acceptée.

Art. 23. — L'organe de la Fédération, sauf le cas de force majeure, sera exécuté dans une imprimerie coopérative.

Art. 25. — La Fédération ne pourra être dissoute qu'après un vote affirmatif des trois quarts des sections adhérentes et des membres qui les composent, réunis en assemblée générale, convoquée à cet effet.

Les sommes qui pourraient se trouver en caisse serviront à la continuation du journal jusqu'à complet épuisement. Après l'épuisement des fonds, l'organe pourra être continué par la Chambre syndicale typographique parisienne.

ART. 26. — Les présents statuts entreront en vigueur le 1er octobre 1881. L'année sociale finira le 31 juillet; les comptes devront être arrêtés à cette date.

ART. 27. — Le Comité central ne pourra, en aucun cas, engager la Fédération dans une association ou fédération quelconque sans un vote des sections réunissant les deux tiers des voix.

**La présidence.** — La discussion la plus vive porta sur l'article relatif à la présidence. La commission d'études l'avait prévue, car elle disait dans son rapport :

Il ne faut pas confondre des réunions éphémères, pour arriver à tel ou tel but passager, avec un Comité central, qui doit poursuivre longtemps une idée, un but à atteindre, et, par conséquent, avoir de la stabilité. Il faut que l'on sache à qui s'adresser pour envoyer une dépêche pressée; un renseignement précis à demander qui, quelquefois, peut nécessiter une convocation urgente.

Ne jouons pas sur les mots; si vous supprimez le président, vous créez tout de même le président sous un autre titre. C'est le secrétaire qui le sera et en aura la prépondérance. Vous aurez un président occulte au lieu d'un président découvert; c'est tout ce qu'on y gagnera. Dans tout comité où la présidence est à tour de rôle ou à l'élection à chaque assemblée, qui dresse l'ordre du jour? Le secrétaire. C'est donc un changement de nom pour une simple satisfaction accordée aux idées du jour, mais ne modifiant rien dans le fond.

Plusieurs délégués n'en persistèrent pas moins à demander la suppression de la présidence, déclarant cette fonction inutile, dangereuse, reste de fétichisme rappelant le régime disparu de la monarchie. L'un, surtout, affirma qu'un président ne pouvait être qu'un dictateur, et rappela qu'en province, quelques années auparavant, on ne parlait jamais du comité de la Société typographique parisienne, mais seulement de Baraguet (son président).

L'article relatif à la présidence fut néanmoins voté par les délégués de 13 sections contre 4.

**Représentation proportionnelle.** — Une proposition tendant à ce que, dans les assemblées générales, le nombre des délégués fût proportionnel à celui des membres représentés, afin que les grandes sections ne fussent pas dominées par les petites, fut repoussée par la raison qu'un délégué ne représente pas un nombre de sociétaires, mais une collectivité.

**Admission des femmes.** — Plusieurs délégués se montrèrent partisans de l'admission, dans la Fédération, des femmes travaillant à tarif (ou salaire) égal à celui des hommes. L'introduction de la femme dans l'imprimerie fut combattue tant au point de vue moral qu'au point de vue hygiénique. « Au surplus, dit un délégué, jamais les patrons n'ont eu l'intention de faire de la femme une ouvrière, elle n'a jamais été pour eux qu'un instrument de combat contre nos revendications légitimes. »

Au moment du vote, l'admission de la femme dans les syndicats de typographes ne trouva plus qu'un seul défenseur, le délégué de Rouen, ville où il n'y avait jamais eu de femmes dans les imprimeries.

Au moment de clôturer le Congrès, le président de la Société parisienne remercia les délégués d'avoir créé la Fédération et termina par ces mots : « N'oubliez pas que, pour nous, le syndicat est *tout*, qu'il est le pivot sur lequel *tout* doit reposer, et que, sans lui attribuer le pouvoir ou le devoir de tout faire, nul ne saurait se dispenser d'en faire partie, sous aucun prétexte. On peut être de toutes les associations, de tous les groupes, mais on doit *avant tout* faire partie de la chambre syndicale de la corporation à laquelle on appartient. »

La séance fut levée aux cris de : « Vive la Fédération typographique européenne ! »

Le 16 septembre 1881, parut le premier numéro de la *Typographie française*, consacré entièrement au compte rendu du Congrès.

Le 20 octobre, le Comité central de la Fédération, nommé par la Chambre syndicale de Paris, tint sa première séance.

Le tableau ci-dessous donne la situation de la Fédération au 1er novembre 1882; les 20 premières sections avaient adhéré dès le début :

| NUMÉROS DES SECTIONS. | VILLES. | NOMBRE de MEMBRES. | NUMÉROS DES SECTIONS. | VILLES. | NOMBRE de MEMBRES. |
|---|---|---|---|---|---|
| 1 | Angers.................. | 82 | » | Langres................. | 20 |
| 2 | Avignon ................ | 47 | » | Lons-le-Saulnier.......... | 23 |
| 3 | Besançon................ | 70 | » | Salins .................. | 3 |
| 4 | Béziers.................. | 20 | 10 | Grenoble................ | 62 |
| 5 | Bordeaux, Pons.......... | 150 | 11 | Le Havre, Fécamp........ | 145 |
| 6 | Brest, Morlaix, Quimper ... | 30 | 12 | Le Mans................ | 70 |
| 7 | Charleville-Mézières........ | 75 | 13 | Lille .................. | 127 |
| 8 | Constantine.............. | 45 | 14 | Lyon.................. | 250 |
| 9 | Dijon .................. | 106 | » | Beaune ................ | 5 |
| » | Dôle .................. | 25 | » | Bourg ................ | 27 |
| » | Gray .................. | 5 | » | Chalon-sur-Saône ........ | 30 |

| NUMÉROS DES SECTIONS. | VILLES. | NOMBRE de MEMBRES. | NUMÉROS DES SECTIONS. | VILLES. | NOMBRE de MEMBRES. |
|---|---|---|---|---|---|
| . | Mâcon.................. | 0 | 25 | Troyes.................. | 31 |
| . | Saint-Étienne............. | 35 | 26 | Valence................. | 23 |
| . | Villefranche............. | 5 | 27 | Auxerre, Tonnerre......... | 56 |
| 15 | Marseille............... | 175 | 28 | Bourges................. | 41 |
| 16 | Montpellier.............. | 119 | 29 | Clermont-Ferrand.......... | 47 |
| 17 | Nancy.................. | 75 | 30 | Saint-Nazaire............. | 8 |
| 18 | Nevers................. | 35 | 31 | Creil.................. | 15 |
| 19 | Nice.................. | 81 | 32 | Laigle................. | 21 |
| 20 | Nîmes................. | 60 | 33 | Cette.................. | 10 |
| 21 | Paris, compositeurs........ | 2651 | 34 | Argentan............... | 15 |
| . | Paris, fondeurs-typographes.. | 105 | 35 | Gap.................... | 15 |
| . | Paris, imprimeurs - conduc- | | 36 | Rochefort-sur-Mer.......... | 28 |
| | teurs................. | 81 | 37 | Bar-le-Duc.............. | 37 |
| . | Paris, relieurs-doreurs...... | 15 | 38 | Libourne............... | . |
| . | Paris, stéréotypeurs-galvano- | | 39 | Reims................. | 67 |
| | plastes................ | 95 | 40 | Chambéry............... | 23 |
| 22 | Rouen................. | 130 | 41 | Foix.................. | 18 |
| . | Elbeuf................ | 25 | 42 | Limoges................ | 81 |
| . | Évreux................ | 20 | 43 | Montauban.............. | 50 |
| . | Mantes................ | 5 | . | Amiens................ | 75 |
| 23 | Saint-Brieuc............. | 20 | 44 | Bône................. | 19 |
| 24 | Sens.................. | 12 | | | |

Au bout d'un an, les typographes fédérés étaient donc au nombre de 5,946.

Une des premières questions dont le Comité central eut à s'occuper concerna sa participation aux conférences contradictoires organisées par l'*Union des Chambres syndicales ouvrières* de France avec les Chambres syndicales patronales de Paris.

Il pensa qu'il ne lui appartenait pas d'entrer dans aucun groupe qui n'eût pas un caractère exclusivement typographique, les sections fédérées étant libres de s'affilier à tel ou tel groupe, sous leur propre responsabilité.

Dès la première année, l'action du Comité central s'affirma dans deux directions parallèles : la première fut la propagande syndicale par la création de nouveaux groupements, le maintien de l'entente entre les membres d'un même syndicat, et le règlement des différends entre syndicats similaires ; la seconde fut son intervention dans les conflits entre patrons et ouvriers.

En janvier 1882, un délégué fut envoyé à Sens pour prêcher l'utilité de la Fédération, question qui divisait les typographes de cette ville ; en mai 1882, un autre délégué fut envoyé à Bourges ; en mai 1883, une tournée de propagande fut faite à Rouen, Caen, Honfleur, Lisieux, Évreux et Mantes.

A Paris, des efforts furent faits pour la fusion des deux syndicats d'imprimeurs-conducteurs, mais n'aboutirent pas. Le syndicat fédéré des imprimeurs-conducteurs soumit au Comité central une plainte contre l'association coopérative l'*Imprimerie Nouvelle* qui occupait des imprimeurs non syndiqués, oubliant ainsi les paroles si souvent répétées par son directeur, que l'association est la fille du syndicat ; une invitation fut adressée aux administrateurs de cette association d'avoir, à l'avenir, à ne plus occuper d'ouvriers des parties similaires sans s'être au préalable adressé aux chambres syndicales respectives.

Les typographes de Bar-le-Duc voulaient constituer un syndicat, mais la maison la plus importante de cette ville occupait des femmes, employées, il est vrai, à des travaux spéciaux de typographie, en dehors de ceux exécutés par les hommes. Le Comité central autorisa les nouveaux syndiqués à travailler dans l'atelier occupant des femmes, mais en faisant toutes ses réserves pour l'avenir.

L'intervention dans les conflits entre patrons et ouvriers eut à s'exercer la première fois à Angers, le 9 juin 1882. Un patron avait renvoyé ses ouvriers parce qu'ils étaient syndiqués. Tous les moyens de conciliation employés pour faire revenir le patron sur sa décision ayant échoué, l'indemnité de grève fut accordée aux ouvriers renvoyés.

Au mois d'avril, à Nancy, les typographes avaient présenté un tarif à la signature de leurs patrons. Deux l'avaient accepté, les autres ne voulaient accorder qu'une partie de l'augmentation demandée ; une grève générale était imminente. Un délégué du Comité central se rendit sur les lieux et parvint à convaincre les membres du syndicat que, vu leur nombre relativement faible, il était prudent de se contenter des concessions faites plutôt que de courir le risque d'une longue grève. Ses conseils furent écoutés et suivis.

Au mois de mai de la même année, les typographes de Nîmes déclarèrent une grève sans avoir pris l'avis du Comité central ; un tarif présenté aux patrons avait été repoussé ; puis, peu de jours après, trois ouvriers d'une imprimerie, dont le metteur en pages avait été exclu de la chambre syndicale, avaient été renvoyés. Voyant dans ce fait une vengeance personnelle, le syndicat demanda le renvoi du metteur en pages ;

refus, grève dans l'atelier, reprise de la question du tarif et grève générale en perspective.

Un délégué fut envoyé d'urgence à Nîmes et, après s'être rendu
compte de la situation et avoir fait de vains efforts pour obtenir des patrons une minime concession, il conseilla la reprise du travail. Grâce à
son intervention, tous les grévistes furent réintégrés.

« En réalité, dit le délégué dans son rapport, il y avait bien un peu
matière à contestation dans ce tarif. Il se terminait par un article qui ex-
cluait les patrons de la commission chargée de vider les différends entre
les patrons et les ouvriers. *Le Comité central n'aurait pas autorisé une pareille exclusion qui n'était ni juste ni prudente.* »

Le 17 juin 1882, un imprimeur de Lyon refusa d'appliquer le tarif
qu'il avait d'abord signé et congédia une partie de son personnel pour le
remplacer par des *sarrasins* ; la moitié des membres du comité du syndicat typographique de Lyon appartenait à l'équipe ainsi sacrifiée. Le
délégué du Comité central fut bientôt persuadé que toute conciliation
était impossible et encouragea les typographes lyonnais dans le projet
qu'ils avaient formé, de fonder une association coopérative.

La Fédération leur fit, dans ce but, une avance de 6,000 francs. Pendant que le délégué était à Lyon, il apprit qu'il y avait menace de grève
à Grenoble et il se rendit dans cette ville le 2 juillet. Il fit observer au
syndicat que les statuts de la Fédération ne permettaient pas de revendi-
quer des réformes sans en informer au préalable le Comité central, seul
juge, en pareille occurrence, du moment opportun ; que ce n'était que par
la dignité de leur attitude et l'équité de leurs demandes que les ouvriers
arriveraient à une entente avec les patrons et qu'en outre ils devaient
mettre de leur côté toutes les apparences du bon droit, en épuisant tous
les moyens de conciliation.

L'assemblée s'en rapporta, alors, au délégué pour la conduite des négociations, qui aboutirent à une transaction.

L'intervention du Comité central amena aussi, en 1882, la fin d'une
grève engagée par les fondeurs en caractères de Paris.

Les typographes de Madrid, en grève, ayant adressé à Paris une demande de secours, la Fédération leur envoya 1,000 francs.

Au bout de deux années d'exercice, le Comité central disait par la voix
de son secrétaire permanent : « Dans le cours de notre mandat, plusieurs
demandes de revision des tarifs nous ont été faites par diverses sections.
Le Comité a répondu à toutes ces demandes en engageant nos confrères

à présenter ces tarifs aux patrons, à leur demander les observations qu'ils avaient à y faire, à en tenir compte dans la limite de la justice, enfin, à épuiser tous les moyens de conciliation. Nous avons eu le bonheur d'obtenir de bons résultats dans diverses villes, à Clermont-Ferrand, à Laigle, à Charleville, à Cette, à Besançon, etc., et nous avons acquis la preuve que nous avions suivi la voie, peut-être la plus lente, mais la plus sûre. »

La Fédération était aussi intervenue dans la discussion qui se poursuivait au Parlement concernant le projet de loi sur les syndicats professionnels. Le Sénat n'avait pas cru devoir accorder d'existence légale aux Unions de syndicats et le projet était revenu devant la Chambre des Députés. Le 21 février 1883, trois délégués du Comité central typographique furent reçus par la Commission parlementaire et réclamèrent que les Unions de syndicats pussent s'établir non seulement entre ouvriers français, mais aussi avec les associations de même nature fonctionnant à l'étranger. « Le caractère international de la concurrence consolide, dirent-ils, les privilèges des patrons, et le rejet de la loi laisserait certainement les ouvriers français dans une infériorité redoutable, au bénéfice de l'industrie et des ouvriers étrangers. Nous pensons donc qu'une entente internationale ouvrière ne pourrait que ramener un équilibre nécessaire entre les frais de production exigés en France et ceux exigés dans les autres pays. Ce serait aussi mettre les travailleurs sur le pied d'égalité avec les patrons qui, eux, jouissent de tous les moyens de communication, de relations, d'échange, avec l'étranger. » Les typographes déclaraient que leurs patrons n'avaient pas craint de chercher des ouvriers en Allemagne pour remplacer les grévistes, en 1878. Ils ne voyaient pourtant aucun empêchement à ce que les étrangers pussent être appelés à l'administration des syndicats, après un séjour de cinq années en France.

**Deuxième Congrès, Paris 1883. (1)** — Le deuxième Congrès typographique français se tint à Paris du 23 au 25 août 1883. La Fédération comptait alors 63 sections.

D'après le bilan sommaire présenté au Congrès par le secrétaire général, les recettes, du 1er octobre 1881 au 31 juillet 1883, s'étaient élevées à 44,306 fr. 95, et les dépenses, y compris la publication du journal, à 43,993 fr. 20.

(1) *La Typographie française* du 1er septembre 1883.

31 délégués prirent part aux travaux de ce Congrès, venant des villes suivantes : Aurillac, Angoulême, Bordeaux, Constantine, Dijon, Grenoble, Laigle, Le Mans, Lille, Lyon, Marseille, Montpellier, Nevers, Paris, 6 délégués : compositeurs, correcteurs, fondeurs, imprimeurs, relieurs, stéréotypeurs ; Rouen et Saint-Germain.

Avignon, Bourges, Chambéry, Foix, Nogent-le-Rotrou, Reims, Sens, Troyes, l'Espagne et l'Italie étaient représentées par des typographes habitant Paris.

Voici les principales résolutions adoptées par le Congrès :

**Viaticum.** — L'article des statuts relatif au *viaticum* fut complété et précisé ainsi :

Il sera accordé d'après un tarif basé sur 5 centimes par kilomètre parcouru depuis la section la plus voisine ou depuis la frontière française, et avec un maximum de 200 kilomètres..... De plus, un noviciat fédératif de trois mois sera nécessaire pour y avoir droit.

Ces secours ne seront accordés que sur le vu du livret, constatant que le porteur a quitté la section pour manque de travail, avec la signature du président ou du secrétaire.

**Écoles professionnelles.**

En présence de la situation actuelle faite par les maîtres imprimeurs aux enfants qui leur sont confiés comme apprentis et dont ils ne font en général que des manœuvres spécialistes :

Il y a lieu de provoquer, dans toutes les sections qui pourront le faire, la création de cours professionnels de perfectionnement pour tous les syndiqués qui voudront y prendre part.

**La femme dans l'imprimerie.** — Proposition votée par 23 voix contre 3 et 3 abstentions, sur 29 votants :

Écarter par tous les moyens légaux, *même à salaire égal*, la femme de l'atelier, et particulièrement de l'atelier de composition, sa présence constituant un danger permanent d'avilissement des prix de main-d'œuvre dans ces derniers ateliers, où elle entre non point comme auxiliaire, mais bien comme concurrente.

**Amnistie.** — Discussion assez vive sur ce sujet : « Si les *sarrasins* veulent venir à nous, dit le délégué du Comité central, nous leur ouvrirons les portes, dans les conditions réglementaires de chaque section, mais il n'est pas possible de les amnistier. »

Le délégué de Lyon dit « qu'il est impossible de reprendre des confrères qui, dans des moments douloureux, ont abandonné la bannière corporative. La section lyonnaise serait particulièrement frappée si elle était obligée de traiter d'égal à égal avec ceux qui l'ont trahie ». Il donna lecture d'une petite feuille rédigée par les non-syndiqués de Lyon et où le ridicule tient la première place, car on ne peut prendre au sérieux leur demande de rentrer dans la société lorsqu'ils mettent comme condition : *Remplacement immédiat du bureau*, etc. En d'autres termes, nous voulons rentrer dans votre maison, mais c'est pour la gouverner. Lyon ne peut accepter cela.

Proposition acceptée par 27 voix contre 4 :

Le Congrès repousse l'amnistie, mais il croit que la porte doit être grande ouverte à toutes les bonnes volontés ;

Il laisse au soin et à l'étude des sections les conditions dans lesquelles l'entrée dans la Fédération pourra être admise ;

Le Congrès croit devoir recommander aux sections les mesures de prudence nécessaires pour empêcher que l'œuvre entreprise ne soit pas annihilée par nos pires adversaires.

**Répartition des frais de grèves.** — La cotisation mensuelle de 35 centimes était insuffisante pour payer les indemnités aux grévistes, et, d'autre part, les délégués étaient hostiles à toute augmentation de cotisation, en raison de la crise qui sévissait sur l'industrie. Le Congrès accepta, à l'unanimité, le rapport de la commission chargée d'étudier cette question, qui concluait ainsi :

Les frais de grèves doivent être supportés par la totalité des sections fédérales, au prorata du nombre de leurs adhérents, en laissant à chacune l'initiative de procéder au mieux des intérêts locaux pour le remboursement.

Il appert de l'examen des comptes que la part afférente à chaque sociétaire s'élève, pour les exercices 1881 et 1882, au chiffre de 1 fr. 75, et nous sommes persuadés que cette somme, relativement minime, sera fournie sans regret par toutes les sections. Pour l'avenir, ce règlement devra être effectué dans le trimestre qui suivra la publication du bilan des frais de grève.

**Représentation au Congrès.** — L'obligation de la représentation effective des sections au Congrès fut votée et les frais en furent répartis de la manière suivante : les frais de voyage des délégués, en 3ᵉ classe, à la charge de la caisse fédérative ; l'indemnité de travail et les frais de séjour à la charge des sections. Toute section comptant plus de 500 membres aura 2 voix au Congrès.

**Délégations de propagande.**

Le Comité central déléguera un de ses membres, dans toutes les occasions nécessaires, soit sur la demande des sections existantes, soit pour compléter les démarches commencées par des sections pour en créer de nouvelles. En cas de grève, ce qui ne doit avoir lieu qu'à la dernière extrémité, la délégation du Comité central sera de droit, dans le but d'atténuer autant que possible la crise, et même de la faire cesser, s'il le juge convenable pour les intérêts généraux.

Des propositions relatives à un versement supplémentaire pour la fondation d'imprimeries coopératives et à la création d'une caisse centrale de retraites et de secours mutuels furent renvoyées au prochain Congrès.

Le siège de la Fédération fut maintenu à Paris.

Le 26 septembre 1883, 26 ouvriers du Havre, que leur patron s'apprêtait à remplacer par des femmes, quittèrent l'atelier après les démarches infructueuses du délégué du Comité central et reçurent l'appui de la Fédération. Deux mois plus tard, le même fait se produisit à Dijon (10 grévistes).

Par contre, des tarifs approuvés par le Comité central étaient présentés à Nice et à Melun, et l'entente s'établissait entre patrons et ouvriers sans arrêt de travail.

Le Comité fédéral poussait si loin l'esprit de conciliation et ses scrupules au sujet du respect de la légalité, qu'il refusait, le 7 novembre, à l'un de ses membres, M. Keufer, délégué à l'exposition de Boston, le mandat d'entrer officiellement en relations avec les typographes des États-Unis, lui laissant seulement le soin de « consolider les relations amicales qui existent entre les travailleurs des deux Républiques, sans l'autoriser à parler au nom de la Fédération ».

Le 7 avril 1884, la commission d'enquête parlementaire (dite des 44) sur la crise industrielle recevait les dépositions des représentants de la Fédération et de la Société typographique parisienne. Nous avons résumé ces dépositions dans l'historique consacré à cette dernière association.

Dans le courant de ce même mois d'avril, éclata la grève des typographes de Marseille. Ceux-ci avaient avisé le Comité central dès le 12 avril et n'en avaient pas reçu de réponse ; et lorsque, quinze jours après, ils réclamèrent les secours qui leur étaient dus, le Comité central répondit qu'il ne pouvait envoyer de fonds, vu qu'il ignorait les motifs de la grève. Lettre et dépêche des Marseillais n'étaient arrivées à Paris que le 22, sans que l'on pût s'expliquer les causes de ce retard.

Un délégué fut envoyé à Marseille, parvint à maintenir l'adhésion de cette section importante qui menaçait de quitter la Fédération, et promit une enquête sérieuse sur les irrégularités qu'on attribuait au service des postes ; il profita de son voyage pour visiter les sections d'Avignon, Nîmes, Lyon et Sens.

La grève de Marseille se termina d'ailleurs par un succès relatif ; le nouveau tarif fut signé par les présidents et les secrétaires de la commission patronale et de la commission ouvrière.

L'enquête ordonnée par le Comité central dévoila, dès le premier jour, la négligence du secrétaire général et il fut immédiatement remplacé, le 7 mai, par M. Alary, conseiller prud'homme. Les comptes financiers étaient dans un tel désordre qu'il fut nécessaire d'adjoindre au secrétaire un autre membre du Comité pour faire la lumière. Quantité de lettres n'étaient pas même décachetées, quelques unes contenant des mandats d'argent, d'autres des projets de tarif sur lesquels les sections demandaient des renseignements. Finalement, on reconnut que le bilan, présenté au Congrès de 1883, était absolument fictif, et que, loin de laisser un excédent de 313 fr. 75, il se soldait au contraire, par un déficit de 3,175 fr. 40. Ce déficit allait en croissant et atteignait 5,916 fr. 30 au 1er juillet 1884.

Le 12 août 1884, « le Comité central, reconnaissant que la conduite de l'ex-secrétaire aurait compromis jusqu'à l'existence même de la Fédération, si le Comité central n'avait avisé à temps, déclare M. M..... indigne de siéger dans son sein ».

Cette déclaration fut suivie de l'exclusion de M. M..... de la Société typographique parisienne. Un rapport détaillé sur les faits et gestes de ce fonctionnaire fut publié par la *Typographie* du 16 septembre 1894, qui portait en tête l'hommage suivant rendu au vérificateur :

Le comité central félicite le confrère Keufer du dévouement avec lequel il a rempli les fonctions qui lui avaient été confiées dans l'enquête relative à l'incurie du secrétaire général ; il lui rend en même temps un public témoignage qu'il a accompli du 25 mai au 15 août le travail que l'ex-délégué avait négligé pendant trois ans.

Après le dépôt de ce rapport, le Comité central, qui sentait peser sur lui une part de responsabilité dans la négligence de son secrétaire, décida de se retremper dans une nouvelle élection qui eut lieu en novembre. Les deux premiers élus, M. Alary (1064 voix) et M. Keufer (1006) sur 1612 votants, y furent suivis de M. Allemane (947 voix), avec lequel l'élément collectiviste pénétra dans le Comité central dans la proportion de 5 membres sur 11.

Le 18 décembre, M. Keufer remplaça M. Alary au poste de secrétaire général ; il a constamment été réélu à cette fonction.

La crise intérieure qui avait troublé la Fédération se termina par un double procès : procès de M. M..... accusant le Comité central de diffamation (débouté par un jugement du 12 mars 1885), procès du Comité central contre M. M..... pour abus de confiance (débouté par un jugement du 22 juin 1885, confirmé en cour d'appel le 24 septembre).

Cette crise n'avait pas arrêté les progrès continus de la Fédération qui comptait, au 31 décembre 1884, 6103 membres répartis entre 97 sections et sous-sections. A la liste que nous avons donnée plus haut, s'arrêtant au 1er novembre 1882, étaient venues s'ajouter les villes suivantes, dans l'ordre de leur adhésion : Narbonne, Saint-Étienne, Pons, Aurillac, Meaux, Agen, Angoulême, Saint-Germain-Poissy, Privas, La Roche-sur-Yon, Toulouse, Chartres, Nogent-le-Rotrou, Niort-Parthenay, Pithiviers, Évreux, Périgueux, Carcassonne, Rodez, Flers, Nantes, Villeneuve-sur-Lot, Melun, Belfort, Cognac, Alger, Chalons-sur-Marne, Versailles, Toulon, Arras, Pamiers, Châteauroux, Moulins, Rennes, Épinal, Foix.

Reprenons maintenant la revue des conflits dans lesquels est intervenue la Fédération.

En juin 1884, les typographes de Bar-le-Duc mirent en demeure une maison de payer le même prix que les autres imprimeries ; après quelques jours de grève, ils obtinrent gain de cause. Le 24 juillet, un délégué se rendit à Niort où les patrons repoussaient un nouveau tarif ; une transaction fut conclue et une seule maison fut mise à l'index, ce qui n'entraîna que le chômage de deux ouvriers.

Le 31 juillet, un délégué fut envoyé au Havre pour examiner la situation faite à 22 ouvriers d'une imprimerie qui fusionnait avec celle qui avait, l'année précédente, remplacé les hommes par des femmes. Le salaire de ces 22 ouvriers ne devait pas y être modifié et le délégué les invita à surmonter leurs répugnances légitimes et à suivre leur travail dans le nouvel établissement où il était porté. Les typographes havrais repoussèrent ces conseils et préférèrent faire grève, à leurs risques et périls, sans l'aide de la Fédération. La section de Nantes, froissée de ce qu'elle considérait comme un excès de conciliation de la part du délégué envoyé au Havre, se retira de la Fédération. Elle ne bouda pourtant que dix-huit mois.

En octobre, des ouvriers d'une imprimerie d'Évreux ayant été renvoyés parce qu'ils se refusaient à exécuter un travail supplémentaire sans compensation de salaire, un délégué se rendit dans cette ville ; les négociations aboutirent au maintien des anciennes conditions du travail et à la reprise de 3 ouvriers sur 6.

Des délégations de propagande syndicale furent aussi effectuées à Abbeville, Arras, Amiens, Douai et Lille.

Le 20 mars 1885, les typographes de Besançon, devant le refus de discussion opposé par les patrons à une demande d'augmentation de 3 centimes par mille, se mirent en grève, au nombre de 60, avant que l'autorisation du Comité central leur fût parvenue. Cette autorisation avait cependant été décidée en principe et le Comité crut devoir soutenir les grévistes en frappant tous les fédérés, pour la première fois, d'un impôt extraordinaire de 25 centimes par semaine pendant 9 semaines. Cette grève, qui se termina par un échec, les grévistes ayant été remplacés par des sarrasins, coûta à la Fédération plus de 14,000 francs. Elle fut aussi le point de départ d'une nouvelle crise intérieure qui dura plusieurs années au sein de la Fédération ; quelques adversaires des collectivistes prirent texte de ce que M. Allemane avait été délégué à Besançon par le Comité central, pour lui reprocher de n'avoir pas su apporter, dans l'accomplissement de sa mission, tout l'esprit de conciliation qui aurait été nécessaire et dont ils le déclaraient d'ailleurs incapable, en raison même de ses opinions révolutionnaires.

Cette hostilité se traduisit, de la part d'un certain nombre de membres du syndicat parisien, par le refus de payer l'impôt de 25 centimes pour la grève.

Quelques conflits sans importance, à Bordeaux (9 grévistes) et à Grenoble (2 grévistes), reçurent l'appui de la Fédération dans le courant du mois de mai. A Agen, le Comité central déconseilla une grève que la section voulait faire pour protester contre le renvoi de deux ouvriers syndiqués et l'emploi d'un trop grand nombre d'apprentis.

La *Typographie* du 1er juillet 1885 avisa les sections que, malgré la décision du dernier Congrès, la caisse fédérale ne pourrait pas supporter les frais de voyage des délégués au 3e Congrès et qu'elles eussent à avancer ces frais à leurs représentants. Cette assemblée prendrait une décision à cet égard.

**Troisième Congrès, Paris 1885** (1). — Le troisième Congrès typographique se tint du 23 au 26 septembre 1885 ; 41 syndicats y furent représentés par 33 délégués, dont 21 des départements pour les sections d'Alger, Angoulême, Arras, Avignon, Besançon, Bône, Bordeaux, Cognac, Constantine, Dijon, Évreux, le Havre, le Puy, Lille, Limoges, Lyon, Marseille, Montpellier, Périgueux, Philippeville, Rouen, Saint-Étienne, Sens, Amiens, Toulon, Troyes, Versailles ; et 12 délégués parisiens représentant, outre les 5 syndicats de Paris (compositeurs, correcteurs, fondeurs, relieurs, stéréotypeurs), les sections de Bourges, Carcassonne, Chambéry, Châlons-sur-Marne, Chalon-sur-Saône, le Mans, Lons-le-Saunier, Nancy et Reims.

Des délégués de la Fédération lithographique, de Paris, des Fédérations allemande et italienne y assistaient à titre d'invités.

La Fédération comptait, au moment du Congrès, 6,339 membres et 99 sections.

Le rapport financier portait l'avoir de la Fédération, au 20 août 1885, à 9,588 fr. 49, dont 6,423 fr. 47 en caisse, et le restant dû par les sections. Le projet de budget des dépenses pour une année donnait un total de 16,338 fr. 40, dont 12,063 francs pour le journal *la Typographie*, 3,120 francs pour le secrétaire délégué permanent (52 semaines à 60 francs), et 645 fr. 40 pour le loyer et ses accessoires.

Après avoir décidé que la caisse fédérale entrerait pour moitié dans les frais de voyage de chaque délégué, et la caisse de la section pour l'autre moitié, le Congrès se livra à une revision assez étendue des statuts de la Fédération dont le titre fut modifié et qui devint la *Fédération française des travailleurs du Livre*.

Au lieu de tarif *aussi uniforme que possible* (art. 1er, § 3), on adopta : ·

3° D'établir un tarif-type pour toute la France, avec une différence de tant pour 100 pour chaque section, différence basée sur le prix de revient des objets de première nécessité.....

Et ensuite :

4° De combattre l'avilissement des salaires en favorisant l'application du système *commanditaire*, et, à son défaut, en cherchant à faire prévaloir le mode de travail *en conscience* de préférence au travail *aux pièces* ;

5° ..... Apprentissage dont la durée ne pourra être inférieure à trois ans.

---

(1) *La Typographie française* du 1er octobre 1885.

L'article sur le travail de la femme dans la typographie, adopté au Congrès de 1883, fut complété comme suit, sur la proposition du délégué des relieurs :

Cependant, toute femme admise dans un syndicat similaire sera reçue dans la Fédération, au même titre que l'homme , c'est-à-dire avec les mêmes devoirs et les mêmes droits (adopté par 23 voix contre 17);

7° De mettre en œuvre tous les moyens dont on pourra disposer pour augmenter les syndicats typographiques et d'engager lesdits syndicats à s'organiser de façon à pouvoir réclamer, près de qui de droit, les travaux d'impression de la commune, du département et de l'État, ou tout au moins leur exécution par des patrons payant les tarifs syndicaux;

9° D'arriver à créer une caisse centrale de résistance pour toute la Fédération ;

11° ....... S'opposer à toutes sortes d'amendes ou de retenues sur le salaire et à toute responsabilité en cas de déchets ou de dégâts dans le travail.

**Coopération.** — La proposition, faite au Congrès de 1883, relative à un versement supplémentaire pour la fondation d'imprimeries coopératives, ayant été alors renvoyée à deux ans, le Comité central s'était cru autorisé à supprimer, au moment de la réimpression des statuts, le paragraphe 6 de l'article 1er primitif, qui était relatif à la même idée.

Cette suppression fut vivement critiquée par la commission de contrôle qui se plaignit des tendances antimutualistes et anticoopératives qui étaient allées en s'accentuant au Comité central. Le délégué Allemane répondit : « Beaucoup de fédérés ne croient pas aux bons résultats de la coopération. Les statuts fédératifs doivent être neutres entre les opinions diverses. S'il était prouvé que la coopération soit un moyen efficace d'émancipation pour le travailleur, nous en favoriserions le développement ; mais l'expérience est trop faible encore et nous devons attendre avant d'engager nos fédérés dans une voie qui peut être fausse. *Nous encourageons les syndicats, nous attendrons pour la coopération.* »

Le délégué de Marseille croit qu'à un certain point de vue la coopération peut retarder l'émancipation du travailleur; mais malgré l'expérience malheureuse faite à Paris, où l'*Imprimerie nouvelle* a été acculée à la faillite, il se déclare fermement partisan de la coopération typographique. Elle a réussi chaque fois que les coopérateurs n'ont pas été divisés par des questions de personnes.

Le délégué de Lyon dit qu'on aurait pu modifier les statuts si la coopération avait donné partout de mauvais résultats. Lyon a parfaitement réussi, et un article des statuts de la coopérative lyonnaise autorise la répartition d'une partie des bénéfices aux sections qui voudraient fonder des coopératives.

Le délégué de Reims, répondant aux précédents, dit qu'on a parlé d'épargner; mais est-ce possible dans un temps de crise comme celui que nous traversons? La Société typographique parisienne vient de rayer cinq cents de ses membres pour défaut de payement, comment pourrait-elle racheter l'*Imprimerie nouvelle*? Celle-ci n'a-t-elle pas dû diminuer de 1 franc par jour le prix payé à ses hommes de *conscience*? Lui aussi a apporté des fonds à la coopérative parisienne; on a présenté de beaux bilans et la débâcle est venue.

On passe au vote, et, par 23 voix contre 10 et 6 abstentions, on rétablit dans les statuts le paragraphe supprimé.

**Viaticum.**

Le viaticum, basé sur le système kilométrique, doit se régler d'après le mode qui suit :

Chaque voyageur recevra, pour toute distance de 40 kilomètres et au-dessous, un premier secours de 1 fr. 50.

Toute distance au-dessus de 40 kilomètres donnera droit à une subvention de 50 centimes par fraction de 20 kilomètres, jusqu'à concurrence de 200 kilomètres.

Tout voyageur qui aura travaillé huit jours consécutifs dans une section perdra son droit au viaticum.

Une feuille-type contenant le nom de toutes les imprimeries de la ville sera remise au voyageur par les soins du secrétaire; cette feuille, signée du préposé de chaque atelier, devra être retournée au secrétaire pour prouver que le fédéré s'est rendu dans tous les ateliers typographiques de la localité. Après la remise de cette feuille, le visa de départ sera apposé sur le livret (art. 8).

Afin de pouvoir exercer un contrôle efficace, il sera établi, par les soins du Comité central, un livret uniforme pour tous les sociétaires. Un numéro matricule devra être apposé sur la couverture du livret. En arrivant dans une section, le sociétaire déposera son livret au bureau *contre récépissé*. Il lui sera remis et visé lors de son départ *sur la présentation dudit récépissé* (art. 5).

Les frais de viaticum déboursés par les sections pendant un trimestre seront déduits des cotisations fédératives que les sections doivent envoyer au Comité central. — Les frais de grève et de viaticum devront être supportés par la totalité des sections fédérales, au prorata du nombre de leurs adhérents, en laissant à chacune l'initiative de procéder au mieux des intérêts locaux pour le remboursement (art. 21).

### Grèves.

Sauf le cas d'abaissement du salaire, toute grève déclarée sans l'autorisation du Comité central restera à la charge de la section.

Une indemnité de 3 fr. 50 par jour sera accordée aux grévistes, le dimanche excepté (art. 6).

Un noviciat de trois mois est exigible des nouvelles sections avant qu'elles aient droit au secours de grève (art. 7).

### Membres rayés.

Les noms des confrères rayés pour infraction au tarif ou indélicatesse corporative seront insérés dans la *Typographie*, avec leurs prénoms, âge et lieu de naissance. Les noms des confrères rayés pour défaut de payement ne seront insérés dans la *Typographie* qu'après avoir soumis le cas de radiation à une assemblée générale de la section qui décidera si l'insertion doit avoir lieu. Le Comité central devra faire parvenir trimestriellement aux bureaux des sections les noms des confrères rayés pour défaut de payement ou autres motifs (art. 5).

### Administration.

Le Comité central se compose : 1° de 11 membres nommés par le syndicat des compositeurs parisiens ; 2° de 2 membres nommés par chacun des syndicats similaires adhérents ; 3° de 15 membres, *pouvant être choisis parmi les fédérés de la section centrale, nommés par les sections de province.*

Tout fédéré au pair de ses cotisations et ayant un an de syndicat est éligible à toutes les fonctions fédératives.

Le Comité central nommera son bureau. — *Le président sera nommé à chaque séance.* (La suppression de la présidence permanente fut votée par 23 voix contre 16.)

Des représentants des Fédérations étrangères pourront être accrédités auprès du Comité central, afin que toutes les mesures puissent être prises pour consolider l'entente entre les diverses fractions de la typographie universelle (art. 3). (La réciprocité du viaticum était déjà établie avec la Belgique et la Suisse.)

Pour qu'un Congrès soit régulièrement constitué, il faut que la majorité des sections y soit représentée (art. 17).

Toutes les questions à l'ordre du jour seront arrêtées un mois à l'avance et soumises aux sections qui devront être réunies pour les discuter (art. 20).

Le journal pourra accepter des annonces payantes. Le prix en sera fixé par le Comité central, qui pourra autoriser ou refuser leur insertion (art. 23).

La Fédération ne pourra être dissoute qu'après un vote affirmatif de l'*unanimité* des sections adhérentes et des membres qu'elles renferment (art. 26).

Vœux. — Les propositions suivantes ne furent votées que comme vœux, n'engageant pas les sections :

Qu'une amnistie générale soit décrétée dans toutes les sections de la Fédération. — Le Congrès demande également, le plus tôt possible, la levée générale de l'index.

Donner pour mandat à nos législateurs de voter une loi assurant le principe du salaire égal à travail égal, et supprimant le travail dans les couvents, ouvroirs et autres établissements religieux. — Mettre fin à l'exploitation des prisonniers en supprimant le marchandage des entrepreneurs : l'État devra prendre la direction du travail. — De lutter contre le chômage, en demandant que la durée légale de la journée de travail soit réduite à 8 heures pour le travail de jour, et à 6 heures pour le travail de nuit. Les heures en plus devront être payées double.

**Loi sur les syndicats.** — Une proposition, tendant à inviter toutes les sections à remplir toutes les formalités requises par la loi de 1884 sur les syndicats professionnels, fut repoussée. Il fut avancé que les syndicats qui avaient accepté la loi n'en avaient retiré que des ennuis, et qu'à Paris notamment la préfecture de police ne s'occupait que des syndicats soumis à la loi en faisant des enquêtes au domicile des administrateurs, tandis qu'elle laissait tranquilles les autres syndicats.

Les délégués des départements au Congrès typographique de 1885 s'étaient aperçus des sentiments d'hostilité que les administrateurs de la Chambre syndicale de Paris nourrissaient à l'égard de la Fédération, *la subissant,* suivant le mot de l'un d'eux, et ils avaient tout lieu de s'étonner de ce changement, en pensant que c'était le syndicat parisien qui avait été, en 1881, la cheville ouvrière de la création de la Fédération. Quelques mots d'explications sont donc ici nécessaires.

L'idée dominante dans la typographie parisienne avait toujours été, après la défense du tarif, la suppression du patronat par la coopération, et le gérant de l'*Imprimerie nouvelle* avait pu dire, le 19 mai 1883, que, sur 2,800 syndiqués, il y avait 1,500 actionnaires de l'association coopérative; mais, la déconfiture de cette association, en 1884, avait servi énormément la propagande des collectivistes révolutionnaires qui déclaraient absolument utopique le projet de supprimer le patronat en ne faisant appel qu'à l'épargne ouvrière; d'autre part, les collectivistes se montraient de chauds partisans des fédérations ouvrières nationales et internationales. Les discussions journalières entre les adeptes des deux théories, tant dans les ateliers que dans le sein du syndicat, aboutirent à ce fait que les premiers, pour se différencier le plus possible des seconds, abandonnèrent plus ou moins ouvertement le principe de la Fédération.

A côté de ces deux groupes principaux, il en surgit un troisième :

celui des partisans de l'idée syndicale pure et simple, s'efforçant de servir
de tampon entre les deux autres et recevant, naturellement, les coups de
l'un et de l'autre, quoiqu'il appuyât indifféremment leurs propositions,
sans distinction d'origine, lorsqu'elles n'avaient pour but que le maintien
et la solidité du syndicat et de la Fédération. Le chef spontané de ce
troisième groupe était le délégué permanent de la Fédération, M. Keufer,
dont l'autorité reposait surtout sur les services rendus, que nul ne pouvait
méconnaître. (Président du Cercle d'études sociales des prolétaires posi-
tivistes, il ne considéra jamais le syndicat et la Fédération comme un
simple terrain de propagande pour les théories de l'école à laquelle il
appartenait.)

Ce troisième groupe pensait que, pour établir des relations régulières
entre ouvriers et patrons et discuter avec ceux-ci les conditions du travail,
c'était une tactique d'un goût et d'un succès fort douteux que de se déclarer à l'avance des adversaires irréductibles du patronat, comme le
faisaient les coopérateurs et les collectivistes.

La suite de cet historique nous montrera les péripéties de la lutte entre
ces trois éléments.

Le 18 novembre 1885, le syndicat parisien procéda, comme il en
avait la charge, au renouvellement du Comité central. Il y eut 1,287 votants, au lieu de 1,612 en novembre 1884. Les représentants des trois
groupes arrivèrent en tête dans l'ordre que nous avons suivi : Alary,
752 voix; Allemane, 717; Keufer, 698.

57 sections des départements, comptant 2,546 membres, prirent part
au vote des 15 membres du Comité qui leur étaient attribués. Ces élections donnèrent la majorité à l'élément collectiviste dans le Comité central.

Le 5 novembre, une réduction de salaire avait amené la grève de
55 typographes au Mans; elle se termina par une réussite le 25 novembre
et coûta à la Fédération 3,862 fr. 80.

Une grève de 60 ouvriers pendant 3 jours, commencée le 30 novembre
à Paris, suivie également de réussite, coûta 858 fr. 85. Un impôt de
20 centimes par semaine fut prélevé pendant 5 semaines pour couvrir
les frais de ces deux grèves.

Au mois de janvier 1886, le Comité central autorisa une grève à
Arras, pour obtenir la réintégration de 6 ouvriers congédiés. Il y eut
échec, la maison fut mise à l'index, et les frais de grève s'élevèrent à
2,747 fr. 80. A la même époque, la Fédération envoyait 300 francs aux
typographes en grève de Budapest, et 200 francs à ceux de Naples.

En février, la Fédération typographique de Norvège demandait à établir la réciprocité du viaticum.

Un premier conflit d'attributions s'éleva, à ce moment, entre le Comité central et le syndicat parisien. Celui-ci, ayant modifié ses statuts, n'avait pas tenu compte d'une convention passée avec le syndicat des correcteurs, d'après laquelle tout typographe devenant correcteur devait adhérer au syndicat de cette profession. Le Comité central devait intervenir puisqu'il s'agissait d'un conflit entre deux syndicats fédérés; mais le syndicat des compositeurs déclara qu'il ne voulait permettre aucune ingérence dans l'application ou l'interprétation de ses statuts. Les sections consultées donnèrent tort au syndicat parisien.

Le 17 avril, le Comité central était obligé de demander au syndicat de Paris, qui s'était borné à envoyer la note des frais d'une grève partielle, de vouloir bien se conformer aux statuts qui exigent l'autorisation du Comité fédéral pour toute mise-bas.

Ce n'était là que des escarmouches; un fait bien plus grave se produisit le 26 mai. Les typographes de l'imprimerie Mouillot, à Issy, avertis d'une réduction de salaire de 10 p. 100 qui serait appliquée à partir du 1er juin, se mirent en grève et le syndicat parisien, sans consulter le Comité central, décida, le lendemain, que les 150 ouvriers qui étaient occupés dans l'établissement possédé à Paris par la même maison quitteraient le travail par solidarité, ce qui fut fait avant d'avoir eu une entrevue avec le patron.

Cette précipitation était d'autant moins excusable que le syndicat et la Fédération avaient leur siège au même étage, porte à porte, et que ceux qui agissaient ainsi étaient les mêmes qui accusaient les collectivistes de manquer d'esprit de conciliation. L'indiscipline était donc bien voulue.

Le Comité central déclara la grève d'Issy seule statutaire et, laissant toute la responsabilité de la grève de Paris au comité de cette section, déclara pourtant qu'en présence de la situation il maintiendrait les subsides aux grévistes, et il décida un impôt de 50 centimes par semaine. Cet impôt, perçu du 1er juin au 5 juillet, fut réduit ensuite à 25 centimes jusqu'au 29 août. Il produisit 22,388 fr. 30.

Froissé de ce blâme, le Comité du syndicat parisien refusa d'assister à une réunion des grévistes, organisée le 9 juin par le Comité central. La grève se termina par un échec et la *Typographie* du 1er juillet publiait les noms des 150 sarrasins qui avaient remplacé les grévistes.

Le 20 juillet, la Commission de contrôle de la Chambre syndicale de Paris, loin de reconnaître ses torts, soumit à ses membres la proposition suivante, en fixant le vote à 4 jours plus tard : « L'adhésion des membres de la Société typographique parisienne à la Fédération des travailleurs du Livre *est* et *demeure* facultative. » Elle disait que Paris avait contribué à la Fédération pour plus de 70,000 francs; que le vote des sections de province (affaire des correcteurs) était la négation même de toute autonomie; que le Comité central n'avait cherché, par son attitude, qu'à déconsidérer la Chambre syndicale parisienne et nui à la typographie tout entière.

Le Comité central vit le danger d'un pareil vote, aussi précipité, fait dans les ateliers, sans le correctif d'une discussion publique, et il riposta aussitôt par une circulaire aux fédérés parisiens.

La proposition de désaffiliation fut repoussée par 917 voix contre 666 oui et 92 bulletins nuls, sur 1,675 votants.

Ainsi battus, les adversaires de la Fédération pensèrent à abandonner le syndicat lui-même. (Maintenant que les fondateurs de la Fédération n'en sont plus les maîtres, ils veulent la démolir, avait écrit une section de province.) Le premier pas dans cette voie fut fait par les membres de l'association coopérative du *Journal officiel*. Ils fondèrent un syndicat nouveau, l'*Alliance typographique*, et mirent en demeure les auxiliaires qu'ils occupaient d'y adhérer; il en résulta 77 démissions de la Société typographique parisienne. Ceux qui ne voulurent pas se soumettre à cette mise en demeure, au nombre de 8, furent renvoyés.

A la fin de l'année, en con.⸱⸱nant les 77 démissions de l'*Officiel*, le nombre des démissionnaires s'éleva à 408, qui formèrent un syndicat dissident sous le titre de *Société typographique parisienne*, en maintenant leurs droits à la Société de secours mutuels.

Pour donner une idée de la polémique engagée contre la Fédération, nous ne relèverons qu'un article du *Ralliement typographique* (organe des dissidents) de novembre 1886, contre le viaticum accordé aux étrangers : « Nous appelons l'attention de nos confrères sur ce fait : c'est au moment où s'organise l'Exposition universelle de 1889 que les cosmopolites du Comité fédéral annoncent sans vergogne qu'ils payeront de nos deniers des secours de route aux Italiens et aux Prussiens qui vont de nouveau nous envahir. Ils facilitent ainsi non seulement l'espionnage politique, mais surtout l'espionnage industriel qui rend possible la concurrence de l'étranger, cause première de l'effroyable crise que nous subissons. »

Le 20 novembre, la part des frais de grève de la maison Mouillot (Issy), incombant à la Fédération, fut arrêtée à 20,948 fr. 15. Dès le 29 août, une assemblée générale des typographes parisiens avait levé l'index qui pesait sur cette maison, mais certains grévistes furent plus de six mois avant de retrouver du travail.

A la suite de cette grève et en conséquence des charges qu'elle imposa aux fédérés, les sections de Cognac, Gray, Meaux, Melun, Pamiers, Saint-Brieuc se retirèrent de la Fédération.

Le 18 octobre, un imprimeur d'Angers accepta le tarif ouvrier et remplaça les femmes qu'il occupait par 40 ouvriers syndiqués. En novembre et décembre, sur les conseils du Comité central, des transactions furent conclues à Bordeaux, à Châteauroux, à Paris: autant de grèves évitées.

En janvier 1887, une grève d'une journée à Abbeville fit renoncer le patron à une réduction de salaire annoncée (de 25 p. 100).

A Clermont-Ferrand, l'équipe d'un journal fut avisée qu'elle était remerciée, devant être remplacée par des femmes. Les statuts de la Fédération n'avaient pas prévu le cas et on ne pouvait accorder l'indemnité de grève aux ouvriers renvoyés. Cette charge fut acceptée par la section.

Au mois d'août, deux grèves partielles, sans importance, reçurent l'appui de la Fédération, à Saint-Nazaire et à Paris.

**Quatrième Congrès, Paris, 1887** (1). — Du 14 au 17 septembre 1887, se tint, à la Bourse du travail de Paris, le quatrième Congrès de la Fédération, par 35 délégués représentant 69 sections; 23 délégués des départements étaient mandatés par 49 sections.

Les délégués des Fédérations typographiques allemande et belge et de la Fédération des lithographes assistaient au Congrès.

La Fédération se composait alors de 118 sections ou sous-sections avec un effectif de 5,507 membres, la diminution du nombre des membres provenant surtout de Paris qui ne comptait plus que pour 1,375 au lieu de 2,240 en mai 1886. Il y avait en caisse, au 13 septembre 1887, la somme de 11,763 fr. 80.

10 séances, sur 11, furent consacrées à un nouvel examen et à une revision des statuts.

---

(1) *Quatrième Congrès de la Fédération française des travailleurs du Livre*, brochure de 32 pages.

**La femme.** — Le Comité central proposa au Congrès une nouvelle tactique à l'égard des femmes compositrices, formulée par l'article suivant :

Chercher tous les moyens propres à empêcher la femme de devenir un instrument d'avilissement de salaire, en suscitant la *création de syndicats féminins*, destinés à maintenir le tarif et à arrêter la décadence de notre industrie.

Cette proposition fut repoussée par 49 voix contre 18.

Les voix se partagèrent par moitié sur une autre proposition, faite par le délégué de Toulouse, et tendant à considérer comme grévistes « les membres des groupes fédérés remplacés par des femmes, dans les villes où il n'en existe pas ».

La décision finale sur ce point fut renvoyée à un vote spécial des sections (1); mais le Congrès vota le remboursement, par la Fédération, au syndicat de Clermont-Ferrand, des frais de la grève soutenue en janvier 1887 pour ce même objet.

**Grèves.** — Le Congrès prit de nouvelles mesures pour enrayer les grèves faites trop précipitamment et vota de nouvelles dispositions ainsi conçues :

Les sections des villes impatientes de faire modifier leurs tarifs ne provoqueront aucun conflit avec leurs maisons tant que durera la crise industrielle qui sévit sur tout le territoire, et aussi pour permettre à la caisse fédérative de former un capital efficace pour la défense de leur cause, en temps opportun; le Comité central déclarera qu'il n'appuiera que les grèves suscitées par des tentatives faites contre des droits acquis, et préalablement approuvées par lui.

Un noviciat de six mois (au lieu de trois) est exigé des nouvelles sections avant qu'elles aient droit au secours de grève, sauf le cas où elles se trouveraient en face d'une tentative d'abaissement de salaire.

**Viaticum.**

Le viaticum ne sera délivré qu'au fédéré ayant terminé son noviciat de six mois (au lieu de trois auparavant).

Tout fédéré ne pourra recevoir plus de 150 francs de viaticum dans trois ans. Passé cette somme, il devra s'écouler dix-huit mois avant d'avoir droit de nouveau aux secours de route, à moins qu'il n'ait quitté sa place pour cause de *mise bas*.

Le viaticum ne sera délivré aux voyageurs que lorsqu'il y aura au moins dix-huit mois qu'ils seront passés dans la section où ils se présentent de nouveau.

_____

(1) Adopté ultérieurement par 40 sections contre 18.

Les termes de ces articles indiquent suffisamment les abus qui avaient été relevés et auxquels il fallait porter remède.

### Apprentis.

Tous les apprentis de l'industrie du Livre pourront faire partie du syndicat de leur profession, après avoir accompli la deuxième année de leur apprentissage; ils payeront, jusqu'au jour où ils seront ouvriers, une cotisation de 5o centimes par mois. Ils seront exempts de tout autre impôt et recevront la *Typographie française.*

En cas de *mise bas*, il leur sera alloué une indemnité de 1 fr. 75 par jour, dimanches exceptés, pendant trois mois.

### Admission des membres.

Le nom, le prénom, le lieu d'apprentissage de tout compositeur ou similaire venant d'une ville quelconque, et demandant à faire partie d'un syndicat fédéré, seront publiés dans un numéro de la *Typographie française.*

(On voit que les typographes ne redoutent pas la publicité.)

L'admission est définitive quinze jours après la publication, si les sections françaises ou les Fédérations étrangères n'ont fourni aucun renseignement défavorable.

Puis, comme dernière sanction à la décision prise dans le différend entre les compositeurs et les correcteurs parisiens, un nouvel article :

Tout fédéré devra faire partie du syndicat de la *profession qu'il exerce.*

La cotisation fédérative fut portée à 4o centimes par mois, indépendamment des frais de grève et de viaticum toujours répartis trimestriellement entre tous les fédérés.

Il fut décidé que le prochain Congrès coïnciderait avec l'Exposition de 1889 et qu'il serait suivi d'un Congrès typographique international ; que la présence de délégués de la majorité des sections ne serait plus nécessaire pour assurer la validité d'un Congrès; qu'une cotisation annuelle de 5o centimes serait perçue pour les frais de transport des délégués; et que, lorsque des questions d'ordre professionnel seraient à l'ordre du jour des *Congrès ouvriers*, le Comité central pourrait s'y faire représenter.

Le Congrès décida encore d'appuyer, par voie de pétitions, la proposition de loi de M. Bovier-Lapierre destinée à punir les patrons qui entraveraient la liberté des travailleurs faisant partie d'un syndicat ouvrier.

En ce qui concerne les travaux administratifs d'impression, les sections furent invitées à demander aux pouvoirs publics :

1° De n'accepter comme adjudicataires que des imprimeurs payant leurs ouvriers au tarif de la chambre syndicale et faisant travailler dans la commune pour les impressions communales, ou dans le département pour les impressions départementales;

2° D'insérer au cahier des charges une clause garantissant un minimum de salaire aux ouvriers employés à ces travaux;

3° Faute d'adjudication, de mettre en régie tous les travaux administratifs d'impression, en fournissant aux chambres syndicales l'outillage et le matériel nécessaires.

Enfin « le Congrès, considérant que la loi sur l'Internationale est un obstacle à l'organisation ouvrière, en demande l'abrogation ».

Les derniers mois de l'année 1887 virent se produire de nombreux incidents dans la Fédération : des grèves à Lyon, à Dijon, à Valenciennes, à Amiens, à Douai, à Rodez, à Brest. Dans cette dernière ville le Comité central n'avait pas autorisé la cessation de travail et l'indemnité statutaire fut refusée aux grévistes. A Angoulême, une grève fut déconseillée également et le différend fut concilié.

Le syndicat lyonnais avait demandé l'intervention d'un délégué du Comité central et, confiant dans le tact et l'esprit de conciliation du délégué permanent, M. Keufer, l'avait désigné expressément pour remplir cette mission. Des membres du Comité, qui appartenaient au parti collectiviste, protestèrent contre ce qu'ils appelèrent un empiétement sur les attributions du Comité et firent décider que les sections ne devraient plus, à l'avenir, désigner le nom du délégué demandé.

D'autre part, les dissidents parisiens cherchaient à détacher de la Fédération les syndicats de province où ils comptaient de nombreux amis; ils réussirent au Havre, mais échouèrent à Lille et à Nancy; ces dissensions n'en affaiblissaient pas moins à la fois les syndicats et la Fédération. Aussi, à Paris, 845 membres seulement prirent part aux élections pour le renouvellement du Comité central : le premier élu, M. Keufer, obtint 687 voix ; M. Allemane, le troisième, eut 651 voix.

Le 7 janvier 1888, lors de la nomination du bureau du Comité, les collectivistes tentèrent de s'emparer du poste de délégué permanent, dont le titulaire exerçait inévitablement une grande influence sur la direction de la Fédération. Tout en reconnaissant que M. Keufer avait toujours bien fait son devoir comme délégué permanent depuis trois ans, ils demandèrent qu'il fût remplacé *au nom du principe démocratique* qui veut qu'une fonction ne soit pas toujours remplie par le même homme.

L'ancien délégué, après une chaude discussion, fut néanmoins renommé par 18 voix contre 11 au candidat des collectivistes, sur 29 votants.

La Fédération comptait alors 5,362 membres et 112 sections ou syndicats. A la liste que nous avons donnée à la fin de 1884, étaient venues s'ajouter le Puy, Douai, Oran, Orléans, Philippeville, Vannes, Laon, Saint-Quentin, Saint-Lô, Lorient, Tours, Bergerac, Abbeville, Laval, Riom, Blois, la Rochelle, Valenciennes, Vichy, Châteaudun, Melle et Provins.

Argentan, Pons, Cherbourg, Dunkerque avaient été rayées; mais Cognac, Pamiers, Saint-Brieuc, démissionnaires en 1886, s'étaient fait réadmettre en 1887.

La Fédération eut à soutenir, en 1888, une grève à Angers, motivée par une réduction de salaire et l'emploi des femmes; une autre à Montauban pour le même motif, puis à Angoulême, à Niort, à Bône, à Paris, pour des réductions de salaire. Des transactions, sans arrêt de travail, furent conclues à Quimperlé, à Chalon-sur-Saône, à Dijon où la grève avait été déconseillée.

Des envois d'argent furent faits pour soutenir les grèves de typographes à l'étranger : à Bucharest et à Vienne.

Deux grèves non statutaires reçurent pourtant l'appui de la Fédération sous forme de souscriptions faites dans les sections : à Nancy, contre l'emploi abusif d'apprentis, et à Alger. Cette dernière ville voyant la grève se prolonger dans deux imprimeries demanda un délégué au Comité central et désigna M. Keufer, ce qui souleva de nouvelles protestations dans le Comité. Le délégué fit, en revenant d'Alger, une tournée de propagande à Marseille, Montpellier, Nîmes, Aurillac et Clermont-Ferrand.

Le même fut chargé de représenter la Fédération au Congrès international de Londres, en octobre 1888.

Le Congrès typographique de 1887 avait émis le vœu que, pour décharger le Comité central d'une partie de son travail de propagande et de règlement des différends, la France et l'Algérie fussent divisées en régions avec un bureau spécial dont les attributions avaient été fixées comme suit :

ART. 4 bis. — Le bureau régional a pour mission : d'entretenir des correspondances régulières avec les sections du groupe, de prendre l'initiative de la propagande syndicale dans la région par visites ou conférences; du placement des fédérés, grévistes ou chômeurs et de dresser une liste d'ancienneté à cet effet.

Dans un conflit quelconque ou pour la formation des syndicats et assurer leur affiliation à la Fédération, les bureaux régionaux pourront désigner un délégué de la région qui sera chargé d'y défendre les intérêts de la section menacée ou d'y faire de la propagande. A défaut d'un délégué de la région, le bureau régional peut en demander un au Comité central. — Les frais seront supportés par la caisse fédérale.

Cette tentative de décentralisation, soumise au vote des sections, fut approuvée par elles et, à partir du 1er octobre 1888, les 12 chefs-lieux de région furent désignés et fixés pour un an : à Lille, Rouen, le Mans, Bordeaux, Montpellier, Marseille, Lyon, Dijon, Nancy, Paris; Clermont-Ferrand et Constantine.

En 1889, la Fédération soutient des grèves à Saint-Etienne, à Oran, à Orléans, à Toulouse, à Béziers, à Saint-Brieuc, à Tunis, à Paris (grève des fondeurs), toutes contre des réductions de salaire; elle les évite à Toulon, à Marseille et à Dijon; elle envoie des secours aux typographes de Christiania, de Gratz, de Zurich. A Évreux, au mois d'août, un maître imprimeur invite ses ouvriers à démissionner du syndicat ou à quitter l'atelier le jour même; une souscription fut ouverte en faveur de ces ouvriers dont le cas n'avait pas été prévu par les statuts fédératifs. En septembre, 7 patrons d'Orléans font la même injonction à leur personnel pour le punir d'avoir adressé aux pouvoirs publics une pétition tendant à ne confier les impressions administratives qu'aux imprimeurs payant le tarif syndical; ici, les ouvriers abandonnèrent le syndicat qui vit son effectif diminuer de 30 membres sur 70.

**Cinquième Congrès, Paris, 1889 (1).** — 53 délégués, représentant 66 associations, prirent part au cinquième Congrès typographique qui se tint à la Bourse du travail de Paris, du 15 au 18 juillet 1889.

**Apprentis.** — La première question portée à l'ordre du jour, à l'examen de laquelle trois séances furent consacrées, fut celle des apprentis :

Tous les syndicats qui souffrent de l'emploi exagéré des apprentis, dit le rapporteur (M. Keufer), signalent le mal avec véhémence et attendent que le Congrès trouve le remède.. ... Mais la limitation décidée, et qu'il soit convenu de l'appliquer coûte que coûte, elle ne pourra être tentée que par deux moyens : par la grève et alors il faut des capitaux et des adhérents nombreux; ou par l'entente avec les patrons, et alors il faut encore une organisation puissante qui serve de point d'appui aux démarches et aux propositions des syndicats fédérés..... Cette dernière conception ne semble pas sur le point d'être réalisée; ni les travailleurs; ni les patrons ne se montrent sincèrement disposés à la formation de commissions arbitrales, puisque d'un côté se développe la haine du patronat, et de l'autre l'oubli de tout devoir envers les travailleurs.

..... Les fédérés sont-ils prêts à faire les sacrifices pécuniaires qu'une *mise bas* générale exigerait pour essayer de résoudre la question des apprentis? Et ces sacrifices nous assureraient-ils le succès, quand l'on songe que nous avons à peine un cinquième des typographes groupés autour de notre Fédération et si l'on tient compte du contingent féminin disponible?..... Il faut avoir le courage de mettre le doigt sur la plaie, il ne sert de rien de s'illusionner.....
Le grand mal de notre époque, c'est que la majorité des producteurs attend son bonheur par les soins des autres, au lieu de comprendre qu'il ne peut le conquérir que par ses propres efforts. Et ce que nous venons de dire est également vrai pour les autres questions que le Congrès aura à résoudre.

Ce préambule fit l'effet d'une douche sur les ardeurs inconsidérées des congressistes qui se bornèrent à émettre des vœux et à décider que les sections feraient connaître l'état réel de la typographie à toutes les familles qui destineraient leurs enfants à la profession de typographe, et qu'elles élaboreraient un contrat d'apprentissage qu'elles s'efforceraient de faire accepter par les patrons et les parents.

**La femme.** — Le syndicat parisien renouvela sa proposition de susciter la création de syndicats féminins; l'un de ses membres ajouta, en outre, qu'il ne voyait qu'un moyen de changer la situation, c'était que les typographes se ralliassent au parti ouvrier socialiste révolutionnaire, et qu'alors la question de la femme aurait sa solution définitive. — Le délégué permanent riposta qu'il pourrait tout aussi bien les engager à adopter la doctrine positiviste, seule capable, selon lui, de résoudre les divers problèmes sociaux; mais, que c'était là tourner dans un cercle vicieux que de proposer telle ou telle doctrine aux travailleurs qui ne veulent rien étudier.

Finalement, la proposition sur le syndicat des femmes fut repoussée.

**Grèves.** — La durée de l'indemnité aux grévistes, à raison de 21 francs par semaine, fut fixée à 13 semaines.

**Administration.** — Le Comité central, au lieu d'être nommé en partie par Paris, en partie par les sections de province, fut composé de 25 membres nommés au scrutin de liste par toutes les sections.

On ne réunirait le Congrès que dans trois ans.

Le Comité central fut invité à ouvrir des négociations dans le but de créer des conseils d'arbitrage composés de patrons et d'ouvriers.

**Congrès international.** — Le Congrès national fut suivi d'un Congrès typographique international qui tint ses séances du 18 au 21 juillet; 13 nations y furent représentées. On y adopta, en principe, la création d'une Fédération typographique internationale et la Suisse fut chargée d'en préparer l'organisation.

**Renouvellement du Comité central.** — Lors des élections qui eurent lieu fin décembre pour la nomination des 25 membres du Comité conformément à la décision du Congrès, les collectivistes révolutionnaires tentèrent de s'emparer de la direction de la fédération en envoyant à toutes les sections une liste de candidats sur laquelle les *modérés* n'avaient qu'une part très restreinte. Les partisans de la ligne de conduite suivie par le délégué permanent répondirent à cette manœuvre par l'envoi d'une circulaire, signée *Un groupe d'indépendants* et recommandant une autre liste où les collectivistes avaient leur part sans doute, mais proportionnelle au chiffre probable de leurs adhérents dans la Fédération. Ce fut cette dernière liste qui passa : sur 3,430 votants, M. Keufer arriva premier avec 3,170 voix. Ce fut la dernière tentative des révolutionnaires pour mettre la main sur une organisation qui aurait pu considérablement augmenter leur influence dans le mouvement ouvrier français.

Dès le 5 janvier 1890, une réduction de salaire de 30 p. 100 causa une grève de 37 ouvriers à Angers, grève qui se prolongea en vain pendant plusieurs mois; le même motif amena, dans le courant de l'année, des grèves d'importance ou de durée moindres à Auxerre, à Grenoble, à Toulon, à Dijon (où les grévistes furent remplacés par des femmes), à Bordeaux et à Lyon.

À Montauban, à Lille, à Lons-le-Saunier, des différends furent conciliés sans arrêt du travail; mais, par contre, des grèves que le Comité central n'avait pas autorisées se produisirent à Amiens, à Châteauroux, à Douai, cette dernière dans des circonstances toutes particulières. Le patron, remarquant qu'un bec de gaz avait été indûment ouvert et ne pouvant trouver le coupable, mit les noms de tous ses ouvriers dans un chapeau, en retira un qui se trouva être celui d'un des plus anciens ouvriers de l'atelier et lui signifia son congé pour le soir même, si l'auteur du délit n'était pas désigné. Outré d'un pareil procédé, tout le personnel, après avoir inutilement tenté de faire revenir le patron sur sa décision, quitta le travail. Huit jours après, un délégué du Comité central se rendit à Douai et obtint du patron la rentrée de tous les ouvriers, sans condition.

11

La *Typographie* du 1ᵉʳ octobre 1890 publia néanmoins une protestation contre *les grèves précipitées et irréfléchies qui compromettent non seulement les intérêts de ceux qui commettent ces infractions à la discipline, mais qui portent une grave atteinte à l'organisation fédérale.*

La Fédération envoya des secours, en 1890, aux typographes grévistes d'Udine, de Suisse, de Buda-Pesth, de Bruxelles; et, en 1891, à ceux de Vienne (Autriche) et d'Allemagne, auxquels il fut même prêté une somme de 7,000 francs.

Elle venait en aide aussi aux verriers de Lyon, de Toulouse, de Cognac, aux tisseurs de Fourmies et de l'Arbresle, aux métallurgistes de Lille, aux cochers de Paris, aux bûcherons de Meillant, aux lithographes anglais, aux bûcherons de Rosières, aux tisseurs de Roubaix, aux mouleurs de Lille, aux carriers de Saint-Florent, aux cochers d'Alger, aux menuisiers de Cahors, aux typographes d'Agram et de Neufchâtel, aux mineurs de Carmaux (ces 12 dernières grèves, en 1892).

Le Ministre du Commerce, en créant le Conseil supérieur du travail le 22 janvier 1891, appela le délégué permanent de la Fédération à en faire partie, et il n'est guère d'année où il n'ait été chargé par cette assemblée de rapports sur les questions qui lui étaient soumises, notamment sur la création de l'Office du travail, sur les règlements d'atelier, sur le chômage, sur la garantie d'un minimum de salaire dans les travaux publics.

En 1891 et 1892, il semble que le mouvement gréviste tende à se régulariser dans la typographie; des cessations de travail sont bien autorisées à Marseille, à Valenciennes, à Agen, à Lyon; mais des conciliations avant grève se produisent à Montpellier, à Orléans, à Montauban, à Chalon-sur-Saône, à Aix, à Valenciennes, à Limoges, à Angers. De retour d'une délégation à Alger, où il avait été appelé le 18 mars 1892 et où il avait pu constituer une commission d'arbitrage pour les conflits futurs, le délégué permanent insistait une fois de plus, dans son rapport, sur la tactique qu'il n'avait cessé de préconiser depuis dix ans : « Je ne puis terminer, disait-il, sans émettre une opinion dont devraient s'inspirer tous les travailleurs en général. Dans la situation actuelle de l'industrie, il faut absolument que les travailleurs se rendent un compte exact des désastreuses conséquences qu'entraînent leurs illusions provenant de cette idée que la victoire est plus assurée par un brusque abandon du travail. C'est là une funeste erreur. Un examen plus attentif de la réalité des faits démontrera à mes confrères que les espérances de succès basées sur une soudaine cessation de travail ont, la plupart du temps, été trompées. Je suis de plus en plus convaincu que, *sans compromettre en rien les intérêts de sa corporation*, il y a tout à gagner à négocier lentement, en prenant les délais nécessaires, même pour quitter le travail; en agissant ainsi, bien des fautes, bien des échecs seraient évités et les tentatives de conciliation réussiraient mieux. »

**Sixième Congrès, Paris, 1892** (1). — Au mois d'août 1891, la chambre syndicale de Lille, la plus forte après celle de Paris, avait adressé à toutes les sections, sans avoir pris l'avis du Comité central, une circulaire indiquant certaines réformes à introduire dans l'administration de la Fédération et demandant la réunion d'un Congrès une année avant l'époque fixée. L'émotion fut vive au premier moment; on crut à une nouvelle manifestation séparatiste; il n'en était rien. Tout au plus, un excès de zèle mal entendu.

Les sections, consultées, maintinrent le Congrès pour l'année 1892 et 70 d'entre elles ajoutèrent à leur avis un vote de confiance pour le Comité central.

Une autre consultation, du 12 avril 1892, sur la représentation au Congrès, fit adopter la proposition suivante : « Chaque section nommera un délégué, Paris seul en aura deux. Chaque délégué aura droit à une indemnité de 6 francs par jour et aux frais de voyage, pris sur la caisse fédérale. Aucune section de province ne pourra se faire représenter par un délégué habitant Paris. Les délégués devront être des membres actifs des syndicats représentés par eux. »

Le sixième Congrès se tint, du 27 au 30 juillet, à la Bourse du travail, avec 81 délégués. Des représentants de la Fédération typographique belge, de la Fédération lithographique, des chambres syndicales des conducteurs, des papetiers, des porteurs de journaux et des typographes dissidents de Paris y assistaient, avec voix consultative.

La présence des délégués de ce dernier syndicat indiquait suffisamment un désir de rapprochement, et une commission de conciliation, nommée par le Congrès, jeta les bases d'une fusion qui s'accomplit dix-huit mois plus tard.

En attendant, les membres de ce syndicat furent autorisés à adhérer individuellement à la Fédération. La certitude qu'il n'y avait plus à

---

(1) *Sixième Congrès national de la Fédération française des travailleurs du Livre*, brochure de 103 pages.

craindre la mainmise des collectivistes révolutionnaires sur l'administration fédérale fut certainement pour beaucoup dans le changement d'attitude des dissidents.

Mais, en même temps, le Congrès témoigna par ses votes que la typographie avait beaucoup perdu de sa foi en l'idée coopérative. Il refusa
d'autoriser des prêts à l'*Imprimerie nouvelle* de Paris qui avait fait cette
demande en se basant sur les statuts qui donnaient comme un des buts
de la Fédération l'encouragement aux associations de production. Le
paragraphe visé fut même supprimé sur une proposition du délégué de
Marseille, ainsi conçue : « Considérant que les coopératives de production
sont généralement condamnées par les expériences faites; qu'elles se
heurtent à des difficultés énormes, telles que l'impossibilité de grouper
les capitaux nécessaires et de trouver des gérants qui, d'ailleurs, ont le
plus souvent dépossédé leurs coassociés;

« Le Congrès engage les travailleurs du livre à subordonner un intérêt
matériel, relatif et secondaire à l'intérêt général, en renonçant à ces
projets de capitalisation individuelle. »

Et un autre délégué ajouta : « Jusqu'à ce jour, le paragraphe en question n'avait aucune importance et ressemblait plutôt à un vœu platonique qu'à un article ferme; or, aujourd'hui que demande-t-on ? Ni plus
ni moins que de transformer le trésor fédéral en capital de roulement à
l'usage de l'*Imprimerie nouvelle*. Cela ne se peut, cela ne doit se faire ;
d'abord parce que le trésor fédéral ne doit servir que pour appuyer les
revendications fédérales, ensuite parce que cette imprimerie n'a rien qui
doive nous intéresser. »

De plus, l'article qui obligeait le journal de la Fédération de se faire
imprimer par une association coopérative fut supprimé aussi et remplacé
par le suivant : « L'organe de la Fédération sera exécuté dans une impri
merie payant le tarif et occupant des syndiqués. »

Le Congrès chargea le Comité central d'étudier la création d'une
caisse fédérative de chômage, se prononça à nouveau pour l'adhésion à
la Fédération typographique internationale en réservant l'avis des sections
sur la quotité des cotisations à verser et décida que le septième Congrès
se tiendrait à Marseille en 1895, les questions à y porter à l'ordre du
jour devant être arrêtées deux mois à l'avance et soumises aux sections.

Il fut convenu, comme au Congrès précédent, que les élections du
Comité central auraient lieu tous les trois ans, dans la première quinzaine de décembre.

Le nombre des groupes régionaux fut porté de 12 à 17, avec les chefs-lieux suivants : Lille, Châlons-sur-Marne, Dijon, Lyon, Grenoble, Marseille, Montpellier, Toulouse, Bordeaux, Limoges, Nantes, Rennes, Rouen, Clermont-Ferrand, Auxerre, le Mans et Paris.

**Viaticum.** — Paris, qui jusqu'alors ne délivrait pas de viaticum aux voyageurs, quoiqu'il payât sa part de répartition des frais de ce service, fut soumis à la règle générale.

Cette intéressante institution du viaticum mérite qu'on s'y arrête spécialement en raison des discussions assez vives qu'elle a soulevées au sein de chaque Congrès avant d'arriver à la réglementation actuelle.

Au Congrès de 1892, un rapport très documenté avait été présenté au nom du Comité central par M. Hamelin.

Pour réfuter les arguments des adversaires du viaticum, qui en demandaient la suppression sous prétexte que les secours n'étaient donnés qu'à des voyageurs de profession, le rapporteur avait relevé les chiffres suivants, concernant l'exercice 1891 :

« Dans le premier trimestre, qui est glacial, les sections ont délivré 411 fois le viaticum à 104 voyageurs :

Dans le deuxième trimestre, les sections ont délivré 574 fois le viaticum et 100 voyageurs nouveaux étaient sur la route;

Dans le troisième trimestre (celui des vacances), les sections ont délivré 1,206 fois le viaticum et 98 voyageurs nouveaux venaient s'adjoindre aux autres;

Dans le quatrième trimestre, les sections ont délivré, malgré la pluie et la neige, 900 fois le viaticum à ceux qui n'avaient pas encore trouvé du travail, et 47 autres typographes étaient forcés de quitter leurs places.

Ce qui fait un total de 3,091 demandes de viaticum par 349 voyageurs.

La preuve que ces 349 voyageurs ne se trouvaient pas sur la route pour leur plaisir et auraient préféré travailler, est donnée par les chiffres suivants :

96 ont touché moins de 5 francs; 65 de 5 à 10 francs; 37 de 10 à 15 francs; 26 de 15 à 20 francs; 24 de 20 à 25 francs; 22 de 25 à 30 francs; 19 de 30 à 40 francs; 9 de 40 à 50 francs; 11 de 50 à 60 francs; 13 de 60 à 70 francs; 9 de 70 à 80 francs; 7 de 80 à 90 francs; 3 de 90 à 100 francs; 2 de 100 à 110 francs; 2 de 110 à

120 francs; 2 de 130 à 140 francs; 2 de 140 à 150 francs. — En tout : 349 voyageurs.

Voici les villes qui, par leur situation géographique, délivrent le plus de secours aux voyageurs. Pour que cette statistique soit complète, nous l'avons basée sur toute l'année 1891, comportant ainsi les quatre saisons. Nous sommes arrivés à ce résultat :

| | VOYAGEURS. | SOMMES DÉBOURSÉES. |
|---|---|---|
| Lyon.............................. | 84 | 214 fr. 50 |
| Tours............................. | 58 | 190 » |
| Nice.............................. | 37 | 190 » |
| Orléans........................... | 60 | 184 » |
| Marseille......................... | 57 | 172 » |
| Toulouse.......................... | 51 | 167 » |
| Rouen-Elbœuf-Mantes............... | 76 | 166 50 |
| Bordeaux.......................... | 48 | 156 » |
| Agen.............................. | 45 | 151 » |
| Nantes............................ | 47 | 142 » |
| Saint-Étienne..................... | 39 | 139 » |
| Valence........................... | 45 | 137 » |
| Angers............................ | 41 | 131 » |
| Auxerre........................... | 58 | 129 50 |
| Angoulême......................... | 44 | 125 » |
| Versailles........................ | 40 | 122 » |
| Dijon............................. | 81 | 120 50 |

Comme vous le remarquerez, nous n'avons pris que les villes payant au-dessus de 120 francs par an.

Pendant que les typographes français cherchaient à abaisser le viaticum, ou à le supprimer, les étrangers, au contraire, tendent à l'augmenter. La preuve en est fournie par la petite statistique suivante :

Voici ce que payent les Fédérations pour le viaticum :

| | PAR MEMBRE et par semaine. Centimes. | NOMBRE des adhérents. | SOMME TOTALE des secours payés. fr. c. |
|---|---|---|---|
| France............ | 2,92 | 5,351 | 8,136 80 |
| Suède............. | 5,02 | 1,325 | 3,621 96 |
| Norvège........... | 6,06 | 405 | 1,277 05 |
| Suisse............ | 6,61 | 1,140 | 3,957 60 |
| Autriche.......... | 8,56 | 4,483 | 19,980 11 |
| Danemark.......... | 11,25 | 1,045 | 6,122 08 |
| Allemagne......... | 13,42 | 15,377 | 107,322 60 |

Nous payons donc en France 2ᶜ 92 par semaine ou 12ᶜ 66 par mois, soit 1 fr. 52 par an et par membre.

Ainsi, nous payons la moitié moins que les typographes suédois qui viennent en dernier après nous comme dépense pour le viaticum, et cinq fois moins que les Allemands qui payent le plus. »

Voici maintenant l'article relatif au viaticum, tel qu'il fut adopté par le Congrès, après une sérieuse discussion.

Tous les fédérés recevront le viaticum dans les sections françaises et étrangères et dans les sociétés typographiques qui accepteront les engagements de la réciprocité. Le viaticum ne sera délivré dans les sections qu'au fédéré ayant *terminé* son noviciat de six mois et ayant quitté une localité pour *manque de travail* indiqué par le cachet spécial ou pour *mise bas* signalée sur le livret. Le noviciat ne pourra être exigé, pour le droit au viaticum, dans le cas de grève se produisant avant l'expiration réglementaire dudit noviciat.

Un contrôle très sévère devra être exercé à cet égard par les confrères chargés de le délivrer.

Chaque fois qu'un confrère, manifestement ou d'une façon préméditée, se sera mis dans son tort par abandon volontaire de travail ou inconduite notoire, la mention : Parti faute de travail, devra absolument lui être refusée. En cas de récidive, la radiation sera prononcée.

Pour les autres cas, les sections seront juges de la mention à apposer sur le livret.

Le viaticum doit être rigoureusement refusé à tout confrère venant de l'étranger et dont le livret ne contiendra pas la marque *française* de connaissement.

Tout fédéré qui aura touché indûment le viaticum sera tenu de le rembourser sous peine de radiation.

Le viaticum, basé sur le système kilométrique, doit se régler d'après le mode qui suit :

Chaque voyageur recevra, pour toute distance de 40 kilomètres et au-dessous, un premier secours de 1 fr. 50, depuis la section ou la sous-section la plus voisine dans la direction d'où vient le sociétaire.

Toute distance au-dessus de 40 kilomètres donnera droit à une subvention supplémentaire de *cinquante centimes* par fraction de 20 kilomètres, jusqu'à concurrence de 200 kilomètres.

Les sommes versées aux voyageurs seront totalisées en toutes lettres au bas de chaque page du livret, afin de faciliter le contrôle indiqué au dernier paragraphe de l'article 8. — Les sections ne doivent pas négliger de mettre la date sur le livret chaque fois qu'elles donnent le viaticum. Elles devront également bien spécifier sur le livret la nature de la dette du voyageur.

Chaque section doit avoir un livret-répertoire indiquant le matricule, le nom, le prénom, la date du passage du fédéré.

Les confrères qui voyagent en chemin de fer d'un point à un autre, sans visiter les sections intermédiaires, n'ont pas droit au viaticum pour la distance ainsi parcourue.

Une feuille-type contenant le nom de toutes les imprimeries de la ville sera remise au voyageur par les soins du secrétaire; cette feuille, signée du préposé de chaque atelier, devra être retournée au secrétaire pour prouver que le fédéré s'est rendu dans tous les ateliers typographiques de la localité. Après la remise de cette feuille, le visa de départ sera apposé sur le livret.

Le viaticum ne sera délivré aux fédérés voyageurs que lorsqu'il y aura au moins dix-huit mois qu'ils seront passés dans la section où ils se présentent de nouveau.

Après huit jours consécutifs de travail dans une section, le voyageur perdra son droit au viaticum.

Les sections algériennes sont autorisées à délivrer comme viaticum la somme nécessaire pour se rendre dans une autre localité, les deux tiers des secours étant à la charge de la Fédération, l'autre tiers restant à la charge des sections.

Toutes les sections dresseront une carte kilométrique ou, à son défaut, un indicateur, afin d'éviter les erreurs de distance qui pourraient se produire à cet égard.

Tout fédéré ne pourra recevoir plus de 150 francs de viaticum dans trois ans. Passé cette somme, il devra s'écouler dix-huit mois avant d'avoir droit de nouveau aux secours de route, à moins toutefois que le susdit fédéré ne quitte sa place pour un des cas prévus dans l'article 6.

Les sections publieront dans la *Typographie* le nom et le matricule des confrères ayant touché les 150 francs de viaticum, avec la date à laquelle ils auront de nouveau droit aux secours de route. Le Comité central et les sections en prendront note sur un registre spécial.

A chaque trimestre, le Comité central vérifiera les quittances pour s'assurer que le viaticum n'a pas été délivré à des confrères ayant reçu la somme totale.

La situation de gréviste reconnu donnera un nouveau droit au viaticum aux voyageurs ayant touché les 150 francs depuis moins de dix-huit mois.

Le viaticum sera refusé au confrère dont la dette sera supérieure à trois mois de cotisations, dette contractée pour d'autres motifs que le chômage ou la maladie dûment justifiés.

En cas de récidive la radiation sera prononcée.

Si l'abandon du travail a causé le renvoi d'un fédéré, il sera rayé immédiatement.

Nous avons publié ces renseignements parce que nous avons pensé qu'ils intéresseraient les corporations disposées à suivre l'exemple donné par la Fédération du livre.

**Grèves.** — Le cadre des grèves à autoriser fut un peu élargi, sans cependant renoncer à aucune des précautions habituelles, au contraire. Voici les articles adoptés à ce sujet :

Aʀᴛ. 16. — Lorsqu'il y aura dissentiment dans une section entre les patrons et les ouvriers, ces derniers ne devront jamais quitter l'atelier sans l'autorisation du comité de section. — Le comité de section, avant de prendre aucune décision, devra en informer immédiatement le Comité central et le bureau régional en leur fournissant des renseignements précis.

Aʀᴛ. 17. — Dans aucun cas, la grève ne devra être autorisée avant d'avoir épuisé tous les moyens de conciliation. Seront considérés comme grévistes :

1° Les fédérés occupés dans une maison, auxquels on voudrait faire subir une réduction de salaire, telle que diminution du prix du mille ou du prix de l'heure, suppression des heures *gratifiées, surcharges*, etc., qui sont prévues par le tarif ou les usages de la section, et habituellement payées dans la maison ou la localité ;

2° Les fédérés remplacés par des femmes dans les maisons où il n'en existe pas ; — dans les maisons où il y a des compositrices, les fédérés ne seront considérés comme grévistes que lorsque leur remplacement par ces dernières aura été précédé d'une proposition d'abaissement de salaire ;

3° Les fédérés qui se verraient dans l'obligation de faire grève, par suite du refus de l'adoption d'un nouveau tarif dont la présentation aura été autorisée par le Comité central ;

4° Les fédérés qui seraient débauchés et remplacés dans leur travail par des jeunes gens n'ayant pas terminé leur apprentissage ou travaillant à un prix inférieur, au tarif ou à la journée ;

5° Les fédérés qui perdraient leur travail à raison de leur qualité de fédérés, de leurs fonctions syndicales ou fédérales, ou pour avoir exécuté les décisions du bureau de la section ou du Comité central. — Les confrères qui se trouveraient dans les cas cités par ce paragraphe ne seront considérés comme grévistes que si la preuve est faite qu'ils ont été remerciés pour ces motifs, et sur la déclaration signée des membres du bureau ou du receveur et de deux confrères de l'atelier où travaille l'intéressé.

Aʀᴛ. 18. — Les sections où la journée de travail est de 11 heures seront soutenues, sur leur demande, pour réduire la journée à 10 heures, avec le même salaire.

Art. 19. — Tous les cas non prévus seront jugés par le Comité central qui décidera si l'indemnité de grève ou un secours exceptionnel devra être accordé.

Art. 20. — Toute grève déclarée sans l'autorisation du Comité central restera à la charge de la section.

Enfin, pour resserrer les liens d'une discipline nécessaire et prévenir le retour d'une agitation pareille à celle qu'avait causée, en 1891, la circulaire du syndicat de Lille, le Congrès vota un nouvel article des statuts portant que toute section qui désirerait adresser aux autres sections une circulaire touchant l'administration ou le règlement de la Fédération, devra, avant l'envoi, en communiquer le texte au Comité central.

La fin de l'année 1892 fut marquée par une grève partielle à Lyon, causée par une réduction de salaire; elle coûta 3,726 fr. 10.

Le 1er janvier 1893, quelques ouvriers d'une imprimerie d'Angoulême ayant été renvoyés et remplacés par des femmes, leurs camarades se mirent en grève; le délégué permanent de la Fédération se rendit sur les lieux et parvint à persuader au patron de renoncer à l'emploi des femmes; le 7 janvier, le travail était repris.

Il n'y a guère à relever, au cours de cette année, que de courtes grèves, n'affectant qu'un établissement, à Limoges, à Lorient, à Saint-Amand (Cher); mais le nombre des différends réglés à l'amiable sans arrêt de travail va en augmentant : à Rennes, à Limoges, à Bordeaux, à Calais, à Avignon, à Saint-Quentin, à Lons-le-Saunier, à Valenciennes, à Orléans, à Nice, à Nantes enfin, où un accord entre les patrons et le syndicat fixa le nombre des apprentis à 1 par 5 ouvriers.

La Fédération continuait à faire acte de solidarité vis-à-vis des grévistes des autres professions en envoyant des subsides aux horlogers de Paris, aux bûcherons de Mareuil, aux fileuses de Nantes, aux carriers de Comblanchien, aux métallurgistes de Revin et de Rive-de-Gier, aux lanterniers de Paris, aux chapeliers de Graulhet, aux brodeurs de Saint-Quentin, aux tanneurs de Châteaurenault, aux tisseurs d'Amiens, aux plâtriers de Cahors, aux chaudronniers de Saint-Florent, aux maçons de Bordeaux, aux cochers de Paris, aux mégissiers de Saint-Denis, aux ouvrières en amandes d'Aix, aux mineurs du Pas-de-Calais, aux boulangers de Limoges, etc. Cette liste, que nous renonçons à donner pour les années suivantes, va toujours en s'allongeant, car aucune demande de secours adressée à la Fédération typographique n'est repoussée; il lui est même arrivé d'envoyer des fonds pour une grève que nous savons ne pas avoir eu lieu (fleuristes à Paris).

Le 29 mars, le vote des sections sur l'adhésion à la Fédération internationale typographique, dont les statuts avaient été arrêtés dans un Congrès international tenu à Berne du 25 au 27 août 1892, donna les résultats suivants : Votants, 4,125 ; 3,136 oui, 852 non ; pour la cotisation mensuelle de 5 centimes, 1,391 ; pour 10 centimes, 1,706.

Le Comité central, considérant, d'une part, le grand nombre des abstentions, et, d'autre part, la condition demandée par les membres du syndicat dissident de Paris pour opérer leur fusion (qu'aucune cotisation ne serait imposée au syndicat en vue du fonctionnement d'une organisation internationale quelconque), renonça à faire payer par les sections la contribution destinée au secrétariat international et préleva cette dépense sur la caisse fédérale, en attendant une décision du prochain Congrès.

En même temps, pour réaliser une économie sur les frais de local, le siège de la Fédération fut transféré, le 8 avril, à la Bourse du travail. Cet établissement ayant été fermé au mois de juillet suivant, la Fédération revint rue de Savoie, où elle put trouver un local libre au numéro 20, en face du siège qui avait été occupé, depuis 1860, par le syndicat parisien. Le 27 mai, la Fédération des typographes allemands avait remboursé les 7,000 francs qui lui avaient été prêtés en 1891.

Le premier événement important, en 1894, fut la grève de l'imprimerie Danel, à Lille, contre l'installation d'un atelier de compositrices. Le délégué permanent de la Fédération se rendit, à deux reprises, dans cette ville, mais fut impuissant à faire revenir le patron sur sa détermination; la grève échoua, 45 typographes seulement, sur 75, avaient cessé le travail.

Au mois de septembre, se tint à Lyon un Congrès des maîtres imprimeurs de France ; tous les journaux professionnels avaient été invités à assister à ce Congrès et M. Keufer accepta l'invitation au nom de la *Typographie française*. Le deuxième jour, quelques patrons, offusqués de la présence du délégué de la Fédération, lui contestèrent maladroitement son droit d'assister aux séances et la majorité du Congrès, appelée à voter sur une proposition de M. Keufer qui ne voulait pas lui imposer sa présence malgré son titre formel d'invité, se prononça pour son exclusion. Un tel affront infligé à l'homme qui avait le plus fait pour établir des relations régulières entre patrons et ouvriers dans l'imprimerie, souleva les colères de tous les fédérés et le 16 septembre, la Société typographique de secours mutuels de Lille, par 227 voix contre 68, invita M. Danel qui était son président depuis de longues années et qui assistait au Congrès de Lyon, à donner sa démission, ses actes étant contraires à la prospérité de la typographie. Disons tout de suite que les maîtres imprimeurs saisirent la première occasion favorable pour réparer la faute commise.

D'abord, en avril 1895, M. Danel renonça à l'emploi des femmes et, au mois de septembre, le Congrès patronal se tenant à Marseille en même temps que le Congrès de la Fédération, on admit des deux côtés, presque sans discussion, le principe de la création d'une Commission mixte nationale permanente, composée de 9 patrons et de 9 ouvriers.

Avant de rendre compte du septième Congrès typographique, il nous faut relater un incident à propos du Congrès ouvrier de Nantes de 1894. En minorité dans le Comité central, les collectivistes révolutionnaires n'avaient cependant pas complètement désarmé et, dans une séance qui ne comptait que 14 membres présents, ils firent donner mandat, par 7 voix contre 6, au délégué de la Fédération au Congrès de Nantes, de voter en faveur de la *grève générale*.

Ce fut un vote de surprise, il est vrai; il souleva de nombreuses réclamations des syndicats fédérés, d'autant plus que le délégué du syndicat parisien à ce même Congrès avait reçu un mandat tout opposé; mais il n'en est pas moins curieux que ce vote ait pu avoir lieu.

**Septième Congrès, Marseille, 1895** (1). — 92 délégués assistèrent au septième Congrès de la Fédération, à la Bourse du travail de Marseille, du 9 au 15 septembre 1895 : 84 représentants de 83 sections (celle de Paris ayant 2 délégués), 2 suppléants, 3 membres du Comité central, un délégué des conducteurs de Marseille, un délégué de la Fédération lithographique et le secrétaire permanent du secrétariat international.

Le Congrès ouvrit ses séances en votant l'envoi d'une somme de 500 francs aux verriers grévistes de Carmaux.

**Caisse fédérative de chômage et de maladie.** — La première question à l'ordre du jour souleva une longue discussion au cours de laquelle furent signalées les difficultés presque insurmontables que rencontrent les syndicats qui veulent aujourd'hui constituer pour leurs membres une société de secours mutuels. Les objections faites par les délégués à la création d'une caisse corporative de secours aux malades se résument en

---

(1) *Septième Congrès national de la Fédération française des travailleurs du Livre*, brochure de 208 pages.

ceci : l'idée mutualiste a des racines plus profondes et plus anciennes que l'idée syndicale, elle a bénéficié avant cette dernière des faveurs de la loi, et la plupart de nos membres font déjà partie d'une société de secours mutuels ; on n'obtiendra jamais d'eux qu'ils abandonnent une société qu'ils croient sûre pour les faire entrer dans une nouvelle dont l'avenir est incertain. On ne peut pas penser davantage à leur conseiller de faire partie de deux sociétés pour le même objet, ce serait trop de cotisations à payer. Il ne faut pas se dissimuler que c'est là la pierre d'achoppement contre laquelle viendront se briser les meilleures intentions.

Le projet de caisse fédérative de chômage fut seul adopté par 72 voix contre 10 abstentions, à la condition qu'il serait soumis au vote des sections et qu'il réunirait les deux tiers des votants. Pour les débuts, l'indemnité de chômage ne serait accordée que pendant cinq semaines, à raison de 9 francs par semaine, et celui qui aurait une fois touché le maximum des secours (soit 45 francs), n'y aurait de nouveau droit qu'après un intervalle d'un an.

**Secrétariat international.** — Le maintien de l'adhésion au secrétariat typographique international réunit 56 voix contre 25. Les délégués avaient remarqué que l'hypothèse posée par le rapport, de 4,000 grévistes à soutenir pendant deux mois, exigeait une cotisation de 1 fr. 25 par semaine pendant ce laps de temps, de la part de tous les fédérés ; et ils se rappelèrent qu'en Allemagne il y avait eu 16,000 grévistes ; c'eût donc été 5 francs par semaine qu'il aurait fallu payer, sinon la caisse de la Fédération n'aurait pas résisté huit jours. Aussi, en votant le maintien de l'adhésion, fut-il stipulé qu'il serait également soumis au vote général des sections et qu'il devrait réunir les deux tiers des votants.

**Grève générale.** — M. Hamelin, qui avait remplacé M. Allemane comme principal porte-parole des collectivistes, demanda au Congrès de donner son adhésion au Comité organisateur de la grève générale nommé au dernier Congrès ouvrier. Il ne chercha pas à cacher que la grève générale ne pourra être pacifique, car, une fois déclarée, on ne peut prévoir où elle s'arrêtera. « La grève générale c'est la révolution, il serait inutile de le nier. » A l'unanimité moins quelques voix « le Congrès, jugeant que la Fédération n'a pas à se préoccuper de l'éventualité d'une grève générale momentanément irréalisable, passe à l'ordre du jour ». Il décida encore, sur la proposition du délégué du syndicat parisien, que le Comité central ne pourrait, à l'avenir, se faire représenter que dans les Congrès organisés en dehors de tout groupe politique.

**Limitation du nombre des apprentis.** — Le délégué de Bordeaux annonça les résultats obtenus dans cette ville par une entente entre patrons et ouvriers : limitation du nombre des apprentis à 1 par 6 ouvriers ; adoption d'une formule de contrat d'apprentissage, en fixant la durée à quatre années et l'âge de l'entrée à 14 ans ; obligation pour l'apprenti, au bout de ces quatre ans, de passer un examen devant une commission mixte pour juger de ses capacités professionnelles, et obligation pour le patron qui l'emploiera de le payer au tarif fixé d'un commun accord entre patrons et ouvriers. D'autres sections avaient déjà pris des arrangements analogues. Le Congrès adopta la proposition suivante :

De 1 à 5 ouvriers, 1 apprenti ; de 5 à 10 ouvriers, 2 apprentis...; de 15 à 20 ouvriers, 4 apprentis ; à partir de 20 ouvriers, 1 apprenti par 10 ouvriers.

Sera considéré comme apprenti tout typographe ne touchant pas le minimum du tarif syndical. Les ouvriers seront autorisés à quitter le travail dans les maisons occupant un nombre d'apprentis supérieur au chiffre indiqué. — Toutefois, le Comité central sera juge de l'opportunité de ces demandes, dans le cas où plusieurs sections manifesteraient le désir de faire l'application du règlement.

**Heures de travail.** — Les heures supplémentaires seront *gratifiées* à partir de la onzième heure ; toutes les sections où la *gratification* n'est pas payée seront, sur leur demande, soutenues par la Fédération pour l'obtenir.

Toutes les sections où la journée de travail dépasse 10 heures devront s'adresser au Comité central pour s'entendre avec lui sur les moyens de ramener cette journée à 10 heures.

Maintenant, après la résolution pratique, le vœu platonique.

Un *vœu* pour l'adoption de la journée de huit heures est adopté à l'unanimité moins 1 voix et 4 abstentions.

**Conditions du travail** *dans les travaux des administrations publiques.* — Sur un rapport de M. Keufer, le Congrès se prononça pour l'introduction, dans les cahiers des charges des travaux des administrations publiques, de clauses garantissant le salaire et fixant les conditions du travail conformément aux conventions établies entre les patrons et les syndicats ouvriers ; ou, à défaut de telles conventions, d'accord avec les usages locaux. Pour faciliter la surveillance de l'exécution de ces clauses, les cahiers des charges seraient rendus publics, ou tout au moins communiqués aux syndicats patronaux et ouvriers qui en feraient la demande.

Cette proposition, soumise au Conseil supérieur du travail, a été acceptée par lui dans sa session de décembre 1897.

**Machine à composer.** — Sur cette question, le délégué de Toulouse n'y va pas de main-morte et propose que « sitôt que la machine à composer fera son apparition en France, l'on devra faire *mise bas* dans les ateliers où elle sera introduite, et les *consciences* devront quitter le travail ».

Le Comité central avait chargé du rapport celui de ses membres qui avait été délégué à l'Exposition de Chicago en 1893 et qui avait pu se rendre compte de la tactique des typographes américains à l'égard de cette inquiétante question. Les conclusions suivantes, déposées par lui, furent adoptées par le Congrès :

1° Aussitôt qu'une machine à composer sera signalée dans une localité, le bureau de la section devra en aviser de suite le Comité central, qui se mettra immédiatement en rapport avec le patron pour obtenir que la machine soit conduite par des ouvriers typographes syndiqués et arrêter ensemble les prix de la main-d'œuvre. 2° En aucun cas, les apprentis n'ayant pas terminé leur apprentissage ne pourront être employés à la machine à composer. 3° Si le patron refusait les propositions indiquées plus haut, les fédérés devront quitter le travail et seront considérés comme grévistes. 4° Les fédérés qui perdraient leur travail par suite de l'adoption de la machine acceptée dans les conditions régulières sus indiquées ne pourront être considérés comme grévistes ; ils bénéficieront de l'indemnité de la caisse de chômage.

**Emploi des clichés.** — Les adversaires irréductibles de la machine à composer le sont aussi de l'emploi des clichés, puisque cet emploi entraîne une diminution de la main-d'œuvre. Un délégué de province cite l'emploi des clichés dans un journal et, tout en reconnaissant que le journal ne les supprimera jamais, car leur emploi donne une bonne impression, il demande néanmoins que l'on fasse des démarches pour obtenir la suppression de l'emploi des clichés. Un délégué de Paris combat cette proposition ; il dit qu'à Paris on n'emploie pas de clichés, mais que de nombreux journaux se font avec de la matière prêtée, ce qui revient au même. Si on considérait comme grévistes les confrères victimes de cette manière d'agir, la caisse fédérative n'y suffirait pas. La proposition est écartée.

**Marque syndicale.** — A l'imitation de ce qui se fait dans de nombreux métiers aux États-Unis, où des marques apposées par le syndicat sur les produits avertissent l'acheteur que le bon marché n'a pas été obtenu au détriment du salaire des ouvriers, le Congrès ajouta à l'article 1er des statuts, un paragraphe ainsi conçu :

Obtenir que sur tous les travaux d'impression, en commençant par les journaux, la mention suivante soit imprimée : Ce journal (ou ce volume) a été composé et imprimé aux conditions du tarif du syndicat des typographes de......

Enfin, avant de se séparer, le Congrès, prenant en considération les

nouvelles charges créées au délégué permanent par le développement de
la Fédération, décida de porter son indemnité à 12 francs par jour, au
lieu de 10. Aux élections triennales pour le renouvellement du Comité
central qui eurent lieu en décembre 1895, M. Keufer fut de nouveau élu
le premier par 4,594 voix sur 5,209 votants. A la même époque, un prêt
de 4,000 francs fut consenti aux typographes en grève de Buda-Pesth. Le
16 mars 1896, les sections furent appelées à émettre leur vote sur la création de la caisse de chômage et l'adhésion définitive au secrétariat typographique international. Sur 7,202 inscrits, il y eut 5,546 votants : pour
la caisse de chômage 3,480 oui, 1,919 non. Il s'en fallut de 284 voix que la
majorité requise, des deux tiers, fût acquise à la proposition. Le secrétariat obtint 2,649 oui, contre 2,687 non. Voici le résultat du vote pour
les principales villes :

|  | CAISSE DE CHÔMAGE. | | SECRÉTARIAT INTERNATIONAL. | |
|---|---|---|---|---|
| Paris | 1,000 oui, | 514 non; | 954 oui, | 541 non. |
| Lille | 240 — | 36 — | 21 — | 254 — |
| Lyon | 75 — | 135 — | 152 — | 58 — |
| Bordeaux | 0 — | 181 — | 0 — | 179 — |
| Marseille | 79 — | 75 — | 73 — | 78 — |

Il faut remarquer que Bordeaux, Lyon et Marseille ont, depuis plusieurs années, annexé à leur syndicat une caisse de chômage.

Ce vote n'altéra pas les relations fraternelles de la Fédération fran-
aise avec les fédérations typographiques des autres pays, le délégué permanent assista au troisième Congrès typographique international qui se
tint à Genève au mois d'août 1896 et à la fin de cette année, 3,000 francs
furent envoyés au secrétariat international pour les fondeurs italiens en
grève.

**Commission mixte.** — La première réunion de la Commission nationale mixte, créée à Marseille en 1895, eut lieu à Paris le 26 mai 1896.
Les membres patrons avaient été choisis dans les villes suivantes : Amiens,
Bordeaux, Dijon, Lille, Limoges, Lyon, Marseille, Paris, 2. Les membres ouvriers venaient d'Angers, Auxerre, Lille, Lyon, Paris, 3; Reims
et Rouen. Les questions mises à l'ordre du jour étaient : l'assimilation des
ouvriers typographes aux lithographes, comme ouvriers d'art, au point
de vue de la loi militaire; le contrat d'apprentissage; l'imprimerie dans
les prisons et les établissements de bienfaisance et d'éducation.

Cette première session se borna à nommer les membres d'une commission permanente chargée d'élaborer un règlement et de préparer l'ordre du jour de la session suivante. La deuxième session eut lieu les 19 et 20 mai 1897 ; le nombre des membres fut porté de 18 à 24. Des rapports sur l'apprentissage et le travail d'imprimerie dans les prisons y furent adoptés et on aborda l'étude des moyens susceptibles de prévenir les grèves en créant des comités mixtes permanents dans toutes les villes où existent des syndicats de patrons et d'ouvriers.

La commission permanente fut chargée de préparer un projet sur cette dernière question pour la session de 1898.

L'année 1897 a été relativement calme pour la Fédération. A côté de quelques grèves qu'elle a dû soutenir à Montpellier, à Auxerre, à Lyon, à Nevers, à Angoulême, le nombre des différends conciliés, sans grève, a été assez grand ; ils avaient surgi à Roubaix, à Caen, à Nancy, à Alger, à Agen, à Paris, à Nantes, à Boulogne-sur-Mer, à Bourges, à Toulouse, à Levallois, à Tours. Le nombre de ses membres, versant réellement leurs cotisations, était, au 1er janvier 1898, de 8,074, et le nombre des syndicats adhérents, de 136. Il ne restait que 5 syndicats comptant en tout 90 membres, en dehors de la Fédération.

La Fédération des travailleurs du Livre a été adhérente au *Secrétariat national du travail,* pendant toute la durée de cette organisation, 1892–1896 ; elle fait partie actuellement de la *Confédération générale du travail.*

Nous terminons cet historique par deux tableaux : l'un indique la marche progressive de la Fédération pendant les 13 dernières années, de 1885 à 1898 ; on y trouve le compte des principales dépenses, frais d'administration, frais de publication du journal corporatif, de délégations, de viaticum et de grève, avec l'encaisse au 1er janvier de chaque année.

Le deuxième tableau donne l'effectif de chaque section adhérente, au 1er janvier 1898 : d'un côté le nombre des membres inscrits tel qu'il a été fourni au Bureau des syndicats professionnels; de l'autre, le nombre des membres ayant payé leurs cotisations à la Fédération. Nous avons ajouté la liste des villes où a existé, pendant quelque temps, un syndicat typographique; le nombre des membres n'est indiqué que pour les 5 villes qui possèdent encore une chambre syndicale non ralliée à la Fédération.

Nota. — Le huitième Congrès de la Fédération des travailleurs du Livre, qui devait se tenir en 1898, a été ajourné à l'an 1900, sur la proposition du Comité central et après consultation de tous les syndicats fédérés.

12

EFFECTIF, RECETTES ET DÉPENSES PRINCIPALES DE LA FÉDÉRATION DES TRAVAILLEURS DU LIVRE

*du 1ᵉʳ janvier 1885 au 1ᵉʳ janvier 1898.*

| ANNÉES. | NOMBRE de groupes adhérents. | NOMBRE de membres payants. | COTISATION mensuelle de répartition des frais de grève et viaticum. | RECETTES (²) | FRAIS de publication du journal la Typographie française. | FRAIS de viaticum. | FRAIS D'ADMINISTRATION. Délégué permanent. | FRAIS D'ADMINISTRATION. Délégué intérimaire, comptable, etc. | FRAIS de délégation (propagande syndicale et règlement des différends). | GRÈVES STATUTAIRES. | SUBSIDES aux caisses d'autres professions et aux grèves non statutaires. | EN CAISSE au 1ᵉʳ JANVIER. | ANNÉES. |
|---|---|---|---|---|---|---|---|---|---|---|---|---|---|
| | | | fr. c. | fr. c. | fr. c. | fr. c. | fr. c. | fr. c. | fr. c. | fr. c. | fr. c. | fr. c. | |
| 1885...... | 88 | 6321 | 0 1352 | 50,171 31 | 12,812 74 | 6,570 40 | 3,530 00 | 1,346 20 | 481 15 | 28,070 70 | 400 00 | (¹) | 1885. |
| 1886...... | 101 | 6393 | 0 2691 | 48,502 66 | 11,503 98 | 12,152 23 | 3,580 00 | 691 00 | 613 20 | 28,128 23 | 320 00 | 7,032 63 | 1886. |
| 1887...... | 100 | 6616 | 0 2782 | 30,161 80 | 10,353 53 | 10,026 63 | 3,430 00 | 936 30 | 472 05 | 7,920 65 | 25 00 | 6,563 31 | 1887. |
| 1888...... | 106 | 6168 | 0 2797 | 51,771 01 | 8,178 91 | 8,411 03 | 3,510 00 | 494 80 | 562 65 | 8,867 80 | 1,820 00 | 9,209 22 | 1888. |
| 1889...... | 104 | 6223 | 0 30 | 38,057 21 | 6,535 78 | 7,466 63 | 3,365 00 | 537 25 | 469 85 | 11,336 25 | 1,535 00 | 14,965 07 | 1889. |
| 1890...... | 105 | 4935 | 0 4527 | 43,775 10 | 8,193 01 | 9,843 95 | 3,055 00 | 975 00 | 1,901 85 | 16,966 55 | 2,156 00 | 23,339 81 | 1890. |
| 1891...... | 111 | 5119 | 0 2320 | 39,638 70 | 6,236 13 | 8,163 70 | 3,013 00 | 1,010 00 | 1,180 25 | 5,328 85 | 2,806 53 | 26,657 90 | 1891. |
| 1892...... | 119 | 6502 | 0 3381 | 42,702 60 | 6,185 01 | 6,507 70 | 2,975 00 | 1,031 55 | 955 65 | 11,543 70 | 1,050 00 | 32,655 55 | 1892. |
| 1893...... | 122 | 6917 | 0 2121 | 42,751 52 | 8,571 44 | 7,867 60 | 2,835 00 | 1,358 00 | 1,787 95 | 10,199 15 | 1,171 15 | 32,700 57 | 1893. |
| 1894...... | 122 | 6057 | 0 3031 | 51,017 45 | 9,410 60 | 8,112 33 | 2,835 00 | 1,067 00 | 4,288 20 | 11,870 95 | 2,408 00 | 52,351 10 | 1894. |
| 1895...... | 133 | 7053 | 0 2109 | 57,835 11 | 10,931 63 | 6,263 40 | 3,113 00 | 2,532 00 | 1,808 25 | 7,081 15 | 3,001 00 | 61,665 23 | 1895. |
| 1896...... | 136 | 6917 | 0 3039 | 50,251 01 | 10,807 78 | 6,067 75 | 3,861 00 | 3,490 00 | 2,721 35 | 10,110 93 | 3,410 00 | 66,911 76 | 1896. |
| 1897...... | 151 | 7356 | 0 2366 | 65,330 60 | 11,356 01 | 8,463 72 | 4,308 00 | 3,572 90 | 2,872 20 | 9,749 20 | 2,900 00 | 67,071 96 | 1897. |
| 1898...... | 136 | 8074 | | (³) | | | | | | | | 91,432 61 | 1898. |
| TOTAL...... | | | | 591,037 01 | 126,339 63 | 106,400 30 | 13,163 00 | 20,001 00 | 20,316 40 | 175,181 75 | 21,502 30 | (²) | |

(¹) Cette cotisation vient s'ajouter à la cotisation mensuelle fixe de 10 centimes (depuis le 1ᵉʳ octobre 1897, 35 centimes seulement); depuis 1891, une autre cotisation de 40 centimes par an et par membre est destinée à couvrir les frais du Congrès.

Le dernier Congrès, tenu en 1895, a coûté 18,114 fr. 80.

(²) Les recettes de 1885 et 1886 comprennent le produit d'impôts extraordinaires de grève de 10, 15 ou 60 centimes par semaine, perçus pendant les grèves de Besançon, le Mans et Paris-Issy.

(¹) Au 1ᵉʳ janvier 1885, la Fédération avait une dette de 4,385 fr. 74.

(²) À cette somme de 91,432 fr. 61, relevée au 1ᵉʳ janvier 1898, il faut ajouter 19,415 fr. 26, remboursables par les sections dans le trimestre suivant, ce qui porte l'avoir de la Fédération à 110,877 fr. 87.

Plus, pour mémoire, 4,000 francs prêtés à la Fédération typographique de Buda-Pesth en 1893 et 1896.

# FÉDÉRATION DES TRAVAILLEURS DU LIVRE.

*Effectif des syndicats adhérents, au 1ᵉʳ janvier 1898.*

| NUMÉROS D'ORDRE. | LOCALITÉS. | NOMBRE DE MEMBRES | | NUMÉROS D'ORDRE. | LOCALITÉS. | NOMBRE DE MEMBRES | |
|---|---|---|---|---|---|---|---|
| | | inscrits. | fédérés. | | | inscrits. | fédérés. |
| 158 | Alais | 18 | 18 | | Report | 1,911 | 1,593 |
| 131 | Albi | 23 | 19 | | | | |
| 120 | Alençon | 50 | 47 | 9 | Dôle | 11 | 10 |
| 70 | Alger | 70 | 50 | 82 | Douai | 21 | 17 |
| 45 | Amiens | 100 | 85 | 132 | Draguignan | 15 | 9 |
| 1 | Angers | 99 | 97 | 98 | Dunkerque | 55 | 36 |
| 51 | Angoulême | 70 | 51 | 79 | Épinal | 36 | 35 |
| 17 | Annecy | 16 | 15 | 156 | Étampes | 18 | 18 |
| 74 | Arras | 39 | 33 | 60 | Évreux | 11 | 11 |
| 129 | Auch | 16 | 14 | 141 | Flers | 16 | 16 |
| 27 | Auxerre | 80 | 80 | 130 | Fougères | 12 | 12 |
| 2 | Avignon | 30 | 27 | 35 | Gap | 17 | 12 |
| 135 | Avranches | 24 | 26 | 117 | Granville | 11 | 12 |
| 37 | Bar-le-Duc | 15 | 14 | 10 | Grenoble | 50 | 44 |
| 67 | Beaune | 11 | 13 | 114 | Guéret | 11 | 10 |
| 143 | Beauvais | 19 | 12 | 11 | Le Havre | 168 | 171 |
| 68 | Belfort | 23 | 20 | 96 | Laval | 29 | 29 |
| 91 | Bergerac | 8 | 8 | 38 | Libourne | 15 | 9 |
| 3 | Besançon | 101 | 101 | 159 | Ligugé | 10 | 10 |
| 4 | Béziers | 18 | 5 | 13 | Lille | 412 | 293 |
| 99 | Blois | 30 | 24 | 42 | Limoges | 70 | 54 |
| 44 | Bône | 22 | 16 | 9 | Lons-le-Saunier | 31 | 21 |
| 5 | Bordeaux | 250 | 150 | 91 | Lorient | 30 | 21 |
| 150 | Boulogne-sur-Mer | 46 | 23 | 14 | Lyon | 290 | 259 |
| 31 | Bourg | 40 | 40 | 20 | Mâcon | 11 | 11 |
| 28 | Bourges | 54 | 52 | 12 | Le Mans | 70 | 68 |
| 6 | Brest | 50 | 49 | 15 | Marseille | 230 | 211 |
| 116 | Brive | 8 | 8 | 15 | Marseille, impr.-cond | 35 | 45 |
| 137 | Caen | 42 | 40 | 104 | Melle | 10 | 10 |
| 108 | Calais | 17 | 15 | 43 | Montauban | 21 | 14 |
| 138 | Cannes | 14 | 13 | 121 | Montbéliard | 20 | 13 |
| 33 | Cette | 18 | 8 | 108 | Montluçon | 25 | 25 |
| 41 | Chalon-sur-Saône | 35 | 28 | 110 | Mont-de-Marsan | 24 | 11 |
| 71 | Châlons-sur-Marne | 38 | 30 | 16 | Montpellier | 120 | 100 |
| 40 | Chambéry | 30 | 31 | 148 | Morlaix | 12 | 8 |
| 7 | Charleville | 55 | 53 | 77 | Moulins | 52 | 31 |
| 56 | Chartres | 29 | 28 | 17 | Nancy | 330 | 231 |
| 142 | Châteaubriant | 11 | 9 | 65 | Nantes | 160 | 153 |
| 103 | Châteaudun | 10 | 10 | 64 | Narbonne | 8 | 6 |
| 76 | Châteauroux | 15 | 13 | 18 | Nevers | 60 | 30 |
| 149 | Château-Thierry | 9 | 9 | 19 | Nice | 130 | 91 |
| 29 | Clermont-Ferrand | 98 | 60 | 105 | Nîmes | 30 | 28 |
| 69 | Cognac | 12 | 10 | 58 | Niort | 39 | 39 |
| 8 | Constantine | 30 | 32 | 57 | Nogent-le-Rotrou | 8 | 7 |
| 109 | Cusset | 8 | 8 | 83 | Oran | 52 | 40 |
| 9 | Dijon | 98 | 84 | 84 | Orléans | 90 | 80 |
| | A reporter | 1,911 | 1,593 | | A reporter | 4,790 | 3,954 |

NOTA. — Les numéros d'ordre indiquent l'ordre dans lequel les syndicats ont donné leur adhésion à la Fédération.

Le nombre des membres inscrits a été relevé sur les déclarations des syndicats, destinées à figurer à l'annuaire des syndicats professionnels; il comprend les apprentis syndiqués.

Le nombre des membres fédérés est celui de ceux ayant payé leurs cotisations, d'après le compte rendu financier de la Fédération.

| NUMÉROS D'ORDRE. | LOCALITÉS. | NOMBRE DE MEMBRES | | NUMÉROS D'ORDRE. | LOCALITÉS. | NOMBRE DE MEMBRES | |
|---|---|---|---|---|---|---|---|
| | | inscrits. | fédérés. | | | inscrits. | fédérés. |
| | Report........ | 4,790 | 3,054 | | Report........ | 9,274 | 7,496 |
| 21 | Paris, compositeurs.... | 3,200 | 2,514 | 52 | Saint-Germain........ | 14 | 10 |
| 21 | Paris, correcteurs...... | 67 | 88 | 30 | Saint-Nazaire......... | 11 | 13 |
| 21 | Paris, fondeurs....... | 200 | 111 | 89 | Saint-Quentin....... | 45 | 24 |
| 21 | Paris, impr.-conducteurs | 128 | 33 | 9 | Salins............. | 6 | 6 |
| 21 | Paris, margeurs....... | 150 | 72 | 151 | Saumur............ | 15 | 5 |
| 21 | Paris, relieurs........ | 25 | 5 | 75 | Semur............. | 6 | 6 |
| 61 | Périgueux .......... | 45 | 12 | 155 | Senlis............. | 15 | 13 |
| 126 | Perpignan .......... | 34 | 32 | 24 | Sens.............. | 16 | 11 |
| 59 | Pithiviers.......... | 12 | 13 | 124 | Soissons........... | 12 | 10 |
| 112 | Poitiers........... | 32 | 19 | 73 | Toulon............ | 40 | 34 |
| 80 | Le Puy........... | 16 | 16 | 55 | Toulouse........... | 180 | 161 |
| 59 | Reims............ | 75 | 69 | 92 | Tours............. | 70 | 37 |
| 147 | Remiremont ........ | 8 | 8 | 25 | Troyes............ | 12 | 15 |
| 78 | Rennes........... | 143 | 112 | 125 | Tulle............. | 21 | 12 |
| 152 | Roanne........... | 21 | 20 | 93 | Tunis............. | 20 | 20 |
| 54 | La Roche-sur-Yon..... | 29 | 29 | 26 | Valence........... | 38 | 29 |
| 36 | Rochefort-sur-Mer..... | 28 | 21 | 101 | Valenciennes....... | 35 | 21 |
| 63 | Rodes............ | 16 | 17 | 86 | Vannes........... | 33 | 35 |
| 139 | Roubaix.......... | 13 | 51 | 72 | Versailles.......... | 61 | 69 |
| 22 | Rouen-Elbeuf........ | 130 | 124 | 9 | Vesoul........... | 15 | 15 |
| 23 | Saint-Brieuc ........ | 24 | 37 | 102 | Vichy............ | 23 | 12 |
| 9 | Saint-Claude ........ | 9 | 9 | 66 | Villeneuve-sur-Lot..... | 8 | 8 |
| 46 | Saint-Étienne........ | 15 | 32 | 157 | Vire............. | 14 | 9 |
| | A reporter..... | 9,274 | 7,196 | TOTAL | 136 syndicats........ | 9,987 | 8,074 |

*Syndicats fédérés disparus, ou ayant cessé leurs versements à la Fédération ou n'en ayant jamais fait partie.*

| NUMÉROS D'ORDRE. | LOCALITÉS. | NOMBRE de MEMBRES au 1er janvier 1898. | NUMÉROS D'ORDRE. | LOCALITÉS. | NOMBRE de MEMBRES au 1er janvier 1898. |
|---|---|---|---|---|---|
| 95 | Abbeville.............. | » | | Report ............ | 30 |
| 50 | Agen................ | » | | | |
| 119 | Aix................ | 22 | 88 | Laon ............. | » |
| 131 | Annonay............. | » | 136 | Lisieux ........... | » |
| 34 | Argentan............. | » | 140 | Mantes........... | » |
| 48 | Aurillac............. | 8 | 49 | Meaux ........... | » |
| 115 | Bastia .............. | » | 154 | Mende ........... | » |
| 111 | Cahors.............. | » | 156 | Millau........... | 5 |
| 62 | Carcassonne........... | » | 113 | Pau ............. | » |
| 116 | Castres............. | » | 85 | Philippeville ....... | » |
| 87 | Cherbourg ........... | » | 122 | Pont-Audemer ...... | » |
| 123 | Compiègne........... | » | 53 | Privas........... | » |
| 133 | Dax .............. | » | 107 | Provins .......... | » |
| 144 | Digne.............. | » | 97 | Riom ............ | » |
| 106 | Epernay............. | » | 100 | La Rochelle ........ | 20 |
| 81 | Foix.............. | » | 115 | Saint-Dizier ....... | » |
| 153 | Issoudun ........... | » | 90 | Saint-Lô .......... | » |
| 32 | Laigle ............. | » | » | Tarbes........... | 35 |
| 118 | Langres ............ | » | 127 | Verdun .......... | » |
| | A reporter ......... | 30 | TOTAL | 5 syndicats ......... | 90 |

Le syndicat de Tarbes est le seul qui n'ait jamais été fédéré.

# SECRÉTARIAT TYPOGRAPHIQUE INTERNATIONAL.

1889. — Premier Congrès typographique international : Paris, 18-21 juillet.
1892. — Deuxième Congrès typographique international : Berne, 25-28 août.
1896. — Troisième Congrès typographique international : Genève, 5-8 août.

Un Congrès typographique international tenu à Bruxelles, les 18 et 19 juillet 1880, à l'occasion de la fête du cinquantenaire de l'indépendance de la Belgique, avait reçu l'adhésion des typographes d'Amsterdam, de Berne, de Londres, de Luxembourg, de Porto, de Rome, de Stockolm, de Trieste et des principales villes de France; mais la société typographique de Paris et la chambre syndicale des typographes de Lille furent les seules qui envoyèrent des délégués. Avant de se séparer, il avait été décidé, sur la proposition des délégués Alary, de Paris, et Dumont, de Bruxelles, qu'un second Congrès serait tenu ultérieurement. Il ne fut pas donné suite à cette décision.

L'Exposition universelle de 1889, en attirant à Paris des visiteurs de tous les pays, fut la cause déterminante de nombreux Congrès internationaux, et celui des ouvriers typographes, posant les bases d'une vaste Fédération professionnelle, fut le premier d'une série qui s'est continuée.

Le Congrès typographique international, qui se tint à la Bourse du travail de Paris les 18, 19, 20 et 21 juillet 1889, en exécution d'un vote du quatrième Congrès de la Fédération typographique française tenu en 1887, comprenait 17 délégués, représentant 74,480 membres des Fédérations typographiques des pays suivants: Allemagne, Angleterre, Autriche, Belgique, Danemark, Espagne, États-Unis de l'Amérique du Nord, France, Hongrie, Italie, Norvège et Suisse (1).

La présidence, pour toute la durée du congrès, fut dévolue à M. Keufer, délégué de la France.

Les votes se firent à raison d'une voix par fédération ou nation représentée.

La création, en principe, d'une Fédération typographique internatio-

(1) *La Typographie française*, n° 190.

nale y fut tout d'abord adoptée par 11 voix contre 2 abstentions :
l'Allemagne et la Belgique.

On examina ensuite l'utilité d'une caisse européenne de résistance.
« Le délégué italien demande qu'en rédigeant les statuts de cette caisse,
on prévoie un mode d'arbitrage; il sait bien qu'on ne peut éviter les
grèves, mais il faudrait trouver un moyen de les rendre moins calami-
teuses; il pense qu'on pourrait arriver à ce résultat par la création
d'imprimeries coopératives. »

Le délégué anglais, M. Drummond (1), dit que les trade-unions
anglaises ont reconnu que les coopératives ne donnaient pas de bons
résultats et il cite des exemples à l'appui; ce moyen est donc impuissant
pour éviter les grèves qui seront toujours à redouter. Dans les pays qui
sont bien organisés, les grèves sont plus rares.

La proposition du délégué italien est ainsi conçue : « Pour compléter
le projet de résistance par la grève, le Congrès décide de propager le
principe de la coopération en introduisant dans les statuts de la fédération typographique internationale un paragraphe qui reconnaisse l'utilité
de la coopération. »

Cette proposition est repoussée par 7 voix contre 3 oui et 2 abstentions.

Pour : Italie, Suisse romande, Suisse allemande.

Contre : Allemagne, Angleterre, Autriche, Belgique, Danemark,
Espagne, France.

Abstentions : Hongrie, Norvège.

Le texte suivant est adopté : « Le Congrès typographique international
reconnaît la nécessité des caisses de résistance déjà existantes dans les
différentes fédérations et exprime le vœu que chaque fédération fasse
immédiatement les démarches nécessaires pour fonder partout des caisses
de résistance.

« La Fédération de la Suisse romande est chargée, de concert avec la
Fédération de la Suisse allemande, de présenter le projet d'une caisse
internationale de résistance dans le courant d'une année. Le prochain
Congrès se prononcera sur l'adoption de ce projet. »

Les délégués de l'Allemagne, de l'Autriche, de l'Espagne et de la
Hongrie s'abstinrent dans le vote du deuxième paragraphe.

Le Congrès adopta ensuite la proposition suivante par 5 voix contre

---

(1) Actuellement attaché au *Labour départment* (Office du travail) d'Angleterre.

4 et 3 abstentions : « Le Congrès émet le vœu que les fédérations tentent la formation de commissions arbitrales mixtes, à l'effet d'atténuer les conséquences des grèves ou de les rendre plus rares. »

Pour : Angleterre, Belgique, France, Norvège, Suisse romande. .

Contre : Danemark, Espagne, Italie, Suisse allemande.

Abstentions : Allemagne, Autriche, Hongrie.

La réduction des heures de travail, sans diminution de salaire, fut votée à l'unanimité; mais la Belgique et la Suisse romande votèrent contre la journée de 8 heures.

Au cours de la longue discussion qui précéda ces deux votes, le délégué de l'Allemagne exprima son scepticisme à l'égard de l'intervention de l'État pour la diminution des heures de travail et dit qu'il fallait que les organisations ouvrières ne comptassent que sur leur propres forces pour lutter contre le patronat. Il ajouta les renseignements suivants sur la typographie en Allemagne : « Il y a un tarif uniforme avec une augmentation de tant pour cent, suivant les villes et les régions. A Berlin, il est de 20 p. 100 plus élevé; dans 72 autres villes, la majoration est de 6, 6 1/3, 12, 15 p. 100. Depuis la grève de 1886, il a été consenti que le tarif resterait en vigueur jusqu'à ce qu'il soit dénoncé par une des deux parties contractantes. Un comité mixte (12 patrons et 12 ouvriers) se réunit tous les ans et décide s'il y a lieu à reviser.

« En ce qui concerne les heures de travail, on fait actuellement 10 heures, mais il y a un quart d'heure de repos le matin et un quart d'heure le soir, accordés par le tarif, ce qui réduit la durée du travail à 9 h. 1/2. »

Sur la question de l'apprentissage, « la fédération typographique belge demande que sa réglementation soit établie dans les sections respectives avant d'être soumise à un régime international ». Cette proposition fut votée par 11 voix contre 2.

D'après les renseignements fournis par les délégués, la proportion des apprentis, dans la Suisse allemande, était de 1 pour 6 ouvriers, 2 pour 11, 3 pour 18, 4 pour 25. Dans les principales villes d'Italie, il y avait 1 apprenti pour 10 ouvriers. A Lausanne, le nombre des apprentis était presque égal à celui des ouvriers; il en était de même en Belgique.

En Allemagne, la proportion était de 1 apprenti pour 2 ouvriers; la Fédération avait obtenu en 1888, une nouvelle limitation à 1 pour

3 ouvriers, 2 pour 4 à 7, 3 pour 8, etc., mais les patrons n'avaient pas exécuté ces clauses de la convention signée par eux. Le délégué anglais dit qu'à Londres on fait 7 ans d'apprentissage, de 14 à 21 ans, que cette règle a fait diminuer le nombre des apprentis qui est d'environ 1 pour 3 ouvriers; il n'y a pas d'apprenti dans les journaux; mais il croit que cette question ne peut pas être réglementée, encore moins au point de vue international.

Quant à la réglementation du *viaticum*, les délégués allemand et autrichien déclarèrent qu'ils ne pouvaient, à cause des lois exceptionnelles appliquées dans leur pays, faire partie d'une caisse internationale de viaticum, et le Congrès se borna à maintenir la réciprocité de ce service entre les différents pays, suivant les statuts de chaque fédération, comme cela était déjà pratiqué à peu près partout.

Un vœu pour la suppression du travail aux pièces fut adopté par 8 voix contre 1 et 4 abstentions.

Pour : Allemagne, Autriche, Belgique, Danemark, Espagne, France, Suisse allemande, Suisse romande.

Contre : Italie.

Abstentions : Amérique, Angleterre, Hongrie, Norvège.

Une proposition italienne demandant la suppression de la fonction de président dans tous les Bureaux des sections et des fédérations fut repoussée comme étant d'ordre purement local et ne devant pas retenir l'attention d'un Congrès international.

Sur la participation des syndicats à l'étude des questions politiques, le Congrès ne put prendre aucune décision, aucune des trois propositions déposées n'ayant réuni la majorité.

Voici la première, par le délégué italien :

Le Congrès... reconnaissant que, sans une législation sociale, il n'est pas possible de satisfaire les besoins des travailleurs;

Que, pour avoir une législation sociale, il faut que les ouvriers s'occupent de politique économique et sociale;

Affirme la nécessité pour les travailleurs du livre de s'intéresser et de prendre part directement à toutes les questions ouvrières ayant pour but les revendications du prolétariat.

La deuxième (Belgique) était conçue comme suit :

Le Congrès, considérant que la politique militante et l'affiliation aux partis ouvriers purement politiques est nuisible et incompatible avec les aspirations des associations ouvrières;

Que cette affiliation serait la ruine de ces dernières;

Pense que la question économique doit primer sur la question politique et être le but essentiel des syndicats pour assurer la stabilité de toute organisation syndicale.

Cette proposition était appuyée par un certain nombre de délégués français assistant au Congrès (délégués de Bordeaux, Castres, Marseille, Poitiers, Rouen, Toulon et Toulouse).

Deux autres délégués français proposèrent :

Le Congrès, considérant que l'obligation aux sections et fédérations nationales de faire ou de ne pas faire de politique serait porter atteinte à l'autonomie des sections, passe à l'ordre du jour.

La première proposition fut repoussée par 6 voix contre 3 et 4 abstentions. Avaient voté pour : Italie, Autriche, Danemark.

La deuxième fut repoussée par 5 voix contre 4 et 4 abstentions. Avaient voté pour : Amérique, Angleterre, France, Suisse romande.

La troisième ne réunit que 2 voix : Espagne et France.

Par 10 voix contre 2, le Congrès décida ensuite que le prochain Congrès se réunirait à Berne, à la date fixée par la majorité des fédérations, à consulter ultérieurement.

Par suite des difficultés de relations entre la Fédération de la Suisse allemande et celle de la Suisse romande, par suite aussi des grèves qui survinrent, en 1889-1890, dans la première, et en 1891, à Vienne (Autriche) et en Allemagne, le projet de statuts de la Fédération typographique internationale ne fut arrêté et envoyé aux Fédérations que le 3 avril 1892.

Dans l'exposé des motifs, la Commission internationale s'appuyait précisément sur les grèves que nous venons de citer pour démontrer la nécessité d'une caisse de résistance internationale, afin de régulariser la participation aux frais de grève. Dans la grève de la Suisse allemande, l'Allemagne avait envoyé 14,863 francs, l'Autriche 3,622 francs, la Suisse romande 3,210 francs, la France 1,737 francs, mais les autres pays ensemble n'avaient envoyé que 1,510 francs. Pendant la grève de Vienne, l'Allemagne avait expédié 107,993 francs, la Suisse (allemande et romande) 14,335 francs, l'Autriche et la Hongrie 158,938 francs, le Danemark 2,263 francs, l'Angleterre 2,875 francs, la Suède et la Norvège 1,735 francs, la France 1,996 francs, l'Italie 2,200 francs et l'Espagne 108 francs.

**Deuxième Congrès typographique international, Berne, 1892** (1). —
Le deuxième Congrès typographique international, qui devait définitivement créer la Fédération internationale, en en votant les statuts, eut lieu
à Berne les 25, 26 et 27 août 1892; 15 Fédérations, comprenant
51,710 membres, y furent représentées par 18 délégués, auxquels
étaient venus se joindre 5 délégués de différentes associations de typographes suisses :

| | | |
|---|---|---:|
| Alsace-Lorraine (Fédération d'), 2 délégués........... | | 450 membres. |
| Allemagne (Fédération d'), 1 délégué................ | | 17,000 |
| Autriche (Fédération d'), 1 délégué................ | | 5,000 |
| Belgique (Fédération belge), 1 délégué............... | | 2,000 |
| Danemark-Norvège (Fédération de), 1 délégué......... | | 1,700 |
| Espagne (Fédération d'), 1 délégué.................. | | 1,060 |
| France (Fédération des travailleurs du livre), 1 délégué.. | | 5,600 |
| Hollande (Fédération de), 1 délégué................. | | 750 |
| Hongrie (Fédération de), 1 délégué (de Berne)........ | | 2,300 |
| Italie (Fédération d'), 1 délégué.................... | | 4,000 |
| Londres (Society of compositors), 1 délégué .......... | | 9,700 |
| Luxembourg (Association typographique), 1 délégué (de Berne)................................... | | 80 |
| Roumanie (Société de Gutenberg), 2 délégués (dont 1 de Berne)................................... | | 400 |
| Suisse (Typographenbund), 2 délégués.............. | | 1,210 |
| — (Fédération romande), 1 délégué............ .... | | 460 |

TOTAL................ 51,710 membres.

La Commission d'organisation avait porté à l'ordre du jour, outre la
discussion des statuts de la Fédération, la régularisation du viaticum
envisagée au point de vue international, et la régularisation de l'apprentissage.

Sur le premier point, pour éviter des difficultés qui pourraient surgir
dans certains pays au sujet de l'association internationale, le Congrès
adopta la rédaction suivante :

Le Congrès décide la création d'un *Secrétariat typographique international*
permanent chargé d'entretenir des relations internationales; les frais de cette
institution seront répartis entre les différentes fédérations au prorata de leurs
membres.

Le Congrès décide, en outre, que les mouvements de salaire devront être

---

(1) Procès-verbal du deuxième Congrès typographique international, brochure de
50 pages. — Bâle, imprimerie coopérative.

soutenus seulement après entente préalable. En cas de grève, une cotisation uniforme devra être perçue de tous les membres des fédérations intéressées.

Le moyen de préparer le capital sur lequel sera prélevé l'impôt extraordinaire dû par chaque fédération sera laissé au choix des organisations nationales.

Dans les pays où des difficultés surgiraient au sujet de l'association internationale, l'entente devra se faire au moyen de secrétaires nationaux.

Le secrétariat permanent est chargé de porter à la connaissance des fédérations intéressées, au plus vite, toutes les affaires ayant rapport à l'ensemble de l'organisation.

Les fédérations qui ne donneront pas suite, dans le délai d'une année, à la décision concernant le viaticum (chaque fédéré, de n'importe quelle nationalité, devant recevoir partout le viaticum), seront exclues de toute participation.

Les communications du comité directeur seront envoyées sous forme de circulaires ou publiées dans tous les organes fédératifs.

Le prochain Congrès aura lieu à une époque et dans une localité désignées par la Commission internationale. L'approbation de la majorité des fédérations est cependant nécessaire à cet effet.

Le Comité directeur, lorsqu'un impôt sera fixé, ne pourra verser aux grévistes une indemnité supérieure à 2 francs par jour.

Le prochain Congrès prendra des mesures contre les fédérations qui ne se seront pas conformées aux décisions du Comité international.

Il ne pourra être porté à l'ordre du jour du Congrès international que des propositions émanant directement des fédérations; elles devront être transmises par le comité de chaque fédération au Comité directeur.

Quant à la question de l'apprentissage, après l'avoir étudiée, le Congrès reconnut qu'il était impossible de la résoudre internationalement.

Enfin, il décida que l'ensemble des décisions prises par le Congrès serait soumis au vote de chaque fédération.

La question qui avait soulevé le plus de discussions était celle de la réciprocité du viaticum, en raison des règles différentes de chaque fédération. En Allemagne, un fédéré qui a payé 52 semaines de cotisations touche en voyageant 1 fr. 25 par jour pendant 280 jours; celui qui n'a payé que 13 semaines ne touche que 0 fr. 95 pendant le même temps; l'un et l'autre peuvent repasser au bout de six semaines dans une ville déjà visitée, tandis que, dans d'autres nations, l'intervalle doit être d'un an et même plus. Chaque voyageur doit faire au moins 20 kilomètres par jour; dans les grandes villes, plusieurs jours sont accordés pour chercher du travail. Les frais de viaticum incombant à la Fédération allemande s'élèvent à près de 100,000 francs par an. En Belgique et en France, on ne paye le viaticum que lorsque le livret porte la mention *parti faute de travail;* en Allemagne, il est payé à tous les voyageurs.

En Italie, on ne donne le viaticum qu'à ceux qui connaissent l'une des trois langues : italienne, espagnole ou française. Quant à ceux qui ne connaissent pas une de ces langues, ils ne reçoivent que 2 francs dans 13 villes désignées de l'Italie du Nord pour regagner de suite la frontière. La Fédération de la Suisse romande réduit le viaticum à tous les voyageurs ne parlant pas le français. L'Espagne ne l'accorde qu'à ceux qui se rendent directement dans une place où ils sont embauchés.

Les typographes de Bucarest, n'ayant pu envoyer un délégué au Congrès, avaient voulu télégraphier la dépêche suivante :

Au nom du groupe socialiste des typographes de Bucarest, je souhaite que les travaux du Congrès soient le commencement de l'œuvre grandiose de la conquête des justes revendications du travail. Avec le grand génie Marx, nous crions aussi : Prolétaires du monde entier, unissez-vous.

L'administration des télégraphes de Roumanie refusa d'expédier cette dépêche parce qu'elle portait atteinte à la sûreté de l'État. Les congressistes purent croire que la sûreté de l'État roumain n'avait pas de bases bien solides pour être compromise par ces quelques mots envoyés en Suisse.

Les deux Fédérations suisses restèrent chargées de l'organisation du secrétariat international et de l'élaboration d'un règlement. La place de secrétaire fut mise au concours le 9 juillet 1893 ; M. Reimann (1) fut choisi et il fut installé à Berne le 10 décembre de la même année. Il fallut encore une année entière de correspondances pour réunir l'approbation du règlement par tous les comités centraux.

D'après ce règlement, le Secrétariat typographique international se compose : 1° d'une commission de direction de 5 membres désignés par la fédération nationale qui en a reçu le mandat par le Congrès international; 2° d'un secrétaire permanent.

Nous reproduisons les articles relatifs à la réglementation des grèves :

ART. 10. — Des suspensions de travail, pour lesquelles des secours d'autres fédérations seront demandés, ne peuvent être décidées qu'après entente préa-

---

(1) Actuellement adjoint au secrétariat ouvrier suisse (Office du travail).

lable entre les différentes fédérations. Cette disposition ne préjuge toutefois pas le droit aux secours pour les grèves de légitime défense.

ART. 11. — Cette entente se fera de la manière suivante : la fédération qui voudra entreprendre un pareil mouvement devra s'adresser au Secrétariat international en lui exposant d'une manière exacte les raisons, le nombre des villes, des maisons et des ouvriers qui seraient atteints par la grève, en général tout ce qui pourrait influencer d'une manière ou d'une autre sur la détermination des fédérations.

Le Secrétariat portera ces communications, d'une manière confidentielle, à la connaissance des fédérations adhérentes, en les priant de donner immédiatement leur préavis.

ART. 12. — Si les deux tiers des fédérations adhérentes se déclarent d'accord avec le mouvement projeté, le Secrétariat décrétera immédiatement une cotisation unique pour tous les membres des fédérations adhérant au Secrétariat.

ART. 13. — Si l'entente prévue à l'article 12 ne se fait pas, la fédération intéressée sera invitée à renvoyer le mouvement projeté.

ART. 14. — Dans le cas où cette fédération ne voudrait pas se conformer à la décision des autres fédérations, elle supportera seule les conséquences de son mouvement; le Secrétariat ne lancera alors aucun appel en sa faveur.

ART. 15. — Les administrations centrales des fédérations adhérentes, éventuellement les secrétaires nationaux, sont chargées de faire parvenir, régulièrement tous les huit jours, au Secrétariat international, la quote-part de leurs fédérations respectives.

ART. 17. — Le maximum de l'indemnité à payer aux grévistes par l'ensemble des fédérations est de 2 francs par jour et par gréviste. La fédération en grève pourra, avec ses propres ressources, payer un supplément d'indemnité aux grévistes.

ART. 18. — Une grève sera déclarée terminée lorsque les revendications des ouvriers auront été acceptées par les patrons ou lorsque la stérilité de la grève aura été constatée par le comité central de la fédération respective ou la commission de direction internationale.

Pour faire cette constatation, il sera nécessaire de connaître le nombre des *sarrasins*, le nombre de collègues entrés dans la lutte, le nombre des combattants restés et l'état général des affaires.

ART. 22. — Les appels aux typographes fédérés en faveur des grévistes ne peuvent être lancés que par le secrétariat international.

*Le premier rapport annuel du secrétariat typographique international* (1), pour l'exercice 1894, constata qu'il n'avait pas été possible d'obtenir des

---

(1) Brochure de 45 pages, en allemand et en français. — Bâle, impr. coopérative.

fédérations espagnole et italienne l'application des décisions relatives au viaticum; ces deux fédérations furent déclarées déchues de tous droits aux secours en cas de grève, et le versement du viaticum fut suspendu à l'égard des ouvriers venant d'Espagne et d'Italie, après y avoir travaillé trois mois au moins. Le secrétariat s'était préoccupé de la publication d'une liste de toutes les imprimeries mises à l'index, mais n'avait pu réunir complètement les éléments nécessaires.

Des grèves s'étaient produites, en 1894, à Buda-Pesth, à Belgrade, à Arlon (Belgique) et en Hollande. Aucune n'avait été déclarée en se conformant au règlement du secrétariat qui, dès lors, n'avait pu conseiller que l'envoi de secours volontaires. La grève de Hollande dura du 17 septembre 1894 au 20 février 1895; les envois faits par les diverses fédérations s'élevèrent à la somme de 9,138 fr. 30 (1,250 francs par la France) et les frais de grève furent de 10,236 francs; mais il restait, après la lutte, 60 typographes sans emploi. La Fédération des Pays-Bas avait encore en caisse, à ce moment, 3,517 fr. 10.

17 fédérations (16 nations) avaient contribué aux frais du Secrétariat international, en 1894, pour une somme de 5,452 fr. 42, sur lesquels il avait été dépensé 3,329 fr. 43 dont 2,710 pour 13 mois de traitement au secrétaire; il restait donc, au 1er janvier 1895, la somme de 2,122 fr. 99.

Le *Deuxième rapport annuel* (1), pour l'exercice 1895, annonça la soumission de l'Italie au règlement du viaticum. Une seule grève statutaire, celle du Danemark, exigea, pour la première fois, un impôt de 5 centimes par membre qui laissa un reliquat important, car la grève ne coûta que 2,520 fr. 75.

Cette grève, terminée par une réussite, avait pour but l'obtention d'un minimum de salaire de 21 à 25 francs par semaine, suivant les villes, la journée de travail de 9 h. 1/2, la réduction du nombre des apprentis et la suppression de l'usage d'être nourri et logé chez le patron.

Un nouveau tarif fut conclu, à l'amiable, le 10 novembre, en Autriche, réduisant la durée de la journée de travail à 9 heures.

Une grève à Sophia, déclarée sans l'autorisation du secrétariat international, échoua.

Le 5 novembre, la fédération hongroise annonça qu'elle voulait

---

(1) Brochure de 40 pages, allemand et français. — Bâle, impr. coopérative.

demander la journée de 8 heures et 35 francs par semain.. Les fédérations, consultées, trouvèrent toutes cette demande exagérée, au moins en ce qui concernait la durée du travail; seules, la fédération de la Suisse allemande et celle de la Bulgarie se prononcèrent favorablement.

Sans attendre la réponse du Secrétariat, les Hongrois déclarèrent la grève le 25 novembre; le nombre des grévistes s'éleva à 2,300. Devant le fait accompli, le Secrétariat envoya un secours de 1,000 francs provenant de l'excédent de recettes de la grève de Danemark et fit appel aux fédérés pour des secours volontaires, 3,000 francs furent recueillis (la France envoya 1,600 francs et consentit ensuite un prêt de 4,000 francs.)

Le 1er décembre, les grévistes consentirent à reprendre le travail aux conditions offertes par les patrons avant la grève, journée de 9 heures et salaire minimum de 33 fr. 50 par semaine (31 fr. 50 pour les ouvriers sortant d'apprentissage); mais 315 ouvriers et 77 auxiliaires ne purent retrouver leur place dans les ateliers.

Tous frais payés, le Secrétariat typographique international avait en caisse, au 1er janvier 1896, 1,523 fr. 72.

Au mois de mars 1896, par 2,687 voix contre 2,647, les fédérés français retirèrent leur adhésion au Secrétariat, en déclarant néanmoins qu'ils participeraient aux frais de gestion jusqu'à la fin de l'année; et ils envoyèrent un délégué au troisième Congrès international.

**Troisième Congrès typographique international, Genève, 1896 (1).** — Ce troisième Congrès se tint à Genève, du 5 au 8 août 1896; 16 délégués, représentant 13 fédérations, y assistaient : la Belgique et la Roumanie s'étaient fait excuser. Ces 16 délégués pouvaient parler au nom de 47,082 typographes, répartis comme suit : Allemagne, 21,000; Alsace-Lorraine, 570; Autriche, 7,000; Bulgarie, 56; Danemark, 1,400; France, 6,000; Hollande, 1,450; Hongrie, 2,800; Italie, 4,000; Luxembourg, 70; Norvège, 650; Suisse allemande, 1,500; Suisse romande, 586.

La création d'une caisse internationale de résistance figurait en tête de l'ordre du jour et fut vivement critiquée par le délégué de l'Allemagne :

La grève de Buda-Pesth, dit-il, déclarée à la légère, aurait pu avoir de graves conséquences pour tous les ouvriers typographes... La caisse de résistance favorisera encore ces mouvements imprudents.

---

(1) Procès-verbal du troisième Congrès typographique international. brochure de 112 pages. — Bâle, impr. coopérative.

Les délégués de langue allemande reconnaissent la valeur d'une caisse internationale de résistance ; mais, en considération du fait que la plupart des fédérations ne possèdent pas de caisse *nationale* de résistance et que la caisse internationale entraverait le développement de celles-ci, ils repoussent la création de cette caisse, du moins pour le moment. »

Le principe en fut néanmoins voté par la majorité et l'on passa à la discussion des articles dont voici les plus saillants :

Art. 1ᵉʳ. — L'institution d'une caisse internationale de résistance a pour but de soutenir des grèves autorisées par les comités centraux des pays respectifs.

Art. 2. — Chaque fédération doit verser à la caisse de résistance une cotisation mensuelle de 10 centimes pour chacun de ses membres.

Lors d'une grève et en cas de nécessité, le Secrétariat international peut décréter une cotisation hebdomadaire extraordinaire pouvant s'élever jusqu'à la somme maxima de 50 centimes, laquelle sera prélevée sur tous les membres faisant partie de la fédération internationale.

Cette cotisation ne sera toutefois perçue que lors de grands mouvements ayant pour but une augmentation de salaire ou une réduction des heures de travail, et dans le cas où le capital disponible de la caisse de résistance viendrait à tomber à 50,000 francs, somme représentant le fonds de réserve inattaquable.

Art. 3. — Les secours de la caisse de résistance ne seront délivrés qu'à partir de la troisième semaine de grève. Toutefois, dans des cas exceptionnels (atteinte aux tarifs, lockouts), ces secours seront délivrés immédiatement.

L'article 4 supprime l'assentiment des deux tiers des fédérations, reconnu nécessaire jusqu'alors pour approuver une grève.

Art. 5. — Chaque gréviste a droit à une indemnité journalière de 1 f. 50.

Ce règlement fut adopté, sauf par l'Allemagne et le Danemark. La France s'abstint. Il fut complété par la disposition suivante : « Le règlement de la caisse internationale de résistance est subordonné au vote des membres des fédérations.

Le délégué de l'Allemagne fit observer que, dans ce cas, on pouvait le considérer comme rejeté, puisque les délégués qui l'acceptaient représentaient 18,232 fédérés, et ceux qui le repoussaient en représentaient 22,450, sans compter la France (6,000) et la Belgique absente (2,000).

Berne fut maintenue comme siège du Secrétariat, malgré l'opposition du délégué allemand qui aurait voulu le transférer dans le Wurtemberg qui possède des lois assez libérales sur le droit d'association; il fut interdit au secrétaire d'accepter d'autres emplois rétribués, ni même de fonctions honorifiques. Il fut chargé de faire des voyages d'études au siège des fédérations des autres pays.

Il fut décidé que le prochain Congrès aurait lieu sur la demande d'une fédération, avec l'assentiment de la majorité des autres fédérations consultées.

Le compte rendu du Congrès est suivi des rapports des délégués sur l'état de la législation sociale dans leurs pays. Nous y relevons des déclarations intéressantes du délégué de l'Allemagne. « Il dit, par exemple, que l'envoi d'une pétition à une autorité quelconque par le comité d'une corporation peut être considéré comme un acte politique et avoir de graves conséquences pour l'existence de celle-ci. Malgré ces entraves, il ne manque pas de typographes qui reprochent au comité directeur de la fédération de ne pas se placer suffisamment sur le terrain de la lutte de classes. Quoique l'on sache que des limites légales sont tracées à l'activité corporative, on demande une accentuation du point de vue politique et on cherche à créer le trouble par un radicalisme injustifié. Bien entendu, la Direction de la fédération allemande ne se laisse pas irriter par ces critiques, sûre qu'elle est de l'approbation de la majorité de ses membres. »

Nous croyons que des observations semblables auraient pu être faites par plusieurs des délégués.

La Fédération de la Suisse allemande, seule chargée par le Congrès de constituer la commission de direction et de pourvoir au remplacement du secrétaire permanent démissionnaire, nomma à la fin de septembre M. Siebenmann, qui prit possession de son poste le 1er novembre. Il eut presque aussitôt à consulter les fédérations adhérentes sur l'opportunité d'une grève des fondeurs en caractères en Italie. L'autorisation fut accordée, la grève fut déclarée le 25 novembre et une cotisation extraordinaire de 10 centimes par membre et par semaine fut décidée. L'Allemagne, qui venait d'entreprendre, le 21 novembre, un grand mouvement de grève pour mettre en vigueur un nouveau tarif accepté par une commission mixte de patrons et d'ouvriers, fut dispensée de cette cotisation extraordinaire, attendu qu'elle était décidée à soutenir ses propres grévistes avec ses seules ressources.

La fédération française fut une des premières à envoyer sa quote-part pour les fondeurs italiens, sa subvention s'éleva à 3,000 francs; mais toutes les fédérations ne furent pas aussi exactes, de sorte que le Secrétariat international ne put guère expédier que 1,000 francs par semaine en Italie, tandis qu'il en aurait fallu 3,600, le nombre des grévistes.

étant de 400. Cette grève se prolongea jusqu'au mois de mai 1897; elle coûta au Secrétariat 17,000 francs et à la fédération italienne plus de 50,000 francs.

Dans son premier rapport trimestriel de l'année 1897, le secrétaire permanent annonça que la création de la caisse internationale de résistance pouvait être considérée comme rejetée par la majorité et il établit le budget du secrétariat en tablant sur une cotisation annuelle de 10 centimes par membre, devant produire au minimum 4,210 francs. Le traitement du secrétaire étant de 2,500 francs, il lui était alloué une indemnité supplémentaire de 500 francs pour les voyages d'études et de propagande prévus par le dernier Congrès.

La société typographique de la Serbie, comptant 100 membres, donna son adhésion à partir du 1er avril 1897, ce qui porta à 15 le nombre des fédérations adhérentes, l'Espagne et la France étant démissionnaires tout en conservant des relations amicales suivies avec le Secrétariat, et l'Angleterre étant toujours restée à l'écart malgré sa participation aux deux premiers Congrès.

Une grève, commencée à Belgrade le 2 juin, dura dix semaines et finit par la victoire des ouvriers qui luttaient contre une réduction de salaire et pour la diminution des heures de travail. Les fédérations furent invitées à envoyer des secours.

Le projet de caisse internationale de résistance, avec cotisations régulières, ayant échoué, le secrétaire permanent soumit aux fédérations un projet de *fonds de résistance*, sorte de fonds de prévision fixé à 30,000 francs, destiné à parer aux premiers besoins et à suppléer aux retards dans l'expédition des impôts extraordinaires; ce fonds aurait été constitué par une cotisation unique de 70 centimes par membre. Ce projet ne reçut pas un meilleur accueil que le premier et dut être abandonné.

Le secrétaire revint à la charge, en octobre 1897, sous une autre forme. Il avertit les comités nationaux que trois *mouvements de salaires* étaient annoncés en Hongrie, en Italie et en Suisse et il demanda l'autorisation de prélever, au préalable, une cotisation extraordinaire de 10 centimes par semaine et par membre.

La Fédération de la Suisse romande et celle d'Alsace-Lorraine donnèrent seules une réponse affirmative, 5 répondirent négativement et 8 ne répondirent pas; dans ce cas spécial, il était difficile de considérer le silence comme un acquiescement.

Les mouvements projetés en Hongrie et en Italie furent renvoyés à plus tard. La Suisse allemande déclara que les demandes qu'elle se proposait de faire n'entraîneraient pas de *mise bas*, et à Metz, une augmentation de salaire fut obtenue le 13 novembre, sous la seule menace d'une grève.

Les fédérations qui s'étaient déclarées contre la perception d'un impôt de prévision avaient dit avec raison : le fait de savoir que des moyens pécuniaires sont disponibles contribuera à faire considérer comme inutile la création d'un fonds de résistance dans chaque fédération. Nous voudrions savoir, à l'avenir, quels sont les moyens dont disposent les fédérations qui veulent entreprendre un mouvement et si elles possèdent un fonds de résistance *national;* car, sans cela, l'aide *internationale* ne peut pas être sollicitée.

Les maîtres imprimeurs de Luxembourg ayant annoncé, en novembre 1897, leur intention de dénoncer le tarif en cours, une grève défensive était à prévoir et le secrétaire international en avisa les fédérations en les invitant à se tenir prêtes à verser une cotisation hebdomadaire de 5 centimes par membre. Cette grève ne fut déclarée que le 8 janvier 1898; l'impôt indiqué fut perçu à partir du 16. Quoique le nombre des grévistes fût relativement petit — la fédération luxembourgeoise ne comptant que 70 membres — et que le secrétariat international leur eût envoyé près de 8,000 francs, leur cause fut bientôt reconnue perdue, car les grévistes furent remplacés dans un délai très court. L'argent ne suffit pas toujours à faire réussir une grève.

De tout ce que nous venons de rapporter, on peut conclure que la Fédération typographique internationale est encore dans une période de gestation et qu'on ne peut prévoir le moment où un lien solide réunira les typographes des diverses nations européennes.

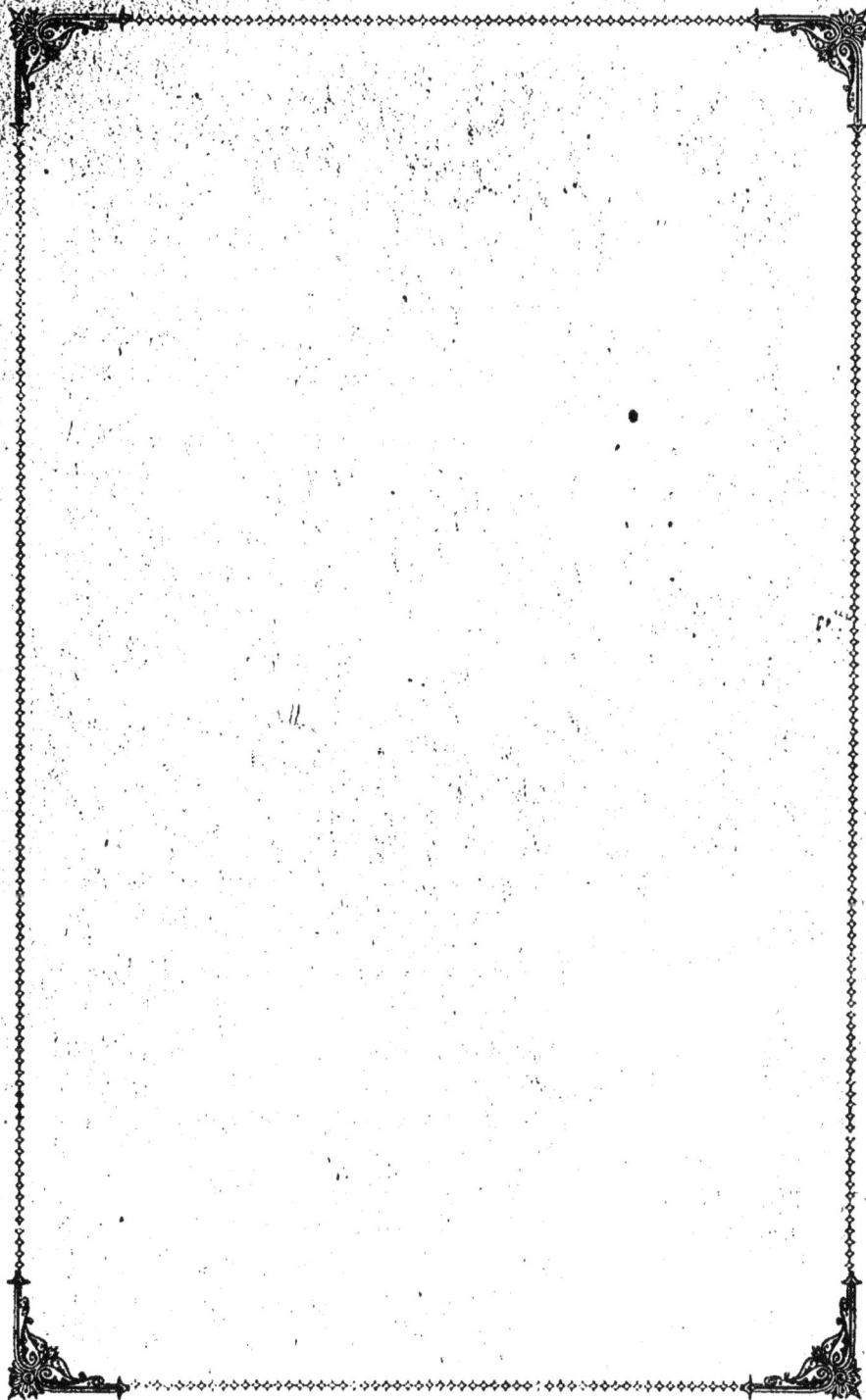

www.ingramcontent.com/pod-product-compliance
Lightning Source LLC
Chambersburg PA
CBHW071959090426
42740CB00011B/2002